本书为苏州市姑苏宣传文化人才资助项目成果

公共图书馆低幼儿童服务

许晓霞　陈力勤　白帅敏　等　编著

国家图书馆出版社

图书在版编目（CIP）数据

公共图书馆低幼儿童服务 / 许晓霞等编著 . — 北京 : 国家图书馆出版社，
2019.12

（阅读推广丛书）

ISBN 978-7-5013-6867-9

Ⅰ . ①公…　Ⅱ . ①许…　Ⅲ . ①公共图书馆—儿童—读者服务—研究
Ⅳ . ① G252

中国版本图书馆 CIP 数据核字（2019）第 230580 号

书　　名	公共图书馆低幼儿童服务
著　　者	许晓霞　陈力勤　白帅敏 等　编著
责任编辑	邓咏秋
编辑助理	张晴池
特约审稿	殷宏淼
封面设计	程言工作室

出版发行	国家图书馆出版社（北京市西城区文津街 7 号　100034）
	（原书目文献出版社　北京图书馆出版社）
	010-66114536　63802249　nlcpress@nlc.cn（邮购）
网　　址	http://www.nlcpress.com
排　　版	九章文化
印　　装	北京科信印刷有限公司
版次印次	2019 年 12 月第 1 版　2019 年 12 月第 1 次印刷

开　　本	710×1000（毫米）　1/16
印　　张	20
字　　数	320 千字

书　　号	ISBN 978-7-5013-6867-9
定　　价	98.00 元

目　录

序

公共图书馆为未成年人服务，是当代图书馆最主要的服务业务之一。国际上，几乎所有国家的公共图书馆事业，都曾经历过从为成年人服务到为未成年人服务的发展。特别是在进入信息时代后，图书馆服务环境发生剧变，公共图书馆事业面临众多危机与挑战，大力发展图书馆未成年人服务，为图书馆"培养下一代读者"，几乎成为所有国家公共图书馆应对挑战的共识。进入新世纪后，我国公共图书馆事业迅速发展，普遍均等服务的理念深入人心。在公共图书馆事业迅速发展的同时，中国图书馆人逐步认同了联合国《儿童权利公约》所确立的儿童权利原则和《中国儿童发展纲要（2011—2020）》所确立的儿童优先原则，在《公共图书馆宣言》的不分年龄为所有人平等服务的理念指引下，努力开拓着公共图书馆未成年人服务领域。

但是，我国公共图书馆的未成年人服务，仍然有许多值得开拓或深耕的领域，低幼儿童的图书馆服务就是其中之一。

进入信息时代以前，图书馆最主要的服务包括文献服务和信息服务，前者包括文献外借与阅览，是面向普通民众最主要的服务形式。文献借阅服务一般需要读者具备自主阅读能力，在更早的"闭架"借阅时代，读者甚至需要具备一定的书目查检能力。因此，尽管公共图书馆已经开展未成年人服务，但服务对象却限于基本具备阅读能力的儿童。0—3岁低幼儿童一般不具备自主阅读能力，甚至不具备自主行为能力，在许多图书馆的服务章程中，他们是被排除在服务对象之外的。在我国，早期公共图书馆的儿童服务部门或少儿图书馆也不开展低幼儿童服务，它们的章程一般都将服务人群的起点年龄规定为3或4岁。直到2015年前后，仍有一定比例的图书馆将未成年人服务的起点年龄规定为 3 岁甚至更高。据 2017 年出版的《中国图书馆事业发展报告·少年儿童图书馆卷》的一个调查，44 所少年儿童图书馆中，有接近一半的少儿图书馆将服务的起点年龄规定为 3—7 岁之间①。该报告中没有对于公共图书馆少儿服务部门的调查，据我的观察，它们的未成年人服务的起点可能会更高一些。

儿童生理学研究表明，0—5 岁是人的大脑发育的最重要阶段。新生儿大脑一般为成人大脑的 25% 左右，到 5 岁时可以增长到成人大脑的 80% 左右。伴随着脑容量的增长，儿童的行为能力、语言能力和学习能力逐步形成。儿童在低幼阶段形成的阅读能力，对于人的一生至关重要。尽管儿童语言和学习能力的形成机制十分复杂，至今并未有定型的结论，但有一点可以成为共识的是，这种能力的形成是需要干预或促进的。

1992 年，英国伯明翰大学的 B. Wade 教授和 M. Moore 博士进行了一项重要的研究，该研究通过对 7—9 个月低幼儿童阅读的实验性研究，证明了儿童从 0 岁起就能够进行阅读，阅读干预对儿童学习能力具有积极意义。这一研究促成了全球性低幼儿童阅读项目 "Bookstart"（阅读起跑线）的创建与发展，为图书馆开展低幼儿童服务提供了理论依据和可操作手段。当然，Wade 师生实验中的阅读并非看书识字等常规意义上的阅读，而是通过行为干预，使低幼儿童接触以书本为基础的语言、游戏或其他活动。

由于低幼儿童阅读干预的复杂性，图书馆的低幼儿童服务的难度极高。这种难度一方面体现在服务的硬件软件要求方面，如需要特定的设施设备，包括哺乳室或防尿湿地面等，需要特殊的文献资源，如特种图画书或益智玩具等，对图书馆员基本能力和人数要求更高，等等。另一方面，对图书馆未成年人的服务理念、规章制度和方式方法也提出了很高的要求。正是由于低幼儿童服务的难度太高，国际图联在 1991 年发布《儿童图书馆服务指南》，2003 年修订后，感觉该指南不足以指导低幼儿童图书馆服务，于是在 2007 年发布国际图联《婴儿和学步儿童图书馆服务指南》②，指导并推动世界各地的图书馆开展低幼儿童图书馆服务。国际图联称：

---

① 韩永进. 中国图书馆事业发展报告·少年儿童图书馆卷［M］. 北京：国家图书馆出版社，2017：163.

② 该指南在我国译为《婴幼儿图书馆服务指南》。2018 年 IFLA 又发布了《国际图联0—18 岁儿童图书馆服务指南》。

面向婴幼儿群体的图书馆服务至关重要。早期大脑发育研究表明：对婴幼儿说话、唱歌及阅读有助于他们语言能力的发展。婴幼儿身处的环境对早期阅读能力的培养起着极大的作用。全世界的家庭都需要在当地的图书馆获得一定的帮助。要营造一定的阅读环境以激发婴幼儿的阅读兴趣并吸引他们来到图书馆。①

苏州图书馆是我心目中最优秀的公共图书馆之一，进入新世纪后长期倡导与践行现代图书馆服务理念，在公共图书馆免费开放和普遍均等服务方面成效显著。在公共图书馆低幼儿童服务方面，苏州图书馆是当之无愧的先行者。该馆 2011 年启动"悦读宝贝"计划，2013 年"悦读宝贝"正式加入全球Bookstart，成为我国大陆首家进入该项目的公共图书馆。期待这部凝聚苏州图书馆人低幼儿童服务理念与实践体会的专著，能够为当前我国公共图书馆未成年人服务发展与升级起到引领与推动作用。

范并思

2019 年 7 月

---

① IFLA. 婴幼儿图书馆服务指南［EB/OL］.［2019-07-01］. https://www.ifla.org/files/assets/hq/publications/professional-report/132.pdf.

前　言

近些年来，屡屡听闻由于亲子矛盾激化而引发的家庭悲剧。这些悲剧在令人痛心慨叹之余，也引发了全社会广泛的反思：我们的孩子们怎么了？我们的亲子关系究竟出了什么问题？我们的家庭教育、社会教育究竟存在哪些症结？而作为社会教育机构的公共图书馆，我们又能够做些什么来减少此类悲剧的发生？换言之，公共图书馆在亲子关系改善及儿童健康成长方面能够有哪些作为，可以起到什么样的积极作用？基于对这些问题的关注和思考，苏州图书馆的馆员们把帮助家庭开展亲子阅读作为重要的工作内容，并在自身实践的基础上，将目光投向整个苏州地区公共图书馆的低幼儿童服务现状。为此，我们申报并获批了姑苏人才资助项目——苏州地区公共图书馆低幼儿阅读推广与服务的现状与策略研究（YS2016013），经过近两年的调研分析，撰写完成了一份调研报告及两篇学术论文。在前期工作的基础上，课题组进一步系统梳理了国内外公共图书馆低幼儿童服务的实践及研究成果，又经过一年的努力，完成了这部《公共图书馆低幼儿童服务》书稿，进一步扩大了课题研究成果。

这是国内第一部对公共图书馆低幼儿童服务进行系统研究的著作，在框架结构方面，我们借鉴了范并思、吕梅、胡海荣编著的《公共图书馆未成年人服务》一书。本书共分九章：第一章　公共图书馆低幼儿童服务概述；第二章　中外公共图书馆开展低幼儿童服务的历史与现状；第三章　低幼儿童阅读资源建设；第四章　低幼儿童阅读环境创设；第五章　低幼儿童阅读活动的策划与组织；第六章　低幼儿童故事会；第七章　亲子阅读支持；第八章　低幼儿童服务的管理与人员；第九章　公共图书馆低幼儿童服务案例。本书理论、方法与实践并重，在第九章，我们精选了苏州地区公共图书馆开展低幼儿童服务的 12 个案例。这些案例较为全面地反映了苏州地区公共图书馆开展低幼儿童服务的实践，可供同行们借鉴。另有附录包括：《国际图联 0—18 岁儿童图书馆服务指南》《婴幼儿图书馆服务指南》以及国家图书馆少年儿童馆编制的《绘本 100——少年儿童绘本阅读基础书目》《原创 100——中国原创图画书核心书目》《绘本润童心——心理成长图画书导读书目》等三个推荐书目，方便读者随时翻检。

本书各章节分工如下：许晓霞：前言、第一章、第二章、第七章第一节；陈力勤：第四章、第七章第四节；白帅敏：第五章、第七章第三节；殷宏淼：第六章；周燕霏：第三章第一节和第二节、第八章第三节；何亚丽：第三章第三节和第四节、第七章第二节；徐荣：第八章第一节；黄洁：第八章第二节。第九章由各图书馆提供，陈力勤整理。许晓霞、陈力勤、白帅敏共同确定了本书的体系架构，许晓霞对书稿进行了修改并完成了统稿，陈力勤、白帅敏对书稿进行了审读。

感谢《国际图联 0—18 岁儿童图书馆服务指南》中文版译者张靖等、《婴幼儿图书馆服务指南》中文版译者李静霞等授权本书收录这两份重要的指南性文献（附录 1、2），感谢国家图书馆少年儿童馆授权本书收录其编制的三份少儿推荐书目（附录 3 至 5）。

本书的出版得到了许多方面的支持，首先是姑苏人才计划为课题项目和本书的出版提供了资金保障；苏州地区各公共图书馆为课题调研提供了支持；苏州图书馆张喜年博士设计了课题问卷初稿；苏州图书馆馆员陆秀萍和华东师范大学信息管理系实习生范心怡同学对问卷进行了统计和初步分析；国家图书馆出版社的邓咏秋老师为本书的出版付出了大量的心力；还有其他未及一一提到的同事和同人，在此一并表示感谢！

由于能力有限，本书难免存在疏漏和欠妥之处，恳望同行及读者不吝指正。

许晓霞

2019 年 5 月

第一章　公共图书馆低幼儿童服务概述

儿童是社会的未来，他们的健康成长对整个社会的发展是至关重要的。因此，为儿童创造一个有利于他们健康成长的良好的外部环境，是全社会的责任。公共图书馆作为公共文化服务机构，在为儿童提供健康成长的社会环境方面有着独特的优势和自身的使命。《公共图书馆服务发展指南》指出："公共图书馆负有特殊的责任支持儿童学习阅读。鼓励儿童使用图书馆和其他载体的资料。"[①]《公共图书馆宣言》中，公共图书馆使命的第一条就是"从小养成和增强儿童的阅读习惯"。

幼儿时期是人类智慧潜能开发的关键时期，也是培养阅读兴趣和阅读习惯的黄金时期。早期阅读是早期教育的重要内容，是开启智慧、启蒙情感、加强亲子关系的重要途径。很多研究都显示，早期阅读可以从多个方面促进幼儿学习成长，这包括：图书是激发父母与幼儿交流的绝佳媒介，可以促进幼儿语言能力的发展；图书告诉幼儿有关外部世界的知识，帮助他们理解人际交往中的行为方式，增强他们日后与人交往时的自信；此外，看书还可以锻炼幼儿的注意力，丰富他们的想象力[②]。总之，早期阅读不仅使儿童在语言能力方面具有显著优势，而且在其他很多方面对他们的健康成长都有着积极作用。

第一节　公共图书馆低幼儿童服务界定

无论是从低幼儿童潜能开发与儿童权利维护角度出发，还是从公共图书馆

---

① 菲利普·吉尔主持的工作小组代表公共图书馆专业委员会. 公共图书馆服务发展指南［M］. 林祖藻，译. 上海：上海科学技术文献出版社，2002：29.

② 于良芝，刘和发. 揭秘"阅读起跑线"（Bookstart）项目［M］// 金德政. 悦读宝贝——0—3岁亲子阅读手册. 北京：国家图书馆出版社，2014：152–157.

的性质、优势、使命等方面出发，公共图书馆都应将低幼儿童纳入公共图书馆的基本服务群体，将低幼儿童服务作为公共图书馆的重要工作内容，为培养低幼儿童阅读兴趣、提高阅读能力创造有利的条件，发挥公共图书馆的应有作用。然而，从目前情况来看，我国公共图书馆对低幼儿童群体的关注度总体来说是不够的。在 2018 年上半年由中国图书馆学会阅读推广委员会阅读推广理论研究专业委员会和儿童与青少年阅读推广专业委员会共同发布的《新世纪未成年人阅读推广理论研究进展》报告中，揭示了 2000—2016 年期间研究者对未成年人各年龄段人群的研究情况，结果显示，将"低幼儿童"作为论述对象的论文仅占到总数的 6.3%[1]。文献发文量在一定程度上反映了低幼儿童阅读服务实践的状况，由此可见，我国图书馆界对低幼儿童阅读服务的关注还远没达到应有的程度。

根据 2010 年我国第六次全国人口普查数据显示，0—14 岁人口数量超过 2 亿，占总人口的 16.60%。其中 0—4 岁人口为 7553 万，占总人口的 5.67%[2]。2015 年十八届五中全会决定全面启动实施"单独二孩"政策，长达 30 多年的独生子女政策正式结束，2017 年开始全面实施二孩政策。这意味着未来若干年内，0—4 岁低幼儿童的人口数量将会显著增长。在这样的背景下，我国公共图书馆重视面向低幼儿童的服务，更是有着现实的迫切性。

一、未成年人、儿童及低幼儿童

所谓未成年人，是与成年人相对应的一个概念，即尚未成年的人。"未成年人"一词更多情况下是一个社会学或者法学的概念。在法律上，未成年人即指未满法定成年年龄的人。在不同的国家，法定成年年龄规定是存在差异的，即未成年人被定义的年龄范围是有差别的。例如我国与美国都将未成年人界定为未满 18 周岁的公民；日本规定未满 20 周岁为未成年人；印度规定男性未满 16 周岁、女性未满 18 周岁为未成年人[3]。本书所采用的"未成年人"标准依据

---

[1] 李武，等.新世纪未成年人阅读推广理论研究进展［J］.图书馆论坛，2018（10）：109-117.

[2] 国务院人口普查办公室，国家统计局人口和就业统计司.中国 2010 年人口普查资料［EB/OL］.［2019-02-18］.http://www.stats.gov.cn/tjsj/pcsj/rkpc/6rp/indexch.htm.

[3] 范并思，吕梅，胡海荣.公共图书馆未成年人服务［M］.北京：北京师范大学出版社，2012：1.

我国的法律规定，即《中华人民共和国未成年人保护法》和《预防未成年人犯罪法》中的规定，将未满18周岁的群体界定为"未成年人"。

对于未成年人，不同的社会或地区对其在心理状态、社会责任、法律责任等方面都会存在不同于成年人的要求和社会规范。例如，孩童时期普遍被认为是重要的学习阶段，因此，许多国家和地区都实施了义务教育并颁布相关法律，规定每名儿童必须上学而不能劳动取酬，与此相应，禁止企业等经济组织使用未成年人劳动力。还有一些国家或地区规定，必须达到当地的法定年龄才能饮酒、投票、结婚等。因此说，"未成年人"概念通常用于法律或相关的政策法规之中，而不直接用于未成年人的教育与服务领域[①]。在未成年人的教育与服务等领域，通常将未成年人区分为"儿童"与"青少年"两类人群。如国际图联从图书馆服务的特性出发，对未成年人群体进行了划分，分别制定了《儿童图书馆服务指南》（*Guidelines for Children's Library Services*）和《青少年图书馆服务指南》（*Guidelines for Library Service for Young Adults*）。针对儿童中的低幼儿童，又专门制定了《婴幼儿图书馆服务指南》（*Guidelines for Library Services to Babies and Toddlers*）。

（一）儿童的定义

"儿童"一词，有广义和狭义之分。广义的"儿童"概念相当于未成年人概念，就是指的未成年人群体。在联合国《儿童权利公约》中的"儿童"概念，即为广义的"儿童"概念，指的是"18岁以下的任何人，除非对其适用之法律规定成年年龄低于18岁"。这一界定与我国的《未成年人保护法》等法律规定的未成年人年龄段相一致，即都是指的18岁以下的公民；狭义概念的儿童，即我们通常使用的儿童概念，一般是指12岁及以下的未成年人，即未成年人中0—12岁的那部分人群，而通常将12岁以上的未成年人称为"青少年"。至于何时使用广义的"儿童"概念，何时使用狭义的"儿童"概念，则取决于某一地区人们在某些领域、场合的使用习惯。例如在英美等国家，服务于未成年人的图书馆通常称为儿童图书馆，这里是广义的儿童概念，但并不妨碍他们对服务对象的细化服务；而在我国，服务于未成年人的图书馆一般被称为少年儿

---

① 范并思，吕梅，胡海荣. 公共图书馆未成年人服务［M］. 北京：北京师范大学出版社，2012：1.

童图书馆。

本书在使用"儿童"概念时是指其狭义层面的含义，即未成年人中的一部分，专指 0—12 岁的那部分人群。采用"未成年人"概念指代所有未满 18 周岁的公民。采用"青少年"概念则专指 13—17 岁的未成年人群体。

（二）低幼儿童界定

儿童时期是人类生长发育的特殊时期，其重要特点是生长迅速，不同年龄段的儿童在生理和心理上存在很大的差异。因此，为更好地了解、培育和服务好儿童，各领域都会将儿童细分不同的年龄阶段以便有针对性地提供服务与开展活动。例如，在生理学、医学和心理学领域，需要提供的服务更加细致和有针对性，必须把儿童的生长期划分得更细，而且越是低龄越需要细分。我国儿童教育学家朱智贤在《儿童发展心理学》中将儿童时期分为乳儿期（出生—1岁）、婴儿期（1—3 岁）、学前期（3—6、7 岁）、学龄初期（6、7 岁—11、12 岁）、少年期（11、12 岁—14、15 岁）和青年期（14、15 岁—17、18 岁）[1]。高等医药院校教材《儿科学》里把儿童年龄分为七个时期：一、胎儿期（约 40 周）；二、新生儿期（从脐带结扎至出生后 28 天）；三、婴儿期（出生后 28 天到 1 周岁）；四、幼儿期（1—3 周岁）；五、学龄前期（3—6、7 岁）；六、学龄期（6、7 岁—12、13 岁）；七、青春期（女孩从 11—12 岁至 17—18 岁，男孩从 12—14 到18—20 岁）[2]。

在图书馆服务领域，国际图联将儿童群体主要分为三类，并针对这三类群体分别颁布了三部服务指南：《婴幼儿图书馆服务指南》（*Guidelines for Library Services to Babies and Toddlers*），也可简称《婴幼儿图书馆服务指南》，2007 年修订版；《儿童图书馆服务指南》（*Guidelines for Children's Library Services*），2003 年修订版，以及《青少年图书馆服务指南》（*Guidelines for Library Service for Young Adults*），2008 年修订版。在此基础上，2018 年又发布了《国际图联 0—18 岁儿童图书馆服务指南》，试图囊括所有 0—18 岁儿童群体，但是这个新的"大一统"指南较为宽泛，特别是在低幼方面，我

---

① 朱智贤. 朱智贤全集（卷四）：儿童发展心理学［M］. 北京：北京师范大学出版社，2002：87.

② 桂永浩，薛辛东. 儿科学［M］.3 版. 北京：人民卫生出版社，2015：2-3.

们认为还不能完全取代《婴幼儿图书馆服务指南》。我国图书馆界通常将未成年人服务对象大致分为如下三个年龄阶段：低幼儿童（从出生到学龄前）、小学生、中学生。根据这三个年龄段的未成年人特点分别为他们设置活动区域、组织文献资源以及策划相关活动。

本书将低幼儿童界定为0—6岁的儿童，包括婴幼儿阶段（0—3岁，即婴儿及学步儿童）和学前儿童阶段（3—6岁）。本书的研究对象就是针对低幼儿童的公共图书馆服务。

二、公共图书馆开展低幼儿童服务的对象

为儿童提供图书馆服务的机构有公共图书馆（含专门的少儿图书馆）和学校图书馆。学校图书馆的服务群体主要是学龄儿童，公共图书馆服务的群体则更为广泛。随着对儿童阅读服务的重视，图书馆对儿童群体这一服务对象做了进一步细分，从青少年、学龄儿童，进一步向学前儿童延伸。1987年，美国公共图书馆学会在其出版物《公共图书馆规划与角色确定》一书中提出，公共图书馆的角色之一是成为"学前儿童学习的场所"。该书还强调，公共图书馆对于儿童阅读的推动要从婴儿期开始，要提供各种有助于婴幼儿实现自我满足并发现阅读和学习乐趣的服务。这些服务既要面向婴儿（0—2岁）、学步儿童（2—3岁）、学龄前儿童（3—6岁），也要面向他们的父母以及其他照顾人[1]。

（一）普通低幼儿童

1. 婴幼儿童（0—3岁）

通常将出生到1岁的儿童称为婴儿，也有称为乳儿，即处于哺乳期特别稚嫩的幼儿。儿童长到1岁之后开始学步，因此称为学步儿童。婴幼儿时期是"人之初"，什么都刚刚开始，其生理发育、个体心理发展最为迅速，语言发展也进入敏感期。20世纪以来，随着人们对儿童早期教育的重视，儿童早期阅读也逐渐获得关注。图书馆开展面向婴幼儿阅读与服务的议题在国外已有相当丰富的理论与实践积累，例如美国公共图书馆针对婴幼儿与生俱来对图案模式的

---

[1]　张慧丽.公共图书馆儿童早期阅读服务基本理论问题探讨［J］.图书馆，2012（6）：87–89.

视觉偏好，对愉悦、柔和语音敏感的感知特点开展了形式多样、内容丰富的阅读服务。在我国，针对婴幼儿的早期教育和早期阅读起步较晚，直到21世纪，国内出版、教育、公共图书馆系统及民间阅读推广机构才开始逐步重视婴幼儿阅读服务。

👉 **相关链接：0—3岁是儿童语言发展的敏感期**

关键期也叫敏感期、临界期。它是指儿童形成某种反应或者学习某种行为的最佳年龄。如果在这个最佳年龄期间能给儿童提供适当条件，那么就能达到事半功倍的效果，有效促进这方面的发展；相反，如果错过了这个敏感期，结果往往就会事倍功半，甚至会造成日后难以弥补的损失……据研究，儿童能说出第一批真正能够被理解的词的时间是在1岁左右，0—1岁是儿童语言形成的准备期，1—3岁是语言形成期，3岁以后是语言发展期。因此，0—3岁是儿童语言发展的敏感期。

资料来源：张明红，等.0—3岁儿童语言发展与教育［M］.上海：华东师范大学出版社，2013：8.

2. 学前儿童（3—6岁）

学前儿童是指还没有达到入学年龄的儿童。大部分学前儿童会进入学前教育机构——幼儿园接受早期教育。美国教育心理学家在研究中发现，0—3岁是养成儿童阅读兴趣的最佳时期，3—6岁则是培养儿童阅读能力的关键阶段[1]。由于即将进入学校接受正规的学习，他们需要掌握一些基本的阅读技能并学会独立阅读，为入学做好准备。绘本是他们的主要读物，文字较少且浅显易懂，图画往往能够恰如其分地揭示文字的含义，帮助孩子们理解和感知故事；通过与书籍的接触，孩子们可以了解并熟悉图书，为以后的学习打下基础[2]。

（二）有特殊需求的低幼儿童

有特殊需求的低幼儿童主要是指那些在生理或心理上存在某种缺陷的儿

---

[1] 颜虹.图书馆开展分享阅读活动的意义与实施策略［J］.河南图书馆学刊，2007（2）：51.

[2] 李裴.公共图书馆与未成年人服务［J］.图书馆界，2014（1）：68-70，79.

童，如智力障碍或身体障碍等。图书馆应当考虑他们的特殊需求，在资源、设备和环境方面尽量满足他们的特殊需求，以保障他们能够与正常的孩子一样平等获取图书馆的资源与服务。面对有特殊需求的儿童开展的服务是图书馆未成年人服务的重要部分，也是难度较大的部分，这些活动的开展和完善程度，通常与公共图书馆的发展水平紧密相连[①]。例如，国际上公共图书馆为有多动症、统合能力失调、自闭症、阅读障碍症等疾患的儿童提供服务，并且已经成为一种传统[②]。

（三）相关成年人

公共图书馆面向低幼儿童的早期阅读服务也需要成人的积极参与。图书馆除了直接为低幼儿童提供服务之外，还有非常重要的服务对象，即孩子的父母或其他照顾人员。父母是孩子的第一任老师，对孩子各方面的发展都起着至关重要的作用。低幼儿童的日常生活完全需要依赖父母或其他带养人，而家长们的主要精力大多放在照料孩子们的生活起居方面，即使一些家长已经认识到早期阅读的重要性，但他们往往缺乏开展早期阅读的经验。因此，图书馆需要通过宣传、培训、开展早期阅读示范以及搭建交流平台等，为家长们开展亲子阅读、构建良好的家庭读写环境提供帮助。家庭是低幼儿童最主要的活动场所和阅读场所，只有父母掌握了相关的技巧，并将图书馆开展的早期读写活动进一步延伸到家庭日常生活中，图书馆服务才能取得事半功倍的效果。有研究指出：父母和孩子的共同参与，是任何干预（儿童发展和成长）活动成功的关键因素。有父母或其他照顾人参与的早期阅读，是儿童得到爱与快乐的途径[③]。

除家长及看护人之外，其他从事低幼儿童工作的相关人员也应当是图书馆的服务对象。这类人群包括：幼儿园老师、儿童文学出版者和研究者、儿童读物作家和儿童图书馆学专业研究人员等。他们为了更好地服务儿童，须了解孩子们的阅读兴趣和特点，掌握出版物的最新动态和发展趋势，熟悉各种题材和各种类型的儿童读物及相关的资料。出于自己的研究需要和相关知识的积淀，

---

① 李裴.公共图书馆与未成年人服务［J］.图书馆界，2014（1）：68-70，79.
② 范并思.拓展图书馆未成年人阅读服务［J］.图书与情报，2013（2）：2-5.
③ 张慧丽.公共图书馆儿童早期阅读服务基本理论问题探讨［J］.图书馆，2012（6）：87-89.

他们会经常光顾图书馆，阅读儿童图书及儿童研究类的图书，从而成为公共图书馆未成年人服务的对象之一①。

☞ **相关链接：儿童阅读　责在成人**

我们都希望儿童能够"自动自发"地阅读，但儿童的阅读是需要引导的，如果有一位值得信赖的大人为孩子提供各种协助，与孩子分享阅读经验，孩子就可以排除各种障碍，遨游在阅读世界中。英国图书馆学会"法吉恩奖"获得者钱伯斯提出的"阅读循环圈理论"，将儿童阅读描述为一系列过程，认为在这一循环中，儿童是阅读的主体，而有经验的成人是阅读过程的引导者和推动者。成人可以通过环境与活动的整合，帮助儿童亲近图书，进而鼓励儿童自主而愉快地阅读；也可以通过设计、组织阅读讨论活动，帮助儿童领会一本书各个层面的含义，从而进行更广泛而深入的阅读。然而，最关键的是，只要了解了基本的原理，只要愿意行动起来，引导孩子阅读并不是只有专家才会做的事，任何一个有初等文化能力的大人都可以做到。因此，在儿童中推广阅读，远比在成人中推广阅读具有更重大的战略意义，推广成本更低，影响却更深远。是否重视儿童阅读，反映了一个国家能否在涉及国家发展、民族未来的战略问题上进行宏观布局。在很多西方发达国家，儿童阅读推广往往被作为国家项目由政府主导，并成为全民阅读工程的突破口。

资料来源：朱淑华. 从战略高度推进儿童阅读［J］. 图书馆理论与实践，2010（2）：75–79.

第二节　公共图书馆重视低幼儿童服务的意义

公共图书馆面向儿童的服务不是一开始就有的，即便是图书馆儿童服务比较发达的英美等国家，最初的公共图书馆也是不欢迎儿童的，它们常常对入馆

---

① 李裴. 公共图书馆与未成年人服务［J］. 图书馆界，2014（1）：68–70，79.

读者的年龄进行限制，将 14 岁以下的儿童排除在服务对象之外。随着儿童权利意识的觉醒，人们开始认识到孩子作为一个独立的个体应该拥有与成人一样的权利，公共图书馆作为受国家财政支持的公益性机构，应该向儿童敞开大门。在这些思想和理念的影响下，经过近一个多世纪的发展，面向儿童的服务已经成为公共图书馆服务中不可缺少的组成部分。今天，公共图书馆为儿童提供服务，保障他们平等、自由获取各种信息资源的方式已经被人们普遍接受，并成为公共图书馆服务内容的重要组成部分[①]。

一、公共图书馆开展低幼儿童服务是对早期阅读价值的认同与促进

公共图书馆低幼儿童服务的开展很大程度源于对早期阅读价值的发现。美国教育心理学家 Bloom 在其著作《人类特性的稳定与变化》中，通过对千名儿童的追踪分析，提出了著名的假设：若 17 岁时人的智力发展水平为 100，则 4 岁时就已具备 50%，8 岁时达到 80%，剩下的 20% 是从 8 岁到 17 岁的 9 年中获得的[②]。儿童发展心理学的相关理论，特别是关键期 / 敏感期理论，也使人们逐步认识到儿童早期教育的重要性。早期阅读是早期教育的重要内容，早期阅读的主要目的是让幼儿通过阅读有趣的图画书等适龄读物，将口头语言和书面语言逐步建立联系，并慢慢亲近和熟悉书面语言，不断激发幼儿的学习动机和阅读兴趣，并逐步建立起良好的阅读习惯。19 世纪西方的中产阶级开始认识到阅读对于孩子发展的重要作用，阅读习惯的养成将使人终身受益，而这一良好习惯的养成与孩童时期的早期阅读经历有着直接的关联。孩子对于阅读的选择和偏好也会对其成长产生重大影响。鉴于儿童具有很大的可塑性和延展性，成人社会必须对儿童的阅读问题给予特别的重视，为儿童的阅读创造有利的环境；同时，家长和专业人士需要对孩子的阅读进行指导。而公共图书馆正可以利用自己的专业优势，积极开展面向低幼儿童的阅读服务，为低幼儿童及其家长提供阅读资源，开展相关活动和指导，培养儿童阅读兴趣和阅读习惯，从而促进早期阅读的普遍开展。

---

① 童万菊.中美公共图书馆未成年人服务比较研究［D］.合肥：安徽大学.2014.

② Bloom B S. Stability and change in human characteristics［M］. New York: Wiley，1964：88.

二、公共图书馆开展低幼儿童服务是保障儿童权利的要求

儿童代表了社会的未来，因此也可以这样说，社会的未来取决于我们如何抚养和教育下一代。我们从整个社会对待儿童的态度可以看出人类是怎样对待未来的。历史上，儿童曾经作为成人的附属品存在，而没有自己的权利。"儿童处于弱小无助的地位，应当予以保护而非剥削利用"是近200年来才出现的观点。儿童是一个特殊的群体，其生理和心理都尚未成熟，与成年人相比处于天然弱势，在社会活动中，儿童的利益很容易会被忽略甚至侵害，因此儿童权利需要受到特别的关注。第一次世界大战结束后，国际社会意识到战争给儿童带来了巨大的伤害，从而加强了对儿童的保护意识，推出了一系列相关法律。随着时间的推移，这些立法不断得到完善。1924年，《日内瓦未成年人权利宣言》明确提出要满足未成年人特殊照料的需要；1948年，联合国大会通过了《世界人权宣言》，承认未成年人必须受到特殊的照顾和协助；此后，联合国在一般性的国际条约，如《国际人权公约》和专门针对未成年人权利的文件《未成年人权利宣言》（1959年11月20日通过）中都始终强调保护未成年人的权利；1989年11月20日联合国大会进行修正，并于1990年通过的《儿童权利公约》（Convention on the Rights of the Child），特别强调对孩子各项权利的保护，其中就包括对教育和阅读权利的保障。中国是该公约的第105个签约国，1992年4月2日该公约对我国生效。在我国，随着1980年独生子女政策的出台、实施，以及由此带来的家庭结构的变化，孩子的地位也逐渐发生了很大的改变，儿童的权利在全社会被更广泛认识并得到重视。伴随着未成年人权利意识的觉醒，面向未成年人的图书馆服务逐步开展，图书馆日益成为未成年人阅读权利保障的践行者和捍卫者[①]。

以下是有关儿童权利保护的代表性文件：

联合国《儿童权利公约》

《儿童权利公约》（Convention on the Rights of the Child）是第一部保障儿

---

① 张丽.1876—1976年美国图书馆未成年人服务发展历史研究［J］.中国图书馆学报，2011（1）：93-101.

童权利且具有法律约束力的国际性约定。1989 年 11 月 20 日第 44 届联合国大会第 25 号决议通过，1990 年 9 月 2 日生效。该公约旨在为世界各国儿童创建良好的成长环境，是联合国历史上加入国家最多的国际公约。1990 年 8 月 29日，中国常驻联合国大使代表中华人民共和国政府签署了《儿童权利公约》，中国成为第 105 个签约国。1992 年 4 月 2 日该公约对中国生效。

《儿童权利公约》（以下简称《公约》）共有 54 项条款，实质性条款 41 条。《公约》将"儿童"界定为"18 岁以下的任何人"，除非各国或地区法律有不同的定义。《公约》规定了世界各地所有儿童应该享有的数十种权利，其中包括最基本的生存权、全面发展权、受保护权和全面参与家庭、文化和社会生活的权利。《公约》还确立了 4 项基本原则：无歧视、儿童利益最大化、生存和发展权以及尊重儿童的想法。《公约》强调，各国应确保其管辖范围内的每一儿童均享受公约所载的权利，不因儿童或其父母或法定监护人的种族、肤色、性别、语言、宗教、政治或其他见解、国籍或社会出身、财产、伤残、出生或其他身份等而有任何差别。

《中华人民共和国未成年人保护法》

《中华人民共和国未成年人保护法》（以下简称《未成年人保护法》），1991年9月4日由第七届全国人民代表大会常务委员会第二十一次会议商议并通过，2006 年 12 月 29 日由第十届全国人民代表大会常务委员会第二十五次会议修订，自 2007 年 6 月 1 日起开始施行，是我国第一部全面的、综合的专门保护未成年人权利的基本法律。这部法律第一次把家庭、学校、社会对未成年人的保护进行了系统的、科学的法律规范，不但体现了我国已批准加入的《儿童权利公约》的原则，而且该法所调整的是社会各方面同未成年人健康成长的关系。《未成年人保护法》共 7 章，72 条。《未成年人保护法》的宗旨，即该法第 1条明确规定："保护未成年人的身心健康，保障未成年人的合法权益，促进未成年人在品德、智力、体质等方面全面发展，把他们培养成为有理想、有道德、有文化、有纪律的社会主义事业接班人。"这一宗旨，实际上也是该法所承担的根本任务和要实现的根本目标。这一宗旨，需要由不同的法律、法规加以规定并保证其实现。

《儿童权利公约》与《中华人民共和国未成年人保护法》中与图书馆密切相关的是儿童的发展权。公共图书馆作为公益性公共文化事业机构，在保障儿童平等、自由获取图书馆资源与服务以促进儿童身心健康发展方面有着不可推卸的责任。图书馆对儿童开展服务要以保障儿童权利作为基本立场。范并思教授在《图书馆服务中儿童权利原则研究》一文中谈到，图书馆服务中涉及的儿童权利主要包括三方面，即平等应用权、优先使用权和安全权。平等权，包括相对于成人平等利用图书馆的权利和儿童之间平等享受图书馆服务的权利。优先权指的是图书馆服务中坚持儿童优先的原则。安全权是图书馆采取恰当的服务政策和措施，保证儿童服务的环境设施安全[①]。

三、公共图书馆开展低幼儿童服务是对儿童优先原则的落实

所谓儿童优先原则（first call for children），是指在制定法律法规、规划、政策以及配置公共资源等方面优先考虑儿童的利益和需求。联合国《儿童权利公约》第 3 条第 1 款明确规定"应以儿童的最大利益为一种首要考虑"[②]，即"儿童利益优先"原则。儿童优先原则主张"一切为了儿童"，"向所有儿童的生存和正常发展提供基本保护"。儿童优先原则是现代社会的基本理念和价值观，一方面是着眼于保护弱势群体，另一方面是着眼社会的未来发展。1990 年世界儿童问题首脑会议上提出，在资源分配方面，儿童的基本需求应得到高度优先。为了鼓励儿童积极阅读，英国大部分公共图书馆对儿童读者优先，并减免儿童读者的费用，如：图书逾期的罚款费、图书预借费、馆际互借费、声像资料外借费等。儿童优先原则在英国公共图书馆得到了很好的体现[③]。

为促进我国儿童的健康发展，国务院制定了《中国儿童发展纲要（2011—2020 年）》（以下简称《纲要》）并于 2011 年 7 月颁布。《纲要》从儿童健康、教育、法律保护和环境四个方面提出了到 2020 年我国儿童发展的主要目标和战略措施。《纲要》将儿童优先作为基本原则，要求在制定相关法律法规、政策规划和配置公共资源等方面将儿童的利益和需求优先考虑。同时《纲要》也

---

① 范并思.图书馆服务中儿童权利原则研究［J］.中国图书馆学报，2012，（6）：38-46.

② 儿童权利公约［EB/OL］.［2018-07-09］.https://baike.so.com/doc/5567649-5782795.html.

③ 吴银燕.中英公共图书馆儿童服务比较研究［D］.湘潭：湘潭大学，2015：13.

将儿童平等发展作为基本原则。按照《纲要》要求，公共图书馆不但要对各年龄段的儿童平等开放，而且要在资源、环境、服务等方面提供有针对性的服务，优先考虑儿童的需求。2012 年，为进一步明确"儿童优先"原则，在中国图书馆学会年会上，中国图书馆学会未成年人图书馆服务专业委员会号召所有公共图书馆积极践行"儿童优先"原则，充分保障儿童利益。

☞ **相关链接：为什么要坚持"儿童优先"原则？**

国务院妇女儿童工作委员会办公室负责人接受新华社记者采访时表示，主要有以下三个方面的原因：

首先，儿童期特别是儿童早期是儿童生理、心理发展的关键时期，也是儿童从不成熟逐步走向成熟的时期。为儿童成长提供必要的条件，给予儿童必需的保护、照顾和正确的教育，将使儿童获得良好的人生开端，为儿童一生的发展奠定良好基础。

其次，早期投入对于开发人力资源，提高国民素质，提高经济和社会效益具有重要意义。研究表明，儿童期良好的健康和智力发展，有利于提高劳动生产力、就业质量、工资报酬、资产占有率，有利于社会消除贫困、降低失业率、犯罪率。因此，任何有远见的政府都应该把儿童放在最优先考虑的位置。

第三，国家对于儿童早期的投入，可以节省成年以后用于补偿教育、医疗保健、康复和社会保障等方面的费用，减轻国家的经济负担。这位负责人介绍，据世界银行统计，发展中国家因儿童期营养不良造成的疾病、劳动力部分和全部丧失带来的经济损失约占国内生产总值的 3％左右。

资料来源：中华人民共和国中央人民政府．国务院关于印发中国妇女发展纲要和中国儿童发展纲要的通知［EB/OL］．［2011-08-09］．http://www.gov.cn/zwgk/2011-08/08/content_1920457.htm.

四、公共图书馆开展低幼儿童服务是实现自身使命的要求

1994 年联合国教育、科学及文化组织（UNESCO）发布的《公共图书馆宣言》指出："公共图书馆应不分年龄、种族、性别、宗教、国籍、语言和社会地位，向所有的人提供平等的服务。""所有人"当然应该包括低幼儿童。同时指出：公共图书馆的使命包括"从小培养和加强儿童的阅读习惯，激发儿童的想象力和创造力，支持和参与各年龄段群体的识字活动和计划，在必要时组织发起此类活动"。2001 年国际图联（IFLA）和联合国教科文组织（UNESCO）联合颁布的《公共图书馆服务发展指南》进一步指出，"公共图书馆负有支持儿童学会阅读、为他们推荐书籍和其他载体材料的特殊责任"，"通过提供大量资料和举办各种活动，图书馆为儿童提供了机会，让他们能够体验阅读的快乐，感受探索知识以及培养想象力的乐趣。必须让儿童和他们的父母学会如何充分利用图书馆，学会使用纸质媒介和电子媒介的技能。应当鼓励儿童从小就使用图书馆，这样才更可能使他们以后一直成为图书馆的忠实用户。"IFLA 发布的《婴幼儿图书馆服务指南》进一步明确"全世界的家庭都需要在当地的图书馆获得一定的帮助。要营造一定的阅读环境以激发婴幼儿的阅读兴趣并吸引他们来到图书馆"，"婴幼儿拥有自由获取公共图书馆信息的权利，图书馆应该为所有的婴幼儿服务，并为他们提供可以获取的资源与服务，从而使他们能够完全融入社会，平等享受各项权利"。由此可见，低幼儿童也是公共图书馆的基本读者群体，甚至是更为重要的服务人群。公共图书馆应该为低幼儿童培养阅读兴趣、提高阅读能力创造有利的条件。通过提供大量的资料和举办各种活动，图书馆为低幼儿童及其家长提供一个最佳的可去场所。那里拥有大量适于他们年龄阶段的学习资料，有各种阅读、唱歌活动，有纸板书籍、触摸感知书籍等大量的绘本图书，有适合他们的玩具，等等。图书馆里还有亲切的图书馆员给他们讲故事、陪他们做游戏，有其他同伴跟他们一起学习、游戏。低幼儿童在图书馆活动的这个阶段作为一段早期的社会经历，将有益于激发低幼儿童的求知欲和想象力。

☞ **相关链接：公共图书馆在儿童早期阅读服务中的角色**

……可以将公共图书馆在儿童早期阅读服务中的角色归纳为：①公共图书馆是儿童读写发展和早期学习的坚定拥护者。②公共图书馆是学前儿童阅读和学习的场所，图书馆以培养其阅读和学习的兴趣为核心目标。③公共图书馆有责任帮助学前儿童做好入学准备，做好入学准备的核心是发展读写能力；公共图书馆要努力使儿童将读写视为生活中必不可缺、充满乐趣和意义的一部分。而要实现这个目标，公共图书馆不需要设置和开展具体的读写课程，而要帮助儿童创建能够从中经历和感受阅读和书写的力量和乐趣的良好环境。④公共图书馆的早期阅读服务与推广应该跨越年龄界限，除了直接向学前儿童提供服务，还要面向儿童的父母或其他照顾人、其他早期护理和教育机构示范如何为学前儿童构建丰富的读物环境，以及如何开展以阅读为中心的各种活动。⑤公共图书馆要建立起一个整体的环境，这个环境要能够传达阅读是一种享受这样的信息。

资料来源：张慧丽.公共图书馆儿童早期阅读服务基本理论问题探讨［J］.图书馆，2012（6）：87–89.

第三节　相关理论介绍

任何事业的发展都离不开理论的指导，因为即便是所谓的常识也不总是有效的，它可能来自人类行为知识并不可靠的部分，有些是直觉，有些是个人经历，有些是所谓的"专家建议"，这些都属于人类主观的感知部分，虽然有一定的用处，但对提供可靠的指导没有太大帮助。要使我们的工作确保科学有效，需要来自客观的科学理论的指导。以下简要介绍的是20世纪中期以来若干有代表性的儿童发展心理学理论，这些理论是指导我们开展低幼儿童服务的基础。

一、埃里克森新精神分析理论

埃里克森（E. H. Erikson，1902—1994）吸收了弗洛伊德精神分析理论中的合理成分，并修正了他的一些思想，形成了新精神分析理论。

埃里克森分析了个体一生的人格发展过程。第一阶段为婴儿期（出生—2岁）：信任对不信任。婴儿在本阶段的主要任务是满足生理上的需要，发展信任感，克服不信任感，体验着希望的实现。婴儿从生理需要的满足中，体验着身体的舒适，感到了安全，于是对周围环境产生基本信任感；反之，婴儿对周围环境产生不信任感。

第二阶段为儿童早期（2—4岁）：自主感对羞愧感。这个阶段儿童主要是获得自主感，克服羞怯和疑虑，体验着意志的实现。随着生理的逐渐成熟，儿童在这个时期有了控制自己行为的愿望和能力，希望自主行动，并学会照顾自己。根据这一时期儿童的心理特征，家长就要给予儿童一定的自由，允许和鼓励儿童去做一些力所能及的事情。如果这时对儿童的行为限制过多、批评过多、惩罚过多的话，会使儿童对自己的能力产生怀疑，从而产生羞愧感。当然，在鼓励为主的同时，还须对儿童的行为进行一定的控制，使儿童既学会独立地生活，又能服从一定的规定与要求，以适应将来的秩序和法制生活。

第三阶段为学前期或游戏期（4—7岁）：主动感对内疚感。本阶段儿童的主要发展任务是获得主动感，克服内疚感，体验着目的的实现。游戏在这个阶段起着重要的作用。这一时期的儿童精力充沛，经常尝试着做一些超出自己能力的事，他们的目标或行为常和父母的要求发生冲突。这时，如果父母经常嘲笑或批评儿童的活动，儿童就会对自己的活动产生内疚感，而如果父母能够积极支持和引导儿童所做的游戏和智力活动，儿童就会发展出更多的主动性。埃里克森认为，儿童在本阶段主动性发展的程度会影响到个人未来在工作上、经济上的成就。

第四阶段为学龄期（7—12岁）：勤奋感对自卑感。本阶段的发展任务是获得勤奋感，克服自卑感，体验着能力的实现。这一时期正值小学教育阶段，是自我发展最关键的时期。儿童在学校当中所经历的成功和失败的体验，对其人格成长具有重要的影响。如果儿童体验到的成功多于失败，就会养成勤奋进取的性格，会勇敢地面对学习和生活中的挑战。如果儿童体验到的是失败多于成功，甚至只有失败，他就会形成自卑的性格，对新的学习任务产生畏惧感，可能会回避现实，对其今后的人格发展产生不利影响。

第五阶段为青少年期（12—18 岁）：自我同一性对角色混乱。这一阶段的发展任务是建立同一感，防止同一感混乱。虽然说自我同一性的发展贯穿生命全程，但是在青少年期，由于内部状况的剧变，如身体迅速发展、思维能力的变化，加之即将面临的各种社会义务和选择，如择校和职业选择、交友、承担社会责任等，就会对之前已经形成的自我同一感发生怀疑，即产生同一感危机。这时青少年迫切地需要了解自己，要求形成一个真正的而不是附属于别人的独立的自我。在对自我的探索过程中，如果能将自己在各方面将要承担的角色同一起来，就会顺利地度过青春期，否则就会感到迷惘、痛苦，产生角色混乱。对于这一阶段，埃里克森提出了"合法延缓期"的概念，他认为由于青少年自觉没有能力持久地承担义务，并感到需要做出的决断太多太快，因此，在做出最后决断以前要进入一种"暂停"的时期延缓承担的义务，以避免同一性提前完结的内心需要。虽然对同一性寻求的拖延可能是痛苦的，但它最后是能导致个人整合的一种更高级的形式和真正的社会创新。

第六阶段是成年早期（18—25 岁）：亲密感对孤独感。其发展任务是获得亲密感，避免孤独感，体验着爱情的实现。这一阶段如果能建立家庭，与配偶形成亲密的情感联系；能立足社会，与志同道合的人建立亲密的朋友关系；能与他人相互理解，那么他就能获得亲密感。反之，如果处理不好人际关系，就会产生孤独感。

第七阶段是成年中期（25—50 岁）：繁殖感对停滞感。这个阶段的个体如果能热心承担社会责任，关心家庭，养育后代，工作上富有成果，那么就会获得一种繁殖感；如果不愿或无力承担这些责任，就会产生一种一事无成、无所作为的感觉。

第八阶段为成年晚期即老年期（50 岁直至死亡）：完善感对绝望感。这个阶段的主要任务是获得自我健康感，避免失望和厌倦感，体验着智慧和实现。这时人生进入了最后阶段，如果个体感到自己的一生是成功的和有价值的，对社会做出了应有的贡献，就会获得一种自我健康感，觉得自己没有白活，度过了丰富多彩的一生；相反，如果个体感到自己年华虚度，就不免恐惧死亡，觉得人生短促，产生一种绝望感。埃里克森分析的这八个阶段都是由一对矛盾构成，它们是一个连续的两极，并认为两者有一个恰当的比率最为健康，而并非极端化没有一点负面体验最好①。

二、行为主义和社会学习理论

行为主义学派是美国心理学家华生（J. B. Watson，1878—1958）在20世纪初开创的，其基本主张是：心理学的研究对象应该是可观察的外显行为，而不是不可见的内部活动。华生也是第一个学习理论专家，他的理论受到巴甫洛夫的经典条件反射研究的启发，认为习得的外部刺激和可观察的反应之间的联结是人类发展的基石，发展是由个体所处的独特环境所塑造的行为改变的连续过程；环境是儿童发展中的主导力量，他们的发展取决于养育环境和父母或其他重要人物对待他们的方式。只要严格控制刺激和反映的联结，成人可以按照自己的意愿任意塑造儿童的行为。

之后，行为主义流派出现了一些分支，其中包括斯金纳（Burrhus Frederick Skinner，1904—1990）的操作学习理论和班杜拉（Albert Bandura，1925— ）的社会学习理论。斯金纳通过对动物的实验研究，认为人类大多数行为习惯形成的基础是操作学习。人类往往重复导致愉快结果的行为，而压制导致不愉快结果的行为。外部刺激在控制人类行为中有重要作用，人的行为习惯的出现或消失取决于行为结果是积极的还是消极的。斯金纳认为儿童通过独特的操作学习经验形成了习惯。班杜拉认为人类的社会学习行为不能用动物实验的结果来解释，对于动物来说，操作条件反射是一个很重要的学习形式，人类与动物不同的是，人类具有认知能力，能够积极地思考行为和结果之间的关系。观察学习是班杜拉的社会学习理论的核心部分。观察学习指通过观察他人（榜样）而进行的学习，是儿童习得各种行为的基础，儿童的良好行为或不良行为是对他周围人（榜样）进行观察的结果②。

三、皮亚杰的认知发展理论

皮亚杰（Jean Piaget，1896—1980）是瑞士心理学家，从20世纪20年代

---

① 王惠萍，孙宏伟. 儿童发展心理学［M］.2版. 北京：科学出版社，2018：36–37.
② 齐建芳. 儿童发展心理学［M］.2版. 北京：中国人民大学出版社，2018：14–15.

开始研究认知发展。他认为儿童心理起源于主体的动作，这种动作的本质是主体对客体的适应，并从生物学的角度提出，适应的本质在于取得机体与环境的平衡，达到平衡的途径是同化和顺应。同化是指主体将其所遇到的外部信息直接纳入现有的图式知识结构的过程。当然，主体对外界信息所做的不仅仅是感觉登记，还需要对这些信息进行调整和转化，以使其与当前的认知结构相匹配而便于接纳。这个过程没有改变认知结构本身，因而是知识在头脑中的一个量变过程。而顺应是指主体通过调整自己的图式或认知结构，以使其与外界信息相适应的过程。这个过程中，知识在头脑中是一个质变的过程，新知识的增加使认知结构本身发生了变化，因此顺应过程对主体认知结构的发展具有重要意义，通过这个过程，主体的认知结构会不断地得到修正。皮亚杰同时指出，同化与顺应并不是彼此分离的两个独立的过程，两者是相互联系、相互依存的。在同一个认知活动中常常同时包含同化与顺应，只是某些活动中同化占支配地位，而另一些活动中顺应占支配地位。个体通过同化和顺应这两种形式达到机体与环境的平衡，即保持认知结构处于一种稳定状态的内在倾向性[①]。

皮亚杰以儿童的认知特点为标准将儿童心理发展分为四个阶段：第一阶段为感知运动阶段（出生—2、3 岁）——儿童思维的萌芽。这个阶段，儿童的认知活动只限于感知运动，主要是通过探索感知觉与运动之间的关系来获得动作经验，并在这些活动中形成一些低级的动作图式，以此来适应外部环境和进一步探索外界环境。其中，手的抓取和嘴的吸吮是儿童探索周围世界的主要手段。

第二阶段为前运算思维阶段（2、3 岁—7、8 岁）——表象或形象思维。运算是指内部化的智力或操作。儿童在感知运动阶段获得的感觉运动行为模式，在这个阶段已经内化为表象或形象模式，具有了符号功能，特别是随着儿童语言的发展，促使其日益频繁地用表象符号来代替外界事物，重现外部活动，这就产生了表象或形象思维。其思维呈现如下特点：（1）具体形象性。这个阶段的儿童凭借表象来进行思维，依靠这种思维，他们可以从事模仿、象征性活动或游戏，以及绘画活动等。（2）刻板性。指该阶段儿童在注意力集中在问题

---

① 王惠萍，孙宏伟. 儿童发展心理学［M］.2 版. 北京：科学出版社，2018：49.

的某一方面时，往往还不能同时把注意力转移到另一个方面。（3）泛灵性。该阶段的大部分儿童还不能很好地把自己和外部世界区分开来，认为外界的一切事物都是有生命的。（4）自我中心性。指该阶段儿童只能从自我的角度去理解世界，无法协调自己和别人的想法。

第三阶段为具体运算思维阶段（7、8岁—11、12岁）——初步的逻辑思维。这一阶段儿童的认知结构已发生了重组和改善，思维有一定的弹性，可以逆转，已经获得了长度、体积、重量和面积等的守恒，能凭借具体事物或从具体事物中获得的表象进行逻辑思维和群集运算，但仍需具体事物的支持，不能进行抽象思维。有些问题在具体事物帮助下可能顺利解决，但在纯粹口头叙述的情况下，儿童就会感到困难。同时，这个阶段的运算还是零散的，不能组成一个完整的系统。此外，本阶段的儿童也能理解原则和规则，但在实际生活中只能刻板地遵守，不会改变。

第四个阶段为形式运算思维阶段（11、12岁—14、15岁）——抽象逻辑思维。这一阶段儿童的思维经过不断同化、顺应、平衡，在具体运算的基础上逐步出现新的运算结构，即形式运算思维。其思维已经超越了对具体可感知的事物的依赖，在头脑中将形式从内容中解脱出来，离开具体事物，直接根据假设进行逻辑推演。本阶段儿童的思维是以命题形式进行的，能发现命题之间的关系；能根据逻辑推理、归纳或演绎的方式来解决问题；能理解符号的意义；能做一定的概括，其思维发展水平已接近成人水平。他们不再刻板地恪守规则，并且常常由于规则与事实的不符而违反规则或违抗家长或老师。因此，对这一阶段的儿童，不宜采用过多的命令和强制性教育，而应当鼓励和指导他们自己做决定，同时对他们考虑不周的地方提出建议。

四、维果斯基的社会文化理论

维果斯基（Lev Vygotsky，1896—1934）是苏联心理学家，他认为儿童不是独立的探索者，儿童通过与社会中有更高认知水平的伙伴或成年人的合作性对话并将其加以内化来获得认知的发展。认为社会交往是儿童心理发展所必需的，其中最重要的一种社会交往形式是教学。关于教学与发展的关系，特别是教学与智力发展的关系是维果斯基儿童心理学理论及教育心理学理论的重要组成部分。其主要观点包括：（1）"最近发展区"思想。所谓"最近发展区"，是指儿童现有的水平与经过他人帮助可能达到的较高水平之间的差距。最近发展区的思想注重儿童发展的可能性，并向传统教育学中的"量力性"或"可接受性"等教学原则及"成熟决定论"等提出了挑战。（2）教学应该走在发展前面。这是基于最近发展区思想得出的结论。强调教学在发展中起主导作用，认为儿童的第一发展水平与第二发展水平之间的动力状态是由教学决定的，体现了教学的主观能力性。教学一方面应适应学生的现有水平，但更重要的是发挥教学对发展的主导作用。（3）学习的最佳期限。维果斯基认为发挥教育最大作用的途径就是抓住"学习的最佳期限"。对于儿童而言，若脱离学习的最佳期限，过早或过迟的学习均不利于儿童智力的发展 ①。

五、习性学（或进化论）的观点

习性学的起源可以追溯到达尔文的进化论思想。洛仑兹（Konrad Lorenz，1903—1989）和廷伯根（Niko Tinbergen，1907—1988）这两位欧洲的动物学家是现代习性学的奠基人。他们对动物的相关研究强调进化与适应性行为的重要联系。习性学的基本假设是：所有动物生来就具有许多生物性的程序化行为，这些行为是进化的产物，同时也是有利于生存的适应性行为。通过在自然情境中对动物的行为的大量观察，洛仑兹和廷伯根发现了提高生存的一些适应性行为，其中最著名的是印刻作用。洛仑兹发现，刚孵出来的小鹅有追随运动物体的依恋行为，这种行为被称为"印刻"。通常小鹅孵出后遇到的第一个运动物体是母鹅，于是小鹅会追随母鹅，但如果遇到的是一只上了发条的木制鹅，小鹅也会追随这只木制鹅。印刻行为的出现有一个关键时间，即小鹅孵出的 24 小时内，如果在这段时间不向它提供运动对象刺激，印刻现象就不容易出现了。许多鸟类也有同样的印刻现象，习性学家认为这是对环境的一种适应性行为。英国精神分析学家鲍尔比运用习性学理论来研究婴儿与他们的照料者的关系，他认为婴儿的依恋行为同样具有适应性价值。

对印刻现象的研究导出了"关键期"概念。关键期是一个有时间限制的时期，是指有机体生理上准备出现某种适应行为，但需要得到环境刺激的一个时期。许多习性学家认为，关键期适合解释动物发展的某些方面，而用敏感期来

---

① 王惠萍，孙宏伟 . 儿童发展心理学［M］. 2 版 . 北京：科学出版社，2018：56-57.

描述人类的发展更为严谨和准确。敏感期是指最适合某一些能力发展的阶段，在此期间，儿童对环境的刺激特别敏感。敏感期的时间界限没有关键期那样严格和精确，错过敏感期某种发展还有可能出现，只是培养难度增加了[①]。

六、信息加工理论

信息加工理论是随着计算机的出现而发展起来的，信息加工理论认为人类大脑的加工过程类似于电脑的信息输入、加工和转换输出，大脑可被看作信息流动的符号控制系统。信息加工理论承认生物成熟因素对认知发展的重要影响，大脑和神经系统的成熟使儿童能够更好地维持注意，辨认和储存与任务相关的信息，并利用所存信息回答和解决问题。信息加工理论同时认为儿童的信息加工策略和能力也受到他们经验的影响[②]。

① 齐建芳.儿童发展心理学［M］.2 版.北京：中国人民大学出版社，2018：16–17.
② 齐建芳.儿童发展心理学［M］.2 版.北京：中国人民大学出版社，2018：16.

第二章　中外公共图书馆开展低幼儿童服务的历史与现状

　　图书馆的儿童早期阅读服务是随着现代图书馆的兴起而逐步确立并日趋受到重视的。就世界范围来说，英国是世界上最早确立公共图书馆制度的国家，1850 年《英国公共图书馆法》的诞生，标志着现代公共图书馆制度的确立。1861 年，英国的曼彻斯特公共图书馆设置了儿童部。1865 年，伯明翰公共图书馆开始面向儿童开展借书服务[①]。美国公共图书馆的儿童服务虽然可以追溯到更早的时期，但许多学者将 1876 年作为美国图书馆儿童服务发展历史的起始年份。或许是因为这一年有很多相关的重大事件发生：首先是美国图书馆协会的成立——专业组织出现；其次是专业期刊——《图书馆杂志》的出版，馆员们有了撰文讨论交流的平台；再次是该年国家教育局发表了一个关于《美国公共图书馆》(*Public Libraries in the United States of America*)的重要报告，文中有一节讨论了"公共图书馆和未成年人的关系"，引发了业内人士对公共图书馆年龄限制的大讨论。自此之后，公共图书馆的未成年人服务开始进入人们的视野[②]。儿童图书馆作为公共图书馆的一种类型，启蒙于英国，肇始于美国，随后逐步影响至全世界，儿童图书馆事业在世界各国得到了蓬勃的发展。

[①]　江山 . 近代世界儿童图书馆的发展及其对中国的影响［J］. 图书与情报，2011（1）.

[②]　张丽 . 1876—1976 年美国图书馆未成年人服务发展历史研究［J］. 中国图书馆学报，2011（1）: 93-101.

第一节　国外公共图书馆的低幼儿童服务

一、英国公共图书馆的儿童服务

英国是最早确立公共图书馆制度的国家。1861 年，曼彻斯特一家图书馆提供面向儿童的服务，这是英国图书馆历史上第一个有记录的儿童服务[①]。1865 年，伯明翰公共图书馆开始向儿童提供借书服务。1882 年从诺丁汉公共图书馆系统中独立出来了专门的儿童图书馆。之后，陆续有图书馆为未成年人提供服务，但总体来讲，直至 1915 之前的这一阶段，未成年人服务也不够专业，发展较为缓慢，属于英国图书馆未成年人服务发展的起步阶段[②]。儿童阅览室在 20 世纪 20 年代获得了发展，1924 年据凯尼恩委员会统计，共有 151 家公共图书馆有儿童借阅部，87 家有儿童阅览室[③]。自 1920 年始，英国公共图书馆的儿童服务开展了讲故事活动。20 世纪 30—40 年代，英国经历了经济大萧条和第二次世界大战，受经济因素和战争的影响，英国的整个图书馆事业受到了重挫，但仍然在逆境中前进。1939 年伦敦及其周围各郡 73% 的图书馆提供了专门的儿童阅览室，不过通常只有一个房间，其中包含参考阅览室。馆内的设计开始考虑儿童自身的特点，舒适的座椅、明亮的光线，让孩子们能够在属于他们自己的环境里无拘无束地读书，暂时忘却战争带给他们的痛苦。1937 年，在 Ethel Hayler 和 Eileen Colwell 的领导下，指导公共图书馆未成年人服务发展的专业机构——儿童图书馆员协会（Association of Children's Librarians）成立[④]。

1950 年，随着社会走向稳定，经济出现好转，图书馆的儿童服务也得到

---

① 范并思.图书馆服务中儿童权利原则研究［J］.中国图书馆学报，2012（6）：38-46.

② 张丽.英国公共图书馆未成年人服务发展历史研究［J］.图书与情报，2013（4）：29-33.

③ 张丽.英国公共图书馆未成年人服务发展历史研究［J］.图书与情报，2013（4）：29-33.

④ 张丽.英国公共图书馆未成年人服务发展历史研究［J］.图书与情报，2013（4）：29-33.

了快速发展。据图书馆协会 1954 年做的一项调查显示，在 468 家被调查的图书馆中，大约 70% 有儿童阅览室。特别值得关注的是，这个阶段公共图书馆开始取消儿童入馆的年龄限制。儿童阅读指导类图书在这一时期大量出现，馆员的专业性也逐渐受到重视。同时，图书馆开展的儿童服务内容变得丰富起来，除了讲故事、演讲外，还出现了图书展览、电影放映、游戏阅读、猜字谜、象棋俱乐部、戏剧、木偶剧以及其他趣味性阅读形式①。1960—1974 年是英国公共图书馆事业逐步科学化规范化发展时期，这一时期出台了许多服务标准。在这段时间内，《英格兰和威尔士公共图书馆服务标准》(*Standards of Public Library Service in England and Wales*)、《公共图书馆法和博物馆法》(*Public Libraries and Museums Act of 1964*)、《苏格兰公共图书馆服务标准》(*Standards for the Public Library Service in Scotland*) 先后出台，其中包括儿童图书占馆藏的比例等指标。《苏格兰公共图书馆服务标准》中还特别规定馆藏中要有适合学龄前儿童的图画书和简单故事书。从 1972 年开始，在英国的图书馆学院校中开始开设儿童图书馆学的相关课程，包括儿童文学、儿童发展学、社会历史学、交流与沟通、知识组织等，所有图书馆学专业的学生都能选修②。

　　近些年来，低幼儿童阅读服务受到英国社会各界的特别重视，从"阅读起跑线"(Bookstart)、"确保开端"(SureStart) 再到"每个孩子都重要"(Every Child Matters)，政府出台了很多政策促进低幼儿童阅读的发展。公共图书馆将学龄前儿童看作重要的服务对象。基于"儿童服务驱动图书馆"的理念，以孩子为核心的家庭读写活动在英国兴起，公共图书馆将学龄前儿童看作自己主要的服务对象。据统计，2006 年大约有 55% 的 0—14 岁儿童是公共图书馆的注册用户③。

　　英国率先开展了儿童图书馆服务，经过百余年的发展，逐步涵盖了从学龄前儿童到青少年的各个群体。近年来英国尤其重视低幼儿童服务，这已成为英

---

① 张丽. 英国公共图书馆未成年人服务发展历史研究［J］. 图书与情报，2013（4）：29–33.

② 张丽. 英国公共图书馆未成年人服务发展历史研究［J］. 图书与情报，2013（4）：29–33.

③ 张丽. 英国公共图书馆未成年人服务发展历史研究［J］. 图书与情报，2013（4）：29–33.

国公共图书馆的一个特色。儿童图书馆的服务内容日趋丰富，儿童馆员的专业性越来越强，并在相关法律和规范的指导下越来越科学化，英国因此成为世界上儿童图书馆服务的先进地区之一。

二、美国公共图书馆的儿童服务

1876 年被视作美国图书馆儿童服务发展的起始年份，也是图书馆儿童服务开始走向专门化的起点。这一年，美国图书馆协会（American Library Association，简称 ALA）成立伊始即下设了儿童服务分会（Association for Library Service to Children，简称 ALSC）。专业期刊——《图书馆杂志》（*Library Journal*）正式出版，馆员们开始撰文讨论未成年人的需求问题。而在这之前，在很多图书馆员的意识中，图书馆的服务只针对成年人，不包括未成年人，并且大部分图书馆都有入馆的年龄限制，将未成年人排除在外。随着图书馆专业组织的出现、专业期刊的出版，以及 1876 年国家教育局关于"美国公共图书馆"报告的出台，人们开始关注"公共图书馆和未成年人的关系"，引发了业内人士对公共图书馆年龄限制的大讨论。美国的公共图书馆以此为起点，开始逐渐设立专门的儿童阅览室并提供专门的馆藏[①]。

真正现代意义上的图书馆儿童服务成长于美国的进步时代，这一时期突出的推动力量是卡内基图书馆的兴起，它们不仅开始了图书馆的未成年人服务，而且还将未成年人的阅览室同成人阅览室进行了分离，有的地方还将青少年阅览室与儿童阅览室进行了区分，室内的布置也更适合儿童使用。卡内基图书馆为孩子们提供了读书的地方，很多孩子放学后喜欢到自己家门口的卡内基图书馆去读书，因为那里温暖而且免费[②]。1894 年的 ALA 会议讨论了很多关于儿童服务的问题，其中有人建议取消年龄限制，为儿童提供专门图书馆空间和专业人员。

1900 年是美国图书馆儿童服务专业化形成的标志性的一年，针对图书馆儿童服务馆员的专业培训学校——匹兹堡卡内基培训学校成立，美国图书馆员

---

① 张丽. 1876—1976 年美国图书馆未成年人服务发展历史研究［J］. 中国图书馆学报，2011（1）：93-101.
② 张丽. 1876—1976 年美国图书馆未成年人服务发展历史研究［J］. 中国图书馆学报，2011（1）：93-101.

开始逐步接受儿童服务的专业化训练。同年，美国图书馆协会成立了儿童馆员的专门部门。这一阶段是美国图书馆儿童服务发展的重要历史时期。这一时期，图书馆儿童服务发展最突出的方面就是阅读指导项目的推进。1900—1920 的二十年被许多文学研究者称为是"未成年人文学的黄金时代"（The Golden Age of Children's Literature）。这一时期馆员非常关心未成年人阅读图书的质量，确定了很多选书标准 [①]。1920—1950 年，图书馆未成年人服务中的青少年服务发展最快，成为图书馆儿童服务和成人服务之间的桥梁和纽带。1941 年 ALA 成立了儿童和青少年部门，为馆员之间的交流提供了平台和渠道。1950 年后美国的中小学图书馆处于迅猛发展时期，这一时期图书馆的儿童服务受学校变化的影响很大。学校图书馆的角色变得多样，成为学生和教师的学习中心、资源中心、视听中心和交流中心。公共图书馆的学前儿童故事会兴盛，成为图书馆同家庭合作的主要方式，馆员将讲讲读故事的技巧用于书话会（booktalk）等活动，他们将故事从馆内带到了教室、学校礼堂、俱乐部、露营房、操场和孩子们聚集的其他地方 [②]。

美国是全世界范围内最早在公共图书馆开展低幼儿童服务的国家。由美国公共图书馆、美国儿童图书馆服务协会（ALSC）发起的阅读示范项目"出生即阅读"、美国国会图书馆图书中心（LCCB）启动的"图书馆启智计划合作"项目，以及 ALA 下属的公共图书馆分会（PLA）发起的"图书馆里每个孩子都做好了阅读准备"项目，都在很大程度上推动了美国公共图书馆的儿童服务，特别是婴幼儿服务的开展 [③]。

三、日本公共图书馆的儿童服务

日本作为图书馆事业较发达的国家之一，在儿童服务方面有很多独到之处。在日本，由于公共图书馆是被纳入社会教育体系之中的，因而，日本公

---

① 张丽：1876—1976 年美国图书馆未成年人服务发展历史研究 [J]. 中国图书馆学报，2011（1）：93–101.

② 张丽：1876—1976 年美国图书馆未成年人服务发展历史研究 [J]. 中国图书馆学报，2011（1）：93–101.

③ 周玉含. 美国公共图书馆 0—3 岁婴幼儿服务研究 [J]. 图书馆建设，2016（11）：32–36.

共图书馆的未成年人教育功能受到了日本社会各界的重视与支持。1908年，东京日比谷图书馆设立儿童阅览室，标志着日本儿童图书馆的真正创立。至1918年，日比谷图书馆等19个东京市立图书馆开始向市内130所小学发送新的图书目录，并对学校实行团体借书。至1949年，日本有9所市立图书馆开设了儿童图书阅览室[①]。1953年，神田的再生儿童图书馆成立了儿童图书馆研究会，定期举办与儿童图书馆相关的讲习会，并发行了《儿童图书馆》杂志，为儿童图书馆员搭建了交流的平台。日本图书馆协会公共图书馆分会于1956年设置的儿童图书馆分科会也对未成年人服务起了很大的指导作用，该组织从1959年起每年召开以儿童图书及儿童读书为主题的全国研究集会，1979年起隔年召开。日本图书馆协会于1963年编辑出版的《中小都市公共图书馆管理》中也表明："无论是否有儿童阅览室，面向儿童的服务活动是有必要的，资料及儿童馆员是重要的。"[②] 1970年日本图书馆协会发行的《市民图书馆》实务手册中指出：公共图书馆理应提供面向儿童的服务，总馆、分馆及移动图书馆要明确儿童服务的重要性，进一步明确了完善少年儿童服务是公共图书馆的服务目标之一。"图书馆振兴对策课题组"提出了《图书馆政策的课题和对策》，指出"东京的市立图书馆重要的事情是东京市市民的资料外借和儿童服务"，明确了儿童服务在公共图书馆工作中的重要地位[③]。2004年3月，日本图书馆协会对《公立图书馆的任务和目标》（1989年）进行了修订，指出：应利用图书馆培养儿童的读书习惯，令其获得读书的乐趣，丰富其想象力；为了奠定婴幼儿、儿童和青少年终生使用图书馆的基础，必须重视对婴幼儿、儿童及青少年的服务；此外，还应与学校图书馆合作，开展面向儿童的图书馆利用指导。除图书馆专业组织外，日本还存在着大量致力于未成年人服务的民间组织机构，例如"读书推进运动协议会"，主要是以地区为单位组织各类读书活动，广泛推荐优秀读物。斋藤尚吾于1967年设立了日本亲子读书中心，主办学习会活

---

① 江山.近代世界儿童图书馆的发展及其对中国的影响［J］.图书与情报，2011（1）：10-15.

② 孙颉，原保忠.日本公共图书馆的少儿服务及启示［J］.现代情报，2010（10）：123-125.

③ 黄如花，李英子.日本公共图书馆未成年人服务的特点［J］.图书与情报，2013（6）：52-56.

动，推动了日本家庭对儿童阅读的重视。

从 20 世纪 90 年代起，日本政府认识到下一代的阅读能力关系到国家的未来，因此开始大力提倡儿童阅读。1997 年日本修正了《学校图书馆法》，规定学校规模只要超过 12 个班级，都必须在 2003 年 4 月之前配备专职的学校图书馆员，并且拨出特定经费，用以充实学校图书馆藏书和改善设备。1999 年 8 月，日本国会通过正式决议，明确规定 2000 年为儿童阅读年。在儿童阅读年的活动中，为培养婴幼儿阅读习惯，日本从英国移植了"阅读起跑线"运动，鼓励新生代父母讲故事给幼儿听。为进一步推动儿童读书活动，2001 年 12 月 5 日，日本国会表决通过了《儿童阅读推进法》，并于同年 12 月 12 日颁布实施，指定每年 4 月 23 日为日本儿童阅读日。日本政府投入 650 亿日元，敦促各级学校、社区和地方政府加紧步伐，改善下一代的读书环境[①]。文部省于 2002 年 8 月，制定公布了"关于儿童读书活动推进的基本计划"。2002 年 5 月 5 日，日本第一个国家级的专业儿童图书馆——"国际儿童图书馆"（ILCL）在东京的上野公园全面开放。日本建立国际儿童图书馆，正是希望孩子们能在丰富的馆藏中快乐阅读，从阅读中孕育未来的梦想和希望[②]。2013 年 5 月，日本政府通过了《第三次儿童读书活动推进基本计划》，该计划包含督促地方政府完善公立图书馆建设以及积极利用移动图书馆，旨在十年内使每月读书不足一本的儿童数量减半。

四、其他国家和地区公共图书馆的儿童服务

自英美两国图书馆开创儿童服务之后，世界各地纷纷效仿，图书馆为儿童服务的风气渐开。1901 年，澳大利亚波特·阿德勒道协会设立儿童图书馆，这是澳大利亚最早的儿童图书馆。1907 年，加拿大渥太华州的 12 个图书馆对儿童开放，其中 8 个馆设置了儿童室。1908 年，新西兰在澳克兰的里兹分馆首次设置儿童室。1911 年，德国在柏林的巴斯塔洛奇、佛雷拜尔图书馆设置儿童图书室，荷兰在海牙、阿姆斯特丹等公共图书馆设置了儿童室，印度在巴

---

① 吴玲芳."日本儿童阅读推进法"简介［J］.中小学图书情报世界，2004（10）：60，57.

② 吴玲芳."日本儿童阅读推进法"简介［J］.中小学图书情报世界，2004（10）：60，57.

洛乌达图书馆也设置了儿童室。1919 年，比利时蒙斯儿童图书馆开馆，法国的一所公共图书馆也于这一年第一次开设了儿童图书室。1924 年，巴黎的儿童图书室在美国人的援助下开馆，但法国的儿童图书馆事业真正发展起来是在 20 世纪 60 年代的中后期，80 年代之后得到了快速的发展。1920 年，奥地利的国民教育会馆内设置儿童图书馆。1935 年，巴西圣保罗市立儿童图书馆成立。1949 年，国际儿童图书馆在西德慕尼黑开馆[①]。至 20 世纪中叶，世界上许多国家的图书馆儿童服务都有了不同程度的发展。

第二节　国外公共图书馆的儿童服务对我国的影响

近代以来，随着国门被打开，西方的思想文化与社会实践逐渐影响我国。新文化运动以后，随着科学民主观念的深入以及教育救国运动的蓬勃开展，关于中国图书馆儿童服务的理论探讨与实践探索也逐步开展起来。

1909 年，蔡文森有感于欧美各国以及日本儿童图书馆的发展，就设立儿童图书馆的若干问题提出了具体的办法并撰文发表在《教育杂志》上。蔡文森关于儿童图书馆的相关理论是受日本东京日比谷图书馆中特设儿童图书馆的启发而阐发的[②]。随后，我国对于儿童图书馆的讨论，在民国时期的教育文化界如火如荼地开展了起来。其中具有代表性的当属图书馆界的三位前辈：杜定友、董明道和曾宪文。

杜定友曾陪同美国图书馆界的专家鲍士伟博士在中国各地实地考察儿童图书馆的发展等情况，其间深受鲍士伟博士思想的影响。杜定友认为儿童图书馆和普通公共图书馆在组织上的不同就体现在儿童图书馆偏重阅览的指导和图书的选择。杜定友视儿童阅览的指导为儿童图书馆管理法中最重要的一部分，为此，他还专门从个体儿童、团体儿童的阅览指导，加强父母间的、公共机关的以及成人间的联络等五个方面对儿童阅览的指导进行详细的阐述。在图书的选

---

① 江山.近代世界儿童图书馆的发展及其对中国的影响［J］.图书与情报，2011（1）：10-15.

② 江山.近代世界儿童图书馆的发展及其对中国的影响［J］.图书与情报，2011（1）：10-15.

择上，杜定友指出要注意三个方面：社会方面，儿童方面和书本方面①。

1929 年，董明道发表了《儿童图书馆在教育上之价值》一文，从七个方面论述了儿童图书馆对于教育的重要性。不仅如此，董明道还竭力主张因地制宜，建立最简单的儿童图书馆。为此，他从经费、建筑及设备、组织、儿童用书、儿童图书的分类、儿童图书馆的编目、儿童图书馆的特色以及儿童图书馆的经营者等八个方面，详细列出了该种类型图书馆的具体操作规程，具体而不失规范，操作性较强②。

曾宪文关于儿童图书馆的代表作是《儿童图书馆之研究》，其论述的观点主要包括四个部分：其一，儿童图书馆之重要；其二，儿童图书馆之经营法；其三，儿童图书的选择；最后，儿童图书馆馆员。其中第一部分主要是阐述儿童图书馆建立的重要意义、目的以及在教育上的地位和价值③。

杜定友、董明道、曾宪文关于儿童图书馆的理论探讨无疑奠定了儿童图书馆在中国的建设与发展的理论基础和舆论基础，更是由于以他们三人为代表的图书馆界以及关心儿童图书馆事业的热心人士的大力推动，中国的儿童图书馆才逐渐兴起，并有了一定的发展。

新世纪以来，随着我国图书馆界对公共图书馆精神的传播与普及，中国图书馆人已经认同了以《公共图书馆宣言》为代表的国际图联的一系列纲领性文献所提出的基本主张，如"公共图书馆应不分年龄、种族、性别、宗教、国籍、语言或社会地位，向所有的人提供平等的服务"等，《公共图书馆服务指南》《公共图书馆儿童服务指南》《公共图书馆婴幼儿服务指南》中的使命陈述也成了我国各级公共图书馆的使命陈述的依据。我国公共图书馆对普遍均等服务体系的追求，以及阅读服务的普遍开展，是我国公共图书馆与国际公共图书馆服务接轨的重要标志④。

近年来，国外儿童阅读推广的经验与做法也通过各种渠道影响着我国。国际儿童读物联盟（IBBY）把安徒生出生的日子（4 月 2 日）确定为"国际儿童读书日"。自 1967 年以来，每年都确定一个主题，在世界儿童中开展读书活动。

---

①　杜定友.儿童图书馆问题［J］.教育杂志，1926（4）：6.

②　董明道.最简单的儿童图书馆之经营法［J］.安徽教育行政周刊，1929（25）：2-3.

③　曾宪文.儿童图书馆之研究［J］.文化图书科季刊，1929（1）：34.

④　范并思.拓展图书馆未成年人阅读服务［J］.图书与情报，2013（2）：2-5.

受西方社会影响，我国港澳台地区首先开始大力推广儿童阅读，兴起了儿童阅读推广热潮，并逐渐影响至内地（大陆）。很多优秀儿童读物、儿童阅读指导书籍和儿童阅读指导方法通过港澳台进入内地（大陆）。港澳台地区中又以台湾地区的儿童阅读推广事业最为发达。台湾的儿童阅读推广采用先进的儿童阅读指导方法，亲子阅读、绘本阅读盛行，各种儿童读书会、亲子读书会、妈妈读书会数量繁多。为了推进中国的儿童阅读，2007 年 3 月 23 日，由教育部基础教育司和团中央少年部共同支持，中国儿童读物促进会（也是国际儿童读物联盟中国分会 CBBY）与首都图书馆（北京市少年儿童图书馆）共同主办的"共同架起儿童与图书的桥梁——纪念国际儿童图书节四十周年暨中国儿童阅读日系列活动"启动仪式在北京举行，会议宣布设立 4 月 2 日为"中国儿童阅读日"[①]。2004 年 9 月，由一批热心儿童阅读推广的民间人士发起成立的"中国儿童阅读论坛"在江苏扬州成立，有 11 个省市 500 多人与会，首届论坛的重要收获是发表了《中国儿童阅读宣言和行动纲领》。此后，该论坛每年在 4 月 2 日安徒生诞辰日（也是国际儿童读书日）与 4 月 23 日世界读书日之间举办，被称为"点灯人的聚会"。早期阅读、亲子阅读、绘本阅读、分级阅读等阅读理念与方法纷纷引入。在这样的大环境下，我国的儿童图书馆事业获得了快速的发展。

第三节　我国公共图书馆开展低幼儿童服务的历史与现状

我国古代虽然有蒙学传统，但对儿童的认知总体上是不够全面科学的，儿童观长期以来存在许多偏差，主要问题是对儿童的主体性和独特性没有足够的认知，儿童权利意识薄弱。一方面，许多家长将孩子视作自己的"附属品"，不尊重孩子的独立性；而另一方面，我国传统社会通常将儿童视作"小大人"，认为孩子是成人的预备，是缩小了的成人，并以"预备成人"的标准和要求来规范儿童的言行，却没有发现孩子是一个成长发育的个体，有其主体性和自身的特性，对于儿童作为独立主体应享有符合自身诉求的特殊权利认识不够，因而也不会想到要为孩子提供特殊专门的服务。在此观念下开展的早期教育也是

---

① 　王泉根．新世纪十年"儿童阅读运动"综论［J］．学术界，2011（6）：223–237．

以识字、经典诵读为主要内容。"早期识字"曾经是我国儿童早期教育的代名词，很早就存在于我国的教育实践中，形成了《三字经》等一些经典的识字教材，强调阅读、朗诵、记忆。与此相适应，传统的儿童阅读观念认为儿童阅读的目的就是学认字、学知识、受教育，其本质是通过阅读将儿童按照成人世界的要求进行塑造。这与现代以来以儿童为中心的教育观及教育实践相去甚远。新观念认为，儿童就是儿童，儿童不是缩微的大人，也不是待成长的小大人。童年是一个独特的成长阶段，有其自身独特的规律和诉求。引导儿童阅读不是站在成人社会需求的立场上为孩子设立标准和框架，而是要充分观察和研究孩子的成长，为他们尽可能提供机会，并尊重他们的选择[①]。20 世纪 90 年代后，随着学术界对早期阅读概念的引入，大量阅读指导类书籍的出版，以及媒体和阅读推广人对早期阅读的共同推动，促成了我国当前早期阅读的研究与实践。

一、儿童图书馆服务体系的形成

民国时期是我国儿童图书馆事业产生和发展的重要历史时期。在此期间，随着儿童本位思想的传入，儿童图书馆作为社会教育的重要机构，得到了社会各界的广泛关注。1931 年以前，已有一些小学附设图书馆，而公共图书馆附设儿童阅览部则基本在此之后。

19 世纪末 20 世纪初，美国实用主义教育家杜威的教育思想对我国的教育界产生了极大的影响。1919 年 5 月，杜威来华，先后在 11 个省市讲学，传播他的思想。他的教育思想中的"儿童中心论"被我国社会广泛接受，并作为开展儿童教育的理论基础。这一过程，引发了我国社会对儿童教育的普遍关注，为儿童图书馆的产生与发展奠定了基础[②]。新教科书及儿童读物的编制出版得到了前所未有的重视，"童话"丛书、"幼童文库"、"小学生文库"、"小朋友文库"等纷纷推出，《儿童画报》《儿童世界》《小朋友》等刊物也相继问世，儿童读物空前丰富。与此同时，我国教育界、图书馆学界的有识之士，纷纷推介国外的儿童图书馆事业，并呼吁社会推动我国的儿童图书馆事业发

---

① 朱淑华 . 儿童阅读推广研究［J］. 新世纪图书馆，2012（3）：88–90，21.

② 黄洁 . 民国时期儿童图书馆述略［J］. 图书馆工作与研究，2013（3）：117–120.

展。在此背景下，我国第一所近代儿童图书馆——湖南省双峰镇儿童图书馆[①]于1912年正式成立。民国时期的儿童图书馆多见于各地公私小学校，是大力兴办教育的产物[②]。

通俗图书馆是民国初年政府倡导社会教育的一个重要组成部分。1913年10月，教育部创办的京师通俗图书馆添设儿童阅览室1所，这是我国最早的公共图书馆附设的儿童图书馆。1925年8月，中华教育改进社在第四届年会上通过"请公立图书馆和通俗图书馆增设儿童部"的决议案，要求公立图书馆及通俗图书馆开设儿童部，设专人管理。1933年8月中华图书馆协会在北平举行第二次年会，在此次会议上通过了《各县市应设儿童图书馆，并规定各图书馆附设儿童阅览室》的议案[③]。至此之后，几乎所有通俗图书馆都将提供儿童阅览服务作为一项必备服务。1917年，天津社会教育办事处创办了独立的儿童图书馆。之后，上海、杭州、长沙等地也都创办了独立的儿童图书馆。据王柏年《儿童图书馆发达史》统计，在20世纪30年代，全国28个省市建有独立的儿童图书馆8所，学校图书馆100所，附设在成人图书馆里的儿童阅览室48所，附设在民众教育馆的26所，其他类型2所。可见当时一个以公立图书馆、通俗图书馆、公私立小学图书馆组成的儿童图书馆体系已经初步形成[④]。然而客观来说，我国20世纪上半叶图书馆儿童服务并没有形成规模，也存在较大的地区差别。

值得一提的是，早在民国时期，随着儿童服务实践的开展，我国图书馆学领域就有对包括学前儿童在内的整个儿童群体阅读问题的相关探讨，涉及内容主题广泛，其中不少论述在今天看来仍然适用。如：关于年龄限制问题，讨论结果认为为儿童提供服务的图书馆（包括独立建制的儿童图书馆以及设有少儿借阅室或少儿分部的公共图书馆）不应该设有年龄限制，极其幼小的婴幼儿也有进馆使用资源和享用服务的权利。图书馆员在为儿童选择读物以及开展阅读推广活动时要充分体现年龄针对性，增强读物的适用性以及阅读活动的有效

① 张建国.我国第一个儿童图书馆考证［J］.图书馆，1987（6）：42-44.

② 黄洁.民国时期儿童图书馆述略［J］.图书馆工作与研究，2013（3）：117-120.

③ 江山.近代世界儿童图书馆的发展及其对中国的影响［J］.图书与情报，2011（1）：10-15.

④ 黄洁.民国时期儿童图书馆述略［J］.图书馆工作与研究，2013（3）：117-120.

性。图书馆在面向儿童开展阅读指导和服务时，应将两岁以下的婴幼儿也包含其中，因为儿童不是入学之后才开始学习阅读的，两岁之前的孩子就会对图画书、歌谣等产生听读的兴趣。图书馆员应鼓励儿童父母在图书馆阅读活动之外的其他时间和地点继续指导孩子进行阅读，将图书馆的阅读指导和服务进一步延伸到儿童每天的生活之中。图书馆在开展儿童阅读指导和服务时应注意向国外学习，借鉴其先进的理念和经验[①]。这些论述对于今天的图书馆及图书馆人开展儿童阅读服务依然有着积极的指导意义。

二、儿童图书馆事业的发展

1949 年以后，少年儿童图书馆事业迅速得到恢复和发展。受苏联的影响，我国首先发展了专门的少儿图书馆。北京、天津、上海、重庆、兰州、武汉、沈阳、杭州先后成立了独立建制的公共儿童图书馆。据 1953 年统计，全国有 38 个省市建立了少年儿童图书馆（室），加上小学图书馆，共有 212 所少年儿童图书馆。1957 年在上海召开了儿童图书馆（室）工作会议，促进了五六十年代少儿图书馆事业的发展[②]。在"文化大革命"期间，少年儿童图书馆事业同样遭受到了严重破坏。到 70 年代末，我国少年儿童图书馆事业的状况是：全国只有少数几个大城市有专门的儿童图书馆，总共才有 1600 个阅览座席，90% 的公共图书馆没有少年儿童阅览设施[③]。

改革开放以后，包括儿童图书馆事业在内的图书馆事业重新获得了重视。1980 年 5 月中共中央书记处通过的《图书馆工作汇报提纲》要求在中等以上的城市和大城市的区设立专门的少年儿童图书馆，各级公共图书馆要积极创造条件向少年儿童开放。1981 年 5 月，文化部、教育部、共青团中央在北京联合召开了全国少年儿童图书馆工作座谈会。同年 7 月，国务院办公厅国办发〔1981〕62 号文件转发了文化部、教育部、共青团中央《关于全国少年儿

---

① 张慧丽.民国时期图书馆学领域儿童早期阅读研究述略［J］.图书情报工作，2012（8）：135–138.

② 范并思，吕梅，胡海荣.公共图书馆未成年人服务［M］.北京：北京师范大学出版社，2012：21.

③ 刘小琴.我国少年儿童图书馆事业发展概况［J］.图书馆工作与研究，2001（6）：69–71.

童图书馆工作座谈会的情况报告》，明确提出："因地制宜，在中等以上的城市和大城市的区，逐步建立专门的少年儿童图书馆。今后凡新建公共图书馆，都必须考虑少年儿童阅读设施的安排。"一年以后，即1982年12月，文化部在北京召开了全国少年儿童图书馆（室）先进集体、先进工作者表彰会议。这两次会议使我国少年儿童图书馆事业进入了全新的发展时期。北京、天津、上海、兰州、重庆、沈阳、杭州等7个城市的少年儿童图书馆迅速恢复组建，许多地方新建了专门的少年儿童图书馆，大多数公共图书馆也加强了少年儿童阅读工作。据1999年统计，全国已建立了80所独立建制的少年儿童图书馆，其中有省级少年儿童图书馆5个，计划单列市、副省级城市少年儿童图书馆8个，地级少年儿童图书馆43个，县级少年儿童图书馆24个。馆舍建筑总面积10.5万平方米，总藏量近800万册，从业人员1300多人。此外，还有数以万计的各级公共图书馆少年儿童阅览室以及中小学图书馆（室）等。各级公共图书馆、少年儿童阅览室与独立的少年儿童图书馆共有12.6万个阅览座席。我国的少年儿童图书馆事业已经初具规模①。

三、新世纪以来注重内涵的发展

从21世纪初开始，伴随着我国素质教育目标的提出和教育改革的步伐，儿童阅读越来越成为受人关注的热点问题。中小学尤其是小学语文教学改革的一个重要的方面就是加大了课外阅读的要求。教育部公布的《九年义务教育全日制小学语文教学大纲》（2000年）规定小学阶段课外阅读总量要达到145万字，其目的是培养学生"具有独立阅读的能力"，"学会运用多种阅读方法"。2001年教育部颁布实施的《幼儿园教育指导纲要（试行）》，第一次把幼儿早期阅读的要求纳入语言教育的目标体系，提出要"培养幼儿对生活中常见的简单标记和文字符号的兴趣；利用图书、绘画和其他多种方式，引发幼儿对书籍、阅读和书写的情趣，培养前阅读和前书写技能。"这些教改新规，在政府层面推动了新时期的儿童阅读运动，并引起了全社会的广泛重视。2011年颁布实施的《中国儿童发展纲要（2011—2020年）》设定的目标之一就是要"培养儿

---

① 刘小琴.我国少年儿童图书馆事业发展概况［J］.图书馆工作与研究，2001（6）：69-71.

童阅读习惯，增加阅读时间和阅读量"，要求促进 0—3 岁儿童早期综合发展；为儿童阅读图书创造条件；推广面向儿童的图书分级制，为不同年龄儿童提供适合其年龄特点的图书；广泛开展图书阅读活动，鼓励和引导儿童主动读书 ①。中国少儿出版界 1990 年加入 IBBY，并把国际儿童图书节引进中国，2007 年设定每年 4 月 2 日为"中国儿童阅读日"，出版界的努力让我国儿童读物不断丰富，海外儿童阅读指导书籍逐渐进入中国；教育界在不断讨论语文教学的改革和书香校园的建设，各科研项目不断开展；一批"儿童阅读推广人""点灯人"在不同的层面、不同的领域不遗余力地推广着儿童阅读。

　　在这种大环境下，图书馆儿童服务引起了国内图书馆界的日益关注。公共图书馆作为阅读的主阵地，儿童教育的第二课堂，也愈加重视面向儿童的阅读服务，为他们提供丰富优质的资源，并开始重视儿童阅读推广工作。2011 年，中国图书馆学会未成年人服务学术研讨会在深圳召开，20 多个省市的 120 多位代表与会，包括图书馆馆长、有关专家以及论文作者。2012 年 9 月，中国图书馆学会启动"提升未成年人服务计划"，与国家图书馆联合主办的"2012 全国图书馆未成年人服务提升计划"巡讲活动先后在天津、长沙举行。2012 年中国图书馆学会年会首设未成年人服务展区。2013 年，中国图书馆年会学术会议第一分会场提出"儿童最大利益原则与公共图书馆"的主题。多个地区推出儿童阅读推广计划。各地公共图书馆开展了许多有影响的创新性实践。如首都图书馆"播撒幸福的种子"儿童阅读推广计划、重庆图书馆开展的"毛毛虫欢乐沙龙"专题活动、湖南省少年儿童图书馆的"亲子共读公益大讲堂"、温州市少年儿童图书馆的"毛毛虫上书房"、沈阳市少年儿童图书馆的"贝贝故事乐园"、无锡市图书馆的"太阳花开"未成年人心理健康服务、苏州图书馆的"悦读宝贝计划"等。这一时期，图书馆界对儿童服务的关注焦点从场馆建设转移到了提升儿童服务内涵上来。特别值得一提的是，经过图书馆界多年共同努力的成果——《中华人民共和国公共图书馆法》于 2018 年 1 月 1 日起实施。该法明确"政府设立的公共图书馆应当设置少年儿童阅览区域，根据少年儿童的特点配备相应的专业人员，开展面向少年儿童的阅读指导和社会教育

---

　　① 　中国新闻网 . 国务院印发中国未来十年儿童发展纲要（全文）［EB /OL］. ［2018-02-18］. http://www.chinanews.com/gn/2011/08-08/3242359.shtml.

活动，并为学校开展有关课外活动提供支持。有条件的地区可以单独设立少年儿童图书馆"。公共图书馆为儿童服务成为法定责任。

　　总之，进入 21 世纪后，我国公共图书馆事业在国家文化事业大发展、大繁荣的背景下迅速发展。儿童作为国家和民族的希望，越来越受到国家及社会各领域的重视。随着新世纪以来我国公共图书馆服务体系的建立与完善，儿童阅读服务更多地依托公共图书馆进行，图书馆也愈来愈注重提升儿童服务的内涵和品质，可以说，图书馆的儿童服务进入了新的阶段。公共图书馆作为儿童教育的第二课堂和精神家园的作用将愈加凸显。

第三章　低幼儿童阅读资源建设

第一节　低幼儿童阅读资源概述

一、低幼儿童阅读的概念、特点和方式

（一）低幼儿童阅读的概念

《现代汉语词典（第7版）》将阅读定义为"看（书报等）并领会其内容"①。对于0—6岁的低幼儿童来说，阅读的概念则要宽泛得多。可以说，凡是幼儿接触读物的行为都可视作阅读行为。如婴幼儿抓书、啃书、撕书，学步儿翻书、指循文字方向，学前儿童听讲故事等，都可以看成是对图书的认知行为和学习阅读的行为。早期阅读的主要目的是通过营造阅读环境和阅读氛围，使幼儿逐步亲近和熟悉书面语言，不断激发其学习动机和阅读兴趣，建立良好的阅读习惯。有研究表明，人的大脑在3岁前，尤其是出生后的第一年是发育最迅速的时期。早期教育的很多研究成果认为，孩子从0岁开始就应该有意识地对其进行阅读启蒙。其中，0—3岁以培养婴幼儿阅读习惯和阅读兴趣为主。3—6岁是学前儿童开始接触社会的阶段，则更应侧重于培养其阅读能力和学习能力。国际上，英国的"Bookstart"（阅读起跑线）计划和美国的"Born to Read"（阅读从出生开始）都是针对低幼儿童开展的全国性项目，"Bookstart"更是已被世界许多国家和地区学习借鉴，成为具有全球影响力的国际性项目。

（二）低幼儿童阅读的特点

0—6岁的低幼儿童处于阅读敏感期，对这一阶段的儿童来说，其阅读特点与学龄儿童有着明显的区别。由于低幼儿童不识字或只认识少量的文字，缺

---

① 张利娜.国内幼儿阅读状况、突出问题及促进措施研究［J］.图书馆，2015（5）：97–101.

乏独立阅读能力，因此，需要成人特别是家长的直接参与，通过运用触觉、听觉、视觉甚至是嗅觉相结合的综合阅读手段介入低幼儿童的阅读，与幼儿一起看绘本、讲故事。父母的阅读介入，不仅能刺激幼儿的感官知觉，丰富其语言表达能力，还能更好地帮助幼儿理解绘本中的色彩、图像、文字等内容，逐步培养其阅读能力和学习能力。

对于 3 岁以下婴幼儿的阅读，在《上海市 0—3 岁婴幼儿教养方案（试行）》和《江苏省 0—3 岁婴幼儿教养方案（试行）》中阐述了如下特点：2—3 个月的婴儿时常喜欢啃咬或拉扯书籍，也有一些时候会安静地看图书；4—6 个月的婴儿开始有意识地注意看图书，并常抓起书试图放进嘴里感知；7—9 个月的婴儿会尝试着自己翻开图书，而且喜欢听之前就听过的故事；10—12 个月的婴儿则能做到凝视图画；13—18 个月的幼儿开始知道书的概念，并且喜欢模仿翻书页的动作，也能初步建立实物和图片、物体和词语之间的联系；19—24 个月的幼儿喜欢重复阅读同一本书，所以应该多提供机会进行亲子阅读、听故事、念儿歌等活动，这个月龄的幼儿已经能够分辨出图书与图书之间的区别，如：封面、封底和装帧等，并且可以辨认出绘本中角色的名字，主动根据图片进行简单的会话；25—30 个月的幼儿听完故事后能简单讲述出书中涉及的人、事以及事情发生的前后顺序；31—36 个月的幼儿喜欢自己翻阅绘本，并且能在成人引导下理解主要情节，能运用大约 500 个字词，说出有 5 至 6 个字的复杂句子[1][2]。

教育部 2012 年 9 月制定的《3—6 岁儿童学习与发展指南》中指出了 3—6 岁幼儿阅读的相关特点，这包括：3—4 岁的幼儿懂得爱护书籍，能主动要求成人读绘本、讲故事，尤其喜欢读节奏和韵律感较强的儿歌和童谣等。情节短小的儿歌和故事都能听懂理解，并能根据画面阐述故事，知道绘本文字和绘本画面是相对应的关系。4—5 岁的幼儿会反复阅读同一本绘本并向他人讲出故事的主要内容，同时也能体会到绘本中所表达的喜怒哀乐等情绪。5—6 岁的幼儿则已经能够专注地阅读绘本，除了能复述出书中主要内容外，还喜欢与他人

---

① 上海市教育委员会印发《上海市 0—3 岁婴幼儿教养方案（试行）》（二）[J]．东方宝宝：保育与教育，2010（5）：3–8．

② 江苏省 0—3 岁婴幼儿教养方案（试行）[EB/OL]．[2019–07–18]．https://szteacher.szedu.com/News.aspx?NTID=66&ID=85314．

一起谈论书中情节并讲出自己的看法，能根据绘本中的片段和线索进行联想，猜测故事情节的走向，或者自己进行续编。这个阶段的幼儿能初步感知语言文字的魅力[①]。

（三）低幼儿童阅读的方式

在如今信息资源异常发达的时代背景下，根据低幼儿童在不同敏感期呈现出来的阅读特点，选择契合儿童心理的阅读方式，一方面可以正确引导低幼儿童接受阅读，培养阅读兴趣，另一方面对低幼儿童的逻辑思维、语言表达和动手动脑等能力都有益处。市面上有丰富的文献资源可供选择，其中传统印刷型阅读材料仍然占据主流地位，此外，还有玩具、启蒙教具、学具和以新媒体资源为主的网络资源等。根据这些文献资源的性质，低幼儿童的阅读方式主要可以分为读图（看图）、听读（听文本）、影视阅读等三种[②]。

1. 读图（看图）

指低幼儿童用眼睛阅读图画类卡片、绘本类书籍和带有图片翻转功能的玩具教具时，通过画面理解内容、想象情节等的一种阅读方式。这种方式能有效地锻炼低幼儿童的想象力和观察力。

2. 听读（听文本）

指低幼儿童用耳朵听包括故事、儿歌、童谣、散文、寓言等语言材料时，主角形象、画面构成和色彩都靠想象来完成的一种阅读方式。这种方式能很好地培养低幼儿童的专注度、想象力和思考能力。传统的听读方式是依靠成人朗读，或者利用有声书（常见的形式有：录音带、CD、数字文件等）的方式来进行的。随着新媒体技术的日新月异，智能手机、平板电脑的迅速普及，现代家庭中低幼儿童听读还可以通过下载如"喜马拉雅FM""懒人听书"等第三方软件来实现。

3. 影视阅读

指低幼儿童能直接用视觉和听觉来感受画面、情节、人物等的一种阅读方式。由于所有画面都是直观地呈现在眼前，所以这种方式更适用于注意力难以

① 3—6岁儿童学习与发展指南［EB/OL］.［2018–07–18］. http://old.moe.gov.cn//publicfiles/business/htmlfiles/moe/s3327/201210/143254.html.

② 张利娜. 国内幼儿阅读状况、突出问题及促进措施研究［J］. 图书馆，2015（5）：97–101.

集中的低幼儿童。一些早教机构也经常使用这种方式来提升儿童对课堂教学内容的兴趣。

低幼儿童的年龄和身心发展的特点决定了我们在采用上述阅读方式时，既可以在一段时间内偏重于采取其中的一种方式，也可以将这些阅读方式进行综合利用，更有效地丰富低幼儿童的阅读体验。

二、低幼儿童阅读资源的选择

阅读资源是阅读活动的客体，低幼读物则是阅读启蒙的媒介和起点。适龄出版物质量的好坏，直接影响到低幼儿童将来的阅读兴趣、阅读习惯和审美感知。根据低幼儿童群体各年龄段的生理特征和心理特点，阅读资源可以做如下选择。

（一）0—3岁的幼儿

刚出生的婴儿虽然视力还没有完全发育好，但已经具备惊人的阅读潜能。一些实验表明，从出生几天到6个月大的婴幼儿能够对有图案的圆盘注视较长时间[1]，这种喜欢看图案的视觉偏好表明，在出生后的前3个月，我们可以给他们提供一些黑白对比强烈，轮廓清晰明显的图片来进行视觉刺激。3个月后的婴儿能分辨出更多的颜色，并且对图片的感受更加强烈，这个时候，我们可以利用颜色鲜艳的彩色卡片来进一步训练婴幼儿视神经的发育。同时，这个时期的婴幼儿能够大胆运用手和口来探索未知世界。布书、触摸书、洞洞书、撕不烂认知书等都是较好的选择。这些书符合1岁以下婴幼儿无法区分书籍和玩具的特点。

1—2岁的婴幼儿慢慢开始学会开口说话，也渐渐有了自己的理解能力，能够理解成人绝大部分的话语。并且在学会走路后，他们更愿意玩书：把书从这一边搬运到另一边，学着成人的样子有模有样地假装看书，甚至是喜爱上了撕书。这个阶段，有学者将其定义为"操作式"阅读阶段[2]。所以，除了选择容易翻页的硬纸板书给他们外，这个年龄段的婴幼儿还可以选择一些带有"机

---

① 朱雯翘.2—3岁婴幼儿早期阅读兴趣培养策略研究［D］.杭州：浙江师范大学杭州幼儿师范学院，2015：1-81.

② 王玉.0—3岁婴幼儿的阅读特点与阅读指导［J］.中华女子学院学报，2008（8）：90-94.

关"的童书供其进行拉、拔、翻、压、按、转等"操作"。《小手翻翻》和《Maisy》就是这类比较好的游戏书。此外，一些外观和功能与玩具接近的书籍，如:《大家来刷牙》立体玩具书、《I can 手指洞洞书》，这些运用五官操作游戏的玩具书也是较好的选择。

2—3 岁的婴幼儿已经知道书是用来阅读的，语言和认知能力都有了非常大的飞跃。简单的数字书、字母书，朗朗上口的童谣、儿歌书，以及情节有趣幽默、语句重复度高的绘本或者可以玩声音游戏的书，都可以让这个年龄段的婴幼儿进行反复阅读。

（二）3—6 岁的幼儿

教育部《3—6 岁儿童学习与发展指南》中根据这个年龄段儿童阅读方式的特点，给出的建议是:"经常抽时间与幼儿一起看图书、讲故事。提供童谣、故事和诗歌等不同体裁的儿童文学作品，让幼儿自主选择和阅读。"处于小班（3—4 岁）的低幼儿童，他们的语言表达能力、认知水平和专注力都较低，社会经验也很少，所以内容上贴近于平时生活、语言重复简单、画面鲜艳生动的阅读材料适合这个年龄段的低幼儿童进行阅读。中班（4—5 岁）的幼儿对世界充满了好奇心，他们在理解力、口头表达能力和逻辑思维能力上都有了明显的进步，更愿意选择阅读内容上侧重于社会生活和科学知识、语言留有想象和思考空间、画面稍复杂的阅读材料。大班（5—6 岁）幼儿的语言文字能力、观察力、思考力和推理能力飞速提升，阅读材料"侧重于社会类、生成性阅读材料，如标志、广告、小实验、周围变化、重大新闻等，喜爱有文字的阅读材料（广告、图书、图片等），愿意根据自己的兴趣爱好自主地寻找相适应的各种阅读材料"[1]。

（三）低幼儿童家长

0—6 岁的幼儿还不具备独立阅读的能力。亲子共读对于幼儿早期在阅读兴趣和阅读习惯培养上的作用是毋庸置疑的。家长尤其是父母在陪伴幼儿共读过程中，以阅读为纽带，可以和幼儿一同分享书中的喜怒哀乐各种情绪，进一步增进亲子关系。在阅读资源的选择上，家长不能只凭自己的兴趣爱好为幼儿选书，而是应该根据自己幼儿的年龄特点以及认知需求、意愿爱

---

① 贺红，蒋蕙.多元化早期阅读材料的研究［J］.学前教育研究，2005（2）: 33-35.

好等来进行选择，从简单的启蒙类书籍到自然、人文科学等都可以有针对性地进行涉猎。总体来说，亲子共读的首选材料应该是绘本。考虑到幼儿眼睛的发育和手臂伸展跨度较短等生理特点，绘本的开本不宜过大也不宜过小，20 开和 16 开的绘本会更适合①。故事要情节生动、童趣幽默，能使家长和幼儿产生共鸣；语言简洁流畅，朗朗上口，便于家长能抑扬顿挫、富有感情地朗读给幼儿听，或者幼儿可以自主进行朗读和表演。绘本的色彩应鲜艳亮丽，画面生动活泼，一目了然。符合这些要求的儿童绘本有很多，如：《猜猜我有多爱你》《母鸡萝丝去散步》《小熊和最好的爸爸系列》《新世纪儿童百科知识》等。

（四）低幼儿童教师

低幼儿童教师又与家长不同。家长在绘本共读中，只需要考虑到自己家里幼儿的特点和喜好，而教师在教学中，需要考虑到整个班级不同性别、不同性格的幼儿的不同偏好，尽可能在阅读资源的选择上进行科学、合理的分配。除了常规的故事类绘本外，教师可以在班级的阅读区域中设置个性化的小空间，比如：有些幼儿动手能力强，可以为他们选择涂色、折纸、手工类的书籍并放置在相应的区域；有些幼儿喜欢逻辑思维类书籍，可以为他们选择一些类似《左右脑开发》《逻辑狗》《趣味迷宫》这样的经典益智类阅读资源。教师在使用阅读资源进行课堂教学的时候，首先应该根据班级幼儿整体的生理、心理特点选择对应的书籍。小班、中班的幼儿喜欢以动物为主角的故事，内容上偏重于情感启蒙类、贴近日常生活习惯的常识类书籍；大班的孩子由于社会经验的逐渐丰富，喜欢以人物为主角的故事，内容上相对侧重于科普类、侦探冒险类和教育类的书籍。其次，可以选择一些适合于同龄的伙伴开展讨论的绘本，以培养孩子社交能力。以动画片中卡通形象为主角的同名绘本就很容易引起幼儿的共鸣，《汪汪队立大功》《小猪佩奇》《海底小纵队》等都是在低幼儿童群体之间讨论度非常高的作品。最后，教师可以围绕阅读材料的内容，适当地结合多媒体资源，增加游戏和实践活动环节，从而满足幼儿的探索心理。

---

① 张霞. 谈儿童绘本的书籍形态设计［J］. 前沿，2014（2）：233-235.

第二节　绘本

一、绘本的概念和功能

绘本是一个外来语，由我国台湾地区首先引进，在英语中叫"Picture Book"，日语中称为"绘本（えほん）"，中文也可直译为"图画书"。世界上第一本绘本诞生于 1903 年的欧洲，为英国女作家毕翠克丝·波特所创作的经典之作《彼得兔的故事》①。"绘"即绘画，"本"是书本，所以绘本单从字面上理解就是带有绘画的书本。日本世界知名图画书专家松居直认为绘本不仅是"文＋图"，更应该是"文 × 图"，"文和画之间有独特的关系，它以飞跃性的、丰富的表现手法，表现只是文字或只是图画都难以表达的内容"，"文章也说话，图画也说话"②，即图片和文字不是简单地放在一个页面上相互叠加的关系，而是相互融合，相互映衬的关系。我国著名儿童文学作家彭懿在《世界图画书：阅读与经典》一书中给出如下界定："图画不是文字的附庸，不再可有可无，甚至可以说是图画书的生命了。图画书是用图画与文字共同叙述一个完整的故事，是图文合奏。说得抽象一点，它是通过图画与文字这两种媒介在两个不同的层面上交织、互动来诉说故事的一门艺术。"③综上，绘本的定义可以概括为：绘本是由文字与图画组成的，两种媒介互相引导，互相补充，用来叙述故事、传达思想的儿童书籍。

绘本中直观生动的画面，简洁明了的文字，多样有趣的内容，都符合低幼儿童的生理和心理需求，对于激发他们的阅读兴趣、培养阅读习惯和提升阅读水平有着非常大的助益。低幼儿童绘本有以下几方面的功能：（1）促进低幼儿童听说表达能力的发展。绘本中文字和图片交织，这些或口语、或书面、或诗性的语言能够激发幼儿表达的兴趣。亲子共读的过程更是能帮助低幼儿童将画面、文字和倾听、语言关联起来，让低幼儿童的听说表达能力在不知不觉中得到不断的积累，并从中获得乐趣。（2）促进低幼儿童认知能力的发展。低幼儿

---

① 刘欢.当代绘本书籍的概念界定［J］.艺术与设计（理论），2009（7）：259–260
② 松居直.我的图画书论［M］.上海：上海人民美术出版社，2009：216
③ 彭懿.世界图画书：阅读与经典［M］.南宁：接力出版社，2011：7

童对事物的认知主要依赖于感知觉，也称简单知觉，包括：视觉、听觉、嗅觉、味觉、触觉所获得的客观事物形状与色彩、声音、气味、味道等，具有一定的局限性。而绘本就是帮助这个年龄段的幼儿探索、发现、感知世界的最佳手段之一。绘本里包罗万象的世界，给予幼儿在日常生活、科学、文学等多个领域的知识启蒙教育；绘本中富有童趣的情节，能激发幼儿的想象力、创造力、观察力和思考能力；优秀绘本中的图画运用了美术学中的构图、线条和色彩，这些具有美感的元素也有益于低幼儿童审美感知能力的提升。（3）促进低幼儿童社会性发展。社会经验的获取是低幼儿童成长道路中的必经之路。低幼儿童社会性发展主要包括：社会认知、社会情感、社会行为技能、自我意识、道德品质和社会适应6个方面[①]。一方面，绘本中所体现的价值观能引导低幼儿童正确认识社会规则、学会基本的社交技巧、促进独立意识；另一方面，绘本故事传达给幼儿的情感体验能促进他们身心健康的发展，给予幼儿正面积极的情绪情感指导。

二、绘本的分类

绘本的分类研究是一个复杂的概念，没有统一的标准和角度。如果按照绘本的阅读对象来划分，可以分为儿童绘本和成人绘本；如果按照绘本中是否出现文字来划分，可以分为有字绘本和无字（少字）绘本。尽管按体裁和内容对绘本进行分类是一项困难的工作，我们还是试图对绘本进行以下分类[②]，但是需要注意的是，不同类之间仍不可避免有交叉。

（一）知识类绘本

知识类绘本包括低幼认知类绘本和其他科普性绘本。认知类绘本是低幼儿童早期阅读资源的重要组成部分。这类绘本画面简单有趣、文字简短精练、层次清晰明了，通俗易懂，往往涵盖了低幼儿童所需的几大认知能力：分类、排序、计数、时间、空间等，所以可以进一步细分为字母书、数数书、其他类型的认知书（颜色、形状、大小、相对概念、混合概念）、综合认知书。低幼儿

① 刘晓红.学前儿童社会教育［M］.郑州：郑州大学出版社，2014：2.
② 参考：马图卡.图画书宝典［M］.王志庚，译.北京：北京联合出版社，2017：120-148.

童对这类绘本会显示出浓厚的兴趣，因为符合他们身心发展的规律，能迎合他们的探索欲。国际绘本专家艾瑞·卡尔创作的 *My Very First Library*（我的第一个图书馆）系列，图案简单，概念清晰，一整套丛书包含了数字、单词、颜色、形状、动物、食物等方方面面，特别适合 0—3 岁的低幼儿童进行启蒙。类似的经典认知类绘本还有 *Where Is Baby's Belly Button*？（宝宝的肚脐眼儿在哪里？），采用幼儿最喜爱的躲猫猫形式以及通过一问一答的方式，引导低幼儿童认识自己身体的不同部位。

（二）玩具书

这种类型的绘本也被称作创意绘本，具体还可以细分为纸板书、立体书、翻翻书、洞洞书等。这类书籍低幼儿童很喜欢翻阅。日本著名低幼绘本作家入山智的代表作"小鸡球球大家族"就是这样一套经典玩具书。8 个系列，29 册图书，全方位满足了 0—4 岁低幼儿童的早期阅读需求。比如针对 2—4 个月宝宝的"和小鸡球球一起玩"，书中除了用韵律语言"蹦蹦跳跳，小兔子。藏猫猫，藏猫猫，哇！"外，还同时辅以简单的立体互动——兔子耳朵一开始耷拉下来，翻开后耳朵竖起来并且露出兔子的脸，从而吸引小婴儿聆听和阅读。"小鸡球球触感玩具书"的内容设计符合 6—12 个月低幼儿童感觉 / 动作敏感期以及安全感养成期的身心发展特征。书中设计了小洞洞吸引宝宝抠一抠；小鸡的肚子用绒布贴上，引导宝宝摸一摸、按一按；还有一些图案被遮挡起来，需要宝宝猜一猜，进行互动游戏。28 种不同的触摸材料，能让低幼儿童通过科学的触摸体验来认知世界。12—24 个月的宝宝正是精细动作飞跃发展的阶段，"小鸡球球洞洞认知书"用 30 多种洞洞来引导低幼儿童感受圆形，指物认知。"小鸡球球成长绘本系列"、《小鸡球球变点心》关注了 24—36 个月宝宝的情感教育和创意想象需求。书中处处有惊喜，多处设计了翻页、洞洞、复杂的立体纸艺、"藏与找"的游戏，并配合爱的亲子故事来进行情感启蒙。"小鸡球球生命友情系列"、《小鸡球球的春夏秋冬》、《小鸡球球自然双语认知大图鉴》用超大拉页自然全景图、贴近生活的温暖故事来满足 3 岁以上低幼儿童对探索自然、感受生命友情的需求。

（三）故事绘本

故事绘本的种类很复杂，包括动物故事、幻想故事、写实故事、历史故事、传统故事等。动物故事是指故事的主角是动物（或物体），但是动物具备人类的特征，讲述的是现实主义风格的故事，动物不具有超能力。这类绘本很多，比如"青蛙弗洛格的成长故事"系列、"可爱的鼠小弟"系列、"14 只老鼠"系列等。注意含有道德说教的传统寓言故事虽然也常常以动物为主角，但归入传统故事而不属于本类。幻想故事融合了现实与想象，现实中不可能发生的事情在这里"一切皆有可能"，写实故事的代表作有《勇敢者游戏》《野兽出没的地方》等。写实故事与幻想故事的主要区别是，前者采用现实主义手法来写作，基于现实生活，主角不具有超能力。代表作有《外公的旅程》《菲菲生气了——非常、非常的生气》《小房子》《爸爸的村庄》《别了，欢河谷》等。历史故事也是采用现实主义手法写作，不过其故事背景是发生在过去，故事可以是虚构的，也可以是真实发生的，如人物传记类绘本，《伟大的一步》讲述阿姆斯特朗的故事，《爱看书的男孩》讲述林肯的故事。传统故事包括神话、童话、寓言与民间传说等，代表作有《大闹天宫》、"中国民间童话系列"等。

（四）桥梁书

桥梁书，顾名思义，是一种介于以图画为主的书和纯文字书之间的过渡型书籍，也被称作入门读物，适合小学低年级阅读。在这类书中，文字字体往往被设计成较大的字号，语句长短适中，词汇难度较低，通过图画帮助儿童理解故事情节，像桥梁一样，联通起亲子阅读和独立自主阅读的两岸。国外经典的桥梁书有"苏斯博士"系列、"青蛙与蟾蜍"、"小猪兄妹"等。国内优质的桥梁书有《躺在手机里的妖怪》、"阅读 123"系列等。这些书籍在弱化图画效果的同时，用最精炼的文字讲述了一个个引人入胜又浅显易懂的故事。

（五）歌谣书

低幼儿童会对节奏和韵律做出反应，或拍手跺脚，或摇摆身体，这样的互动形式，对提升孩童的认知能力有很大帮助。所以，内容上贴近于幼儿生活、主题单一集中、节奏鲜明、音韵和谐、篇幅短小的歌谣书就非常适合低幼儿童阅读。"画上一只狗狗，狗狗开心瞅瞅。一瞅看见彩鸟，跟着鸟儿飞走。彩笔叫它回头，坐在画里停留。添只百灵做伴，朋友相伴永久。"这是保冬妮的儿歌绘本《你猜我看到了什么》（北京师范大学出版社）中的一首，这首充满了天真和童趣的儿歌，读起来朗朗上口，符合低幼儿童的审美和心理需求，既能培养和发展幼儿的思维和想象力，又能让他们体悟到母语之美。歌谣书代表作还有李秀英的《蜻蜓落在花花衣》（贵州人民出版社）、罗珊·兰克查克·威廉斯的"丽声我的第一套鹅妈妈童谣"（外语教学与研究出版社）等。

除纸质绘本以外，现在还涌现了越来越多的电子绘本。以数字化的形式呈现并出版发行的绘本称为电子绘本。电子绘本并不是市面上主流的绘本类型。对于出版商来说，绘本数字化成本非常高，市场前景不确定性大。对于家长来说，基于对低幼儿童视力保护的考虑，电子绘本也并不是他们首选的读物。尽管如此，电子绘本这种形式仍然有其独特的价值。优秀的电子绘本可以将文字、动画、声效融合在一起，甚至附加互动功能，使低幼儿童在阅读时能有满满的参与感。"KaDa 故事"是国内目前比较流行的提供电子绘本服务的平台。平台上线 3 年来已经签约全球 200 多家儿童内容机构。其产品线包括"KaDa 故事APP""KaDa Can 微信小程序"和"KaDa 故事（园所版）"。小读者们在看完一本绘本后，会出现针对绘本内容的趣味性互动答题环节，解答完毕后还能获得奖励勋章，这种互动态的阅读体验能很好地激发低幼儿童的阅读兴趣。

三、绘本阅读方式

随着绘本的普及，我们发现，每当进入图书馆儿童区或实体书店的童书区，绘本都会被摆放在最显眼的位置。如何通过有效阅读才能将这些琳琅满目、题材丰富的绘本价值发挥到最大，并让幼儿亲近绘本、热爱绘本呢？对于低幼儿童来说，绘本阅读方式主要是亲子阅读和集体阅读两种。

（一）亲子阅读

低幼儿童不识字，无法独立阅读，父母给孩子读书即"亲子阅读"是这一时期儿童阅读的主要方式。亲子阅读是近年来备受推崇的阅读理念与方式。这种由家长陪伴在旁共同阅读的方式能较好地激发低幼儿童对绘本的兴趣，培养他们的前阅读能力。在亲子阅读的过程中，家长和孩子除了以"读"为主来分享、讨论绘本外，还可以辅以手工、游戏、表演等多种形式，来享受阅读带来的乐趣。

亲子阅读不仅局限在家庭中，近年来，越来越多的公共图书馆利用自身场馆优势，将亲子阅读活动的开展纳入重要的服务内容之一。比如：苏州图书馆针对 0—3 岁婴幼儿的悦读园、张家港市少年儿童图书馆为 0—3 婴幼儿开辟的芽芽园、昆山市图书馆专门为 0—6 岁儿童提供独立公共文化服务的场馆——小书虫绘本馆、吴江图书馆为 0—12 岁少年儿童专设的亲子阅读绘本馆、常熟图书馆的低幼亲子阅览区等都是低幼儿童和家长开展亲子阅读的绝佳场所。在图书馆开展亲子阅读,家长和儿童有更多的童书可供选择,而且有专业的少儿馆员为他们提供指引与帮助。公共图书馆对亲子阅读活动的支持,本书后续章节将有专门的介绍。

(二)集体阅读

集体阅读是指由活动带领人引领低幼儿童一起阅读同一本或多本绘本,并围绕绘本内容展开情节讨论、内容复述和感悟分享的一种阅读方式。在这种方式中,绘本为载体,共同阅读、分享和讨论为主体,穿插各种小游戏、手工制作等内容,使低幼儿童获得集体阅读所带来的快乐,丰富其阅读经验。在开展集体阅读时,活动带领人通常由具备专业资历的图书馆员、教师、志愿者、相关领域作家等根据某一主题来推荐绘本并对低幼儿童进行现场讲读。

集体阅读方式还能锻炼低幼儿童的听说表达能力、动手能力、思维想象能力以及审美感知能力。在幼儿园中,教师可以在课堂上针对某一本绘本开展集体教学活动和游戏活动。在图书馆里,馆员们组织小读者们开展形式丰富的集体阅读活动,通常用故事会的形式来进行。例如,常熟图书馆的"书香宝宝"阅读家庭活动,其内容包括绘本阅读课堂、亲子故事会、成长故事会、家长读书会等主题。表 3–1 罗列了苏州地区部分图书馆所开展的故事会活动。

表 3–1　苏州地区部分图书馆故事会活动

图书馆	活动名称
苏州图书馆	"悦读妈妈"进社区、听故事姐姐讲故事
苏州工业园区独墅湖图书馆	"悦读梦工厂"绘本分享活动
苏州图书馆姑苏区分馆	"童心坊"少儿系列活动
苏州图书馆相城分馆	"一粒种子的成长"、"探索神秘海洋"系列科普活动
苏州图书馆高新区分馆	"贝贝树"主题活动
吴中区图书馆	"爱绘本、爱阅读——阳光苗苗"绘本故事会活动
张家港市少年儿童图书馆	"彩虹姐姐"读绘本活动
常熟图书馆	"书香宝宝"阅读家庭活动
昆山市图书馆	小书虫绘本课
太仓市图书馆	"牵手父母共悦读"小小故事会
吴江图书馆	儿童故事会

四、绘本延伸活动

在绘本阅读活动中，浸入式阅读理念越来越受到重视。因为活泼好动是低幼儿童的天性，这就需要在阅读活动中采用更生动的方式来吸引他们的注意力。绘本演绎就是效果比较好的一种绘本阅读延伸活动。绘本演绎也称绘本表演，由单人或多人将绘本的情节内容通过舞台剧、音乐剧等表演的形式展现出来[①]。比如自 2006 年就开始开展的苏州市幼儿童话剧表演比赛，就是希望通过绘本表演的方式，培养幼儿对阅读的兴趣，提高其语言表达能力与合作能力，让幼儿在绘本故事的世界里陶冶心智、启迪幻想。表 3-2 是苏州地区部分图书馆开展的绘本演绎活动。

表 3-2　苏州地区部分图书馆绘本演绎活动

图书馆	活动名称
苏州图书馆	苏州市幼儿童话剧表演比赛
苏州工业园区独墅湖图书馆	苏州工业园区儿童绘本剧大赛
张家港市少年儿童图书馆	"绘声绘色"绘本故事比赛
太仓市图书馆	"绘本奇遇记"少儿绘本剧大赛

随着绘本的流行，各种阅读延伸活动层出不穷，如绘本创作、绘本讲座、绘本沙龙等。绘本创作指的是低幼儿童根据自己的想象手工绘制出属于自己的独一无二的绘本故事，并与他人进行分享、互相交流。张家港市少年儿童图书馆承办的"涂画梦想"少儿原创绘本制作大赛、昆山市图书馆"绘"声"绘"色项目中的绘本创作活动、"一书·一绘·一世界"苏州工业园区儿童绘本创作大赛以及苏州市姑苏区图书馆"绘生活"原创微绘本大赛等，都致力于激发孩子的想象力和创造力，鼓励孩子自己动手制作绘本从而加深对绘本的认识。优秀的自制绘本作品还有机会纳入公共图书馆的馆藏并进入借阅网络，让更多的孩子爱上绘本，爱上阅读。

---

① 李研文.面向少儿的公共图书馆"立体式"绘本阅读推广服务模式［J］.图书馆学刊，2016（8）：62-64.

第三节　分级阅读资源建设

一、分级阅读的概念

分级阅读作为一种阅读模式和理念，最早起源于发达国家，20世纪20年代就出现了多种不同的分级阅读体系。分级阅读概念基于对儿童生理和心理特征的科学分析，认为儿童的阅读发展过程如同婴幼儿对饮食的逐步添加和吸收一样，是一个循序渐进的过程，即需要根据不同阶段儿童的智力和心理特点，分别提供不同的读物。如：0—4个月的婴儿还处在视觉发育的黑白期，可视距离也只有20—30厘米，适合阅读一些黑白分明的卡片书。5—12个月的宝宝迎来了视觉色彩期，视觉范围也扩大了很多，可以阅读一些彩色的卡片书。7—8个月以后，宝宝手部的抓握更有力量，会做出撕、拍打等动作，也能够坐、爬、走，活动范围也逐渐扩大，此时可以给宝宝阅读一些布书、触摸书、洞洞书等。布书可以防止小宝宝撕毁破坏，触摸书和洞洞书则有利于孩子通过视觉和触觉来增加感知，增加阅读的趣味性；1—2岁的孩子处于学步时期，有了一些简单的生活体验，可以读一些内容简单、颜色种类少、色块大的绘本；3—4岁的孩子多了一些生活经历，可以给他们阅读一些内容较为简单又比较生活化的绘本；到了5—6岁，孩子的想象力很丰富，学习能力也很强，会喜欢充满想象力的绘本，也能够理解故事情节稍微复杂一点的绘本。总之，分级阅读的目的是通过对读物的分级来帮助孩子找到合适的图书，并循序渐进地开展阅读，消除儿童的阅读困难。

分级阅读的研究与应用主要集中在书目体系、教学方法和测评体系三个方面。首先要给不同年龄段和阅读能力的儿童制定相应的阅读书目，方便家长和儿童有针对性地选择图书。其次要按照儿童生理与心理以及阅读能力发展的阶段性，在不同阶段实施不同的阅读训练。再次要跟踪测评分级阅读实施的效果，建立有效的测评体系。20世纪后期，英美等国开始制订严格的儿童读物分级制，并研制形成了多个分级阅读体系，有影响的有蓝思分级法、A—Z分级法和DRA分级法。蓝思分级法（Lexile Framework）是美国国家儿童健康与发展中心制定的一个分级阅读体系，其特点是根据儿童的阅读能力和理解能力制定相应的阅读计划，是美国最具公信力的阅读分级体系。A—Z分级法，也称为阅读指导分级法

（Guided Reading Level），即将图书按 26 个字母分级，一级称为一个 GRL，阅读难度从 A—Z 依次递增。DRA 分级法（Developmental Reading Assessment），即进阶阅读评价体系，是一种为教师和家长随时记录和评估小学生的阅读进程的方法[①]。

二、分级阅读在我国的开展情况

2000 年后，分级阅读理念逐渐引起我国出版社、专家学者以及关心儿童阅读的相关机构和人士的关注，一些分级阅读研究机构和组织也相继出现，并在不同领域和不同范围内取得了一些成果。

2001 年，我国亲近母语总课题组发布了中国第一个小学阶段的儿童分级阅读书目[②]。2008 年，南方分级阅读研究中心成立，针对 3—18 岁的青少年儿童的阅读现状，倡导与推广分级阅读理念，并研制推出了《中国儿童青少年分级阅读水平评价标准》和《中国儿童青少年分级阅读内容选择标准》[③]。2009 年，接力出版社的"接力分级阅读研究中心"在北京成立，并发布了《中国儿童分级阅读倡议书》，推出了《儿童心智发展与分级阅读建议》和 0—12 岁儿童的《中国儿童分级阅读参考书目》[④]。2010 年，中国分级阅读研究院成立，它是国内首屈一指的非营利性的分级阅读研究机构，研发出了一套专门针对青少年儿童阅读的分级阅读体系[⑤]。

除了民间阅读机构和组织关注分级阅读外，我国政府也在相关文件中提出要采取措施推动分级阅读的开展。2011 年，国务院颁布的《中国儿童发展纲要（2011—2020 年）》中明确提出，推广面向儿童的图书分级制，为不同年龄儿童提供适合其年龄特点的图书，为儿童家长选择图书提供建议和指导[⑥]。

[①] 李超平.公共图书馆宣传推广与阅读促进［M］.北京：北京师范大学出版社，2013：1.

[②] 亲近母语分级阅读书目·小学版［EB/OL］.［2019–03–13］.https://www.qjmy.cn/edu/book/category/.

[③] 刘博智.儿童阅读分级：你选对书了吗？［N］.中国教育报，2018–05–28（9）.

[④] 韩阳.中国儿童分级阅读参考书目成形　中国儿童分级阅读建议出台："中国儿童分级阅读研讨会"在北京举行［J］.出版参考，2009（22）：18.

[⑤] 房雪莲，于成，等.中国分级阅读研究院概况［J］.东方文化周刊，2016（16）：5–6.

[⑥] 中国儿童发展纲要（2011—2020 年）［EB/OL］.［2019–03–13］.http://www.scio.gov.cn/ztk/xwfb/46/11/Document/976030/976030.htm.

2016 年，《全民阅读"十三五"时期发展规划》发布，指出"建立符合中国儿童特点的阶梯阅读体系，开展我国少儿阶梯阅读工程的研发及推广应用工作"①。2017 年，在第七届江苏书展上，京、沪、苏、浙全民阅读办共同发布了《中国分级阅读苏州宣言》，倡导"全民阅读，儿童优先；儿童阅读，科学引领；分级标准，合力打造"，并举办了第一届长三角分级阅读论坛②。

虽然分级阅读已引起广泛关注并被逐渐重视，但是也有一些家长和儿童文学创作者持不同观点。有家长担心分级阅读会影响到孩子阅读兴趣的发展，而且采用一套"共性"的标准是否会影响孩子的个性发展；一些作家则认为创作构思阶段就要受到阅读对象年龄认知等的制约，是对创作的一种限制，不利于创作出优秀作品③。

三、公共图书馆分级阅读资源建设

文献资源建设是公共图书馆开展阅读服务的基础。目前，分级阅读理论已经受到出版界和图书馆界的普遍认可，成为图书馆馆藏资源建设的重要理论指导④。在分级阅读理论指导下，公共图书馆在进行图书采访的时候就应该考虑到不同年龄层次和阅读需要的人群，为他们提供适合的读物。分级阅读资源建设可通过以下几种方式进行：

一是可以参考专业权威目录。2010 年出版的《儿童心智发展与分级阅读建议》和《中国儿童分级阅读参考书目》是目前我国图书馆领域比较科学、权威的分级馆藏建设的参考依据。2012 年，国家图书馆向社会公开发布了《全国少年儿童图书馆基本藏书目录》（简称《目录》），该《目录》共收录了我国出版的少儿读物 4913 种 15105 册，包含了图书、期刊、报纸、电子出版物、音像制品、网络数据库等六种文献类型，具有较强的系统性、全面性和权威性。这是我国公共图书馆首个适用于全国少儿图书馆（室）的基本藏书目录，也是

---

① 全民阅读"十三五"时期发展规划［N］.中国新闻出版广电报，2016-12-28（3）.
② 郑晋鸣，冯简.中国童书分级阅读溯源［N］.光明日报，2017-07-22（5）.
③ 蔡健.分级阅读推广的困境与策略［J］.图书馆学刊，2013（11）：75-77.
④ 范并思，吕梅，胡海荣.公共图书馆未成年人服务［M］.北京：北京师范大学出版社，2012：77.

我国各级少年儿童图书馆馆藏资源建设的参考依据[①]。从 2013 年起，国家少年儿童图书馆还每年对《目录》中收录的儿童读物进行修订，发布新增书目。二是可以参考一些出版社的分级阅读推荐书目，也可参考其他图书馆的馆藏资源、学校老师推荐书目、新华书店畅销排行榜或者当当、亚马逊等网上书店的阅读推荐，还可参考一些民间阅读组织推荐的分级阅读书目。三是多和未成年小读者交流沟通，了解不同年龄段、不同性别的小读者在阅读喜好上的共性和个性，激发他们的阅读兴趣，同时多多关注国际童书大奖的引进出版动态，争取在分级阅读方面为未成年人提供高质量的优秀图书。

　　除了重视纸质文献资源的建设外，数字资源的建设也是一个重要的方面，由于我国少儿数字资源建设与服务尚处于初级阶段，目前虽有一定数量和种类的少儿数字资源提供商，但是这些数字资源的质量参差不齐，缺少高质量的低幼阅读内容，对待电子资源的分级阅读处理情况更是不尽相同。因此，少儿数字资源的分级阅读还有很长的路要走。

第四节　低幼儿童读物奖项及童书展

　　随着亲子阅读走入越来越多的家庭，如何为孩子选书成为接踵而来的一个新问题，很多家长苦于不知该为孩子选择何种类型和内容的图书，"选书难"也是近年来促使分级阅读呼声渐高的原因之一。与此同时，图书馆的馆藏质量也需要优质资源的不断充实。本节内容介绍了国内外一些低幼儿童读物奖项和获奖图书及童书展，可为选书提供一些参考。

一、低幼儿童读物奖项

（一）凯迪克奖

　　美国绘本奖项。美国图书馆协会于 1938 年设立"凯迪克奖"[②]，至今已有 80 多年历史，它是为了纪念 19 世纪英国的绘本画家伦道夫·凯迪克（Randolph

---

　　① 庄建 . 少儿阅读终于有了一个指南［N］. 光明日报，2012-09-10（9）.

　　② 凯迪克奖及获奖图书［EB/OL］.［2019-03-13］. http://www.ala.org/alsc/awardsgrants/bookmedia/caldecottmedal/caldecotthonors/caldecottmedal.

J. Caldecott，1846—1886）而设立的，是美国最具权威的绘本奖，被公众称为绘本界的"奥斯卡"。

凯迪克奖每年评选一次，由美国图书馆协会邀请教育学者、专业人士和图书馆员组成评审委员会，从当年度出版的众多绘本中，参考艺术价值、特殊创意以及寓教于乐等标准，评选出一部金奖和二至三部银奖。出版商会在所有获奖图书的封面印上凯迪克著名插画"骑马的约翰"奖牌，以示该部作品曾经获得的无上荣誉[①]。获此奖项的作者中，玛西娅·布朗堪称是绘本作家中的传奇人物，也是当今美国在世的最资深、最受推崇与赞颂的创作者。自 1946 年创作绘本至今，共完成三十多部作品，其中九次获得凯迪克大奖，包括三次金奖（《影子》《从前有一只老鼠……》《灰姑娘》）和六次银奖（《石头汤》《渔夫亨利》《穿靴子的猫》《约翰船长的厨师》《小锡兵》《迪克·惠灵顿和他的猫》），是凯迪克大奖史上的最大赢家，至今仍保持着纪录。

历届"凯迪克奖"的获奖作品有相当一部分已被翻译出版，并且受到了非常高的评价。

表 3–3　已引进的"凯迪克奖"获奖作品（1938—2019）

序号	中文书名	奖项
1	《西米恩七兄弟》	1938 年银奖
2	《森林池塘》	1939 年银奖
3	《白雪公主和七个小矮人》	1939 年银奖
4	《安迪和狮子》	1939 年银奖
5	《美丽的新年》	1939 年金奖
6	《玛德琳》	1940 年银奖
7	《他们坚强而善良》	1941 年金奖
8	《一无所有》	1942 年银奖
9	《划桨入海》	1942 年银奖
10	《让路给小鸭子》	1942 年金奖
11	《棉花糖兔子》	1943 年银奖

---

① 彭懿. 世界图画书：阅读与经典［M］. 南宁：接力出版社，2011：273.

续表

序号	中文书名	奖项
12	《小房子》	1943 年金奖
13	《孩子的晚安书》	1944 年银奖
14	《公主的月亮》	1944 年金奖
15	《多事的尤尼》	1945 年银奖
16	《在森林里》	1945 年银奖
17	《孩子的祈祷》	1945 年金奖
18	《公鸡喔喔啼》	1946 年金奖
19	《河上的船》	1947 年银奖
20	《小岛》	1947 年金奖
21	《麦格池塘幻想曲》	1948 年银奖
22	《石头汤》	1948 年银奖
23	《白雪晶晶》	1948 年金奖
24	《小塞尔采蓝莓》	1949 年银奖
25	《大雪》	1949 年金奖
26	《快乐的一天》	1950 年银奖
27	《两个小红》	1951 年银奖
28	《彩蛋树》	1951 年金奖
29	《迪克·惠廷顿和他的猫》	1951 年银奖
30	《小机灵和小迷瞪》	1952 年金奖
31	《暴风雨中的孩子》	1953 年银奖
32	《猿猴披斗篷》	1953 年银奖
33	《海边的早晨》	1953 年银奖
34	《那只大大熊》	1953 年金奖
35	《绿眼睛》	1954 年银奖
36	《一座特别的房子》	1954 年银奖
37	《玛德琳的狗狗救星》	1954 年金奖
38	《感恩节》	1955 年银奖
39	《灰姑娘》	1955 年金奖

续表

序号	中文书名	奖项
40	《乌鸦太郎》	1956 年银奖
41	《和我一起玩》	1956 年银奖
42	《青蛙娶亲记》	1956 年金奖
43	《狮子》	1957 年银奖
44	《树真好》	1957 年金奖
45	《世界上最聪明的老鼠》	1957 年银奖
46	《字母 B 里的家》	1958 年银奖
47	《世界上最勇敢的老鼠》	1958 年银奖
48	《美好时光》	1958 年金奖
49	《你该怎么说？》	1959 年银奖
50	《雨伞》	1959 年银奖
51	《金嗓子和狐狸》	1959 年金奖
52	《一寸虫》	1961 年银奖
53	《小熊探亲》	1962 年银奖
54	《狐狸夜游记》	1962 年银奖
55	《从前有一只老鼠》	1962 年金奖
56	《兔子先生和美好的礼物》	1963 年银奖
57	《下雪天》	1963 年金奖
58	《小黑鱼》	1964 年银奖
59	《野兽国》	1964 年金奖
60	《雨做成了苹果酱》	1965 年银奖
61	《口袋里的蟋蟀》	1965 年银奖
62	《我能带个朋友吗？》	1965 年金奖
63	《雾里捉迷藏》	1966 年银奖
64	《还能挤下一个人》	1966 年金奖
65	《莎莎的月光》	1967 年金奖
66	《公主的风筝》	1968 年银奖
67	《田鼠阿佛》	1968 年银奖

续表

序号	中文书名	奖项
68	《鼓手霍夫》	1968 年金奖
69	《太阳和月亮为什么住在天上？》	1969 年银奖
70	《世界第一傻瓜和他的飞船》	1969 年金奖
71	《亚历山大和发条鼠》	1970 年银奖
72	《防风镜》	1970 年银奖
73	《驴小弟变石头》	1970 年金奖
74	《青蛙和蟾蜍》	1971 年银奖
75	《月亮生气了》	1971 年银奖
76	《午夜厨房》	1971 年银奖
77	《故事中的故事》	1971 年金奖
78	《讨厌黑夜的席奶奶》	1972 年银奖
79	《不一样的一》	1973 年银奖
80	《晴朗的一天》	1972 年金奖
81	《蜘蛛阿南希》	1973 年银奖
82	《白雪公主和七个小矮人》	1973 年银奖
83	《听，陶片在唱歌》	1973 年银奖
84	《丢饭团的笑婆子》	1973 年金奖
85	《大教堂》	1974 年银奖
86	《不一样的问候》	1975 年银奖
87	《飞向太阳的箭》	1975 年金奖
88	《巫婆奶奶》	1976 年银奖
89	《沙漠是他们的》	1976 年银奖
90	《为什么蚊子老在人们耳边嗡嗡叫》	1976 年金奖
91	《鹰啊，我是你兄弟》	1977 年银奖
92	《会说话的骨头》	1977 年银奖
93	《这就是非洲从 A 到 Z：26 个非洲部落文化》	1977 年金奖
94	《绝妙的馊主意》	1978 年银奖
95	《诺亚方舟》	1978 年金奖

续表

序号	中文书名	奖项
96	《一天开始的方式》	1979 年银奖
97	《火车快跑》	1979 年银奖
98	《野马之歌》	1979 年金奖
99	《魔法师的奇幻花园》	1980 年银奖
100	《本的小号》	1980 年银奖
101	《宝藏》	1980 年银奖
102	《赶牛车的人》	1980 年金奖
103	《再来一只老鼠》	1981 年银奖
104	《灰袍奶奶和草莓盗贼》	1981 年银奖
105	《不莱梅的音乐家》	1981 年银奖
106	《威廉·布莱克旅馆的一次访问》	1982 年银奖
107	《在那遥远的地方》	1982 年银奖
108	《勇敢者的游戏》	1982 年金奖
109	《山中旧事》	1983 年银奖
110	《妈妈的红沙发》	1983 年银奖
111	《影子》	1983 年金奖
112	《十、九、八》	1984 年银奖
113	《小红帽》	1984 年银奖
114	《一次荣耀的飞行》	1984 年金奖
115	《你看到我小鸭子了吗？》	1985 年银奖
116	《亨舍尔和格莱特》	1985 年银奖
117	《骑士与龙》	1985 年金奖
118	《亲戚们来啦》	1986 年银奖
119	《澡缸里的国王》	1986 年银奖
120	《极地特快》	1986 年金奖
121	《圆房子和方房子》	1987 年银奖
122	《侏儒怪》	1987 年银奖
123	《月下看猫头鹰》	1988 年金奖

续表

序号	中文书名	奖项
124	《梦幻大飞行》	1989 年银奖
125	《瞌睡虫》	1989 年银奖
126	《米兰迪和风哥哥》	1989 年银奖
127	《金发女孩和三只熊》	1989 年银奖
128	《歌舞爷爷》	1989 年金奖
129	《赫舍尔和光明节妖精》	1990 年银奖
130	《会说话的蛋》	1990 年银奖
131	《神奇变变变动物园》	1990 年银奖
132	《狼婆婆》	1990 年金奖
133	《还要，还要，我还要》	1991 年银奖
134	《穿靴子的猫》	1991 年银奖
135	《黑与白》	1991 年金奖
136	《疯狂星期二》	1992 年金奖
137	《七只瞎老鼠》	1993 年银奖
138	《摘棉花》	1993 年银奖
139	《臭起司小子爆笑故事大集合》	1993 年银奖
140	《天空在脚下》	1993 年金奖
141	《在那小小的池塘里》	1994 年银奖
142	《哟！嗯？》	1994 年银奖
143	《点灯人佩佩》	1994 年银奖
144	《阿文的小毯子》	1994 年银奖
145	《外公的旅程》	1994 年金奖
146	《穿越恐龙时代》	1995 年银奖
147	《约翰·亨利》	1995 年银奖
148	《沼泽天使》	1995 年银奖
149	《烟雾弥漫的夜晚》	1995 年金奖
150	《字母之城》	1996 年银奖
151	《大家来听音乐会》	1996 年银奖

续表

序号	中文书名	奖项
152	《上面和下面》	1996 年银奖
153	《警官巴克尔和警犬葛芮雅》	1996 年金奖
154	《嘘》	1997 年银奖
155	《小报童》	1997 年银奖
156	《星际信使》	1997 年银奖
157	《字母的图形》	1997 年银奖
158	《泥巴人》	1997 年金奖
159	《有个老婆婆吞了一只苍蝇》	1998 年银奖
160	《园丁》（又译《小恩的秘密花园》）	1998 年银奖
161	《生活在哈莱姆》	1998 年银奖
162	《风铃草姑娘》	1998 年金奖
163	《大卫，不可以》	1999 年银奖
164	《下雪了》	1999 年银奖
165	《雪花人》	1999 年金奖
166	《7 号梦工厂》	2000 年银奖
167	《丑小鸭》	2000 年银奖
168	《孩子的日历》	2000 年银奖
169	《菲菲生气了——非常、非常的生气》	2000 年银奖
170	《约瑟夫有件旧外套》	2000 年金奖
171	《咔嗒，咔嗒，哞》	2001 年银奖
172	《奥莉薇》	2001 年银奖
173	《卡西在击球》	2001 年银奖
174	《如果你想当总统》	2001 年金奖
175	《我有一个梦想》	2002 年银奖
176	《流浪狗》	2002 年银奖
177	《霍金斯的恐龙世界》	2002 年银奖
178	《三只小猪》	2002 年金奖
179	《诺亚方舟》	2003 年银奖

续表

序号	中文书名	奖项
180	《蜘蛛和苍蝇》	2003 年银奖
181	《红豆与菲比》	2003 年银奖
182	《我的兔子朋友》	2003 年金奖
183	《萨拉就要这样穿》	2004 年银奖
184	《这样的尾巴可以做什么》	2004 年银奖
185	《别让鸽子开巴士》	2004 年银奖
186	《高空走索人》	2004 年金奖
187	《小红书》	2005 年银奖
188	《古纳什小兔》	2005 年银奖
189	《回家》	2005 年银奖
190	《小猫咪追月亮》	2005 年金奖
191	《禅的故事》	2006 年银奖
192	《神奇的窗子》	2006 年金奖
193	《摩西：哈莉特·塔布曼的逃亡与拯救》	2007 年银奖
194	《海底的秘密》	2007 年金奖
195	《先有蛋》	2008 年银奖
196	《亨利的自由之箱》	2008 年银奖
197	《古纳什小兔又来了》	2008 年银奖
198	《造梦的雨果》	2008 年金奖
199	《会唱诗的河》	2009 年银奖
200	《两个男孩的完美假日》	2009 年银奖
201	《我怎样学习地理》	2009 年银奖
202	《夜色下的小屋》	2009 年金奖
203	《我们的世界》	2010 年银奖
204	《红色音符在树梢：多彩的世界》	2010 年银奖
205	《狮子和老鼠》	2010 年金奖
206	《爱打岔的小鸡》	2011 年银奖
207	《陶工戴夫》	2011 年银奖

续表

序号	中文书名	奖项
208	《阿莫的生病日》	2011 年金奖
209	《停电以后》	2012 年银奖
210	《我……有梦》	2012 年银奖
211	《格林爷爷的花园》	2012 年银奖
212	《黛西的球》	2012 年金奖
213	《绿》	2013 年银奖
214	《睡吧，像老虎一样》	2013 年银奖
215	《胡萝卜怪》	2013 年银奖
216	《穿毛衣的小镇》	2013 年银奖
217	《我可以要一只企鹅吗？》	2013 年银奖
218	《这不是我的帽子》	2013 年金奖
219	《华夫先生》	2014 年银奖
220	《弗洛拉和火烈鸟》	2014 年银奖
221	《不可思议的旅程》	2014 年银奖
222	《火车头》	2014 年金奖
223	《这个夏天》	2015 年银奖
224	《热闹的画笔盒》	2015 年银奖
225	《就是这个词》	2015 年银奖
226	《永远的弗里达》	2015 年银奖
227	《山姆和大卫去挖洞》	2015 年银奖
228	《奶奶的红披风》	2015 年银奖
229	《小白找朋友》	2015 年金奖
230	《长号矮子》	2016 年银奖
231	《市场街最后一站》	2016 年银奖
232	《等待》	2016 年银奖
233	《寻找维尼：一只世界著名小熊的真实故事》	2016 年金奖
234	《别烦我》	2017 年银奖
235	《刚果广场的自由盛会》	2017 年银奖

序号	中文书名	奖项
236	《他们都看见了一只猫》	2017 年银奖
237	《哆悉哒？》	2017 年银奖
238	《发光的孩子》	2017 年金奖
239	《大猫，小猫》	2018 年银奖
240	《我遇见了一只小灰狼》	2018 年金奖
241	《爸爸的池塘》	2018 年银奖
242	《你也有皇冠：理发颂歌》	2018 年银奖
243	《大峡谷》	2018 年银奖
244	《小星星的大月饼》	2019 年银奖
245	《你好，灯塔》	2019 年金奖
246	《走出荒园》	2019 年银奖

（二）国际安徒生奖

　　丹麦奖项。全称"汉斯·克里斯蒂安·安徒生奖"，以童话大师安徒生的名字命名。1956 年国际儿童读物联盟（IBBY）创设了该奖项，它是颁发给作者而非作品的一个奖项，每两年评选一次，主要以文学、美学以及是否能激发儿童的好奇心和提升想象力为标准。其创设的宗旨，在于鼓励人们创作儿童故事，绘制插图，促进与儿童图书相关工作的推广，推动优秀儿童图书翻译工作的开展，从而在全世界传播最好的图书①。

　　"国际安徒生奖"起初只设作家奖，1966 年起增设插画家奖。获奖者必须长期从事青少年读物创作并在该领域做出卓越贡献，每位作家一生只能获得一次，获奖者会被授予一枚刻有安徒生头像的金质奖章和荣誉证书。因其严苛的评选标准，安徒生奖也被视为儿童文学领域最高的国际荣誉，有"小诺贝尔奖"之称。2016 年，中国儿童文学作家曹文轩获得了作家奖，成为第一个获得该奖项的中国作家。2018 年度国际安徒生奖于 3 月 26 日在意大利揭晓，俄罗斯插画家伊戈尔·欧尼可夫和日本作家角野荣子分别摘得插画奖和作家奖。截至

---

　　① 张明舟．走进国际安徒生奖［M］．合肥：安徽少年儿童出版社，2014：3.

2018年，已有33位作家和27位插画家获得国际安徒生奖。

2017年，由国际儿童读物联盟（IBBY）官方授权，首度云集25位国际安徒生奖插画奖得主近300幅真迹作品的"国际安徒生奖50周年巡展"在我国北京、深圳等多座城市与社会大众见面[①]，让喜爱儿童文学的大小朋友能够零距离欣赏到艺术大师们的美学佳作。

表3-4　"国际安徒生奖"历年获奖作家及代表作（1956—2018）

序号	获奖年份	获奖作家	代表作
1	1956年	依列娜·法吉恩（英国）	《小书房》《伦敦城的童谣》
2	1958年	阿斯特丽德·林格伦（瑞典）	《长袜子皮皮》《淘气包埃米尔》
3	1960年	埃利希·凯斯特纳（德国）	《埃兴尔擒贼记》《小不点和安东》
4	1962年	门得特·德琼（美国）	《校合上的车轮》《大鹅和小白鸭》
5	1964年	勒内·吉约（法国）	《格里什卡和他的熊》《我的野兽朋友》
6	1966年	托芙·杨松（芬兰）	《姆咪谷的彗星》《魔法师的帽子》
7	1968年	约瑟·玛利亚·桑切斯席瓦尔（西班牙）	《马塞利诺，面包和酒》《小故事》
8	1968年	詹姆斯·克吕斯（德国）	《出卖笑的孩子》《圣诞鼠》
9	1970年	贾尼·罗大里（意大利）	《一条哪里也不通的路》《洋葱头历险记》
10	1972年	斯·奥台尔（美国）	《蓝色的海豚岛》《黑珍珠》
11	1974年	玛丽亚·格里珀（瑞典）	《吹玻璃工的两个孩子》《雨果和约瑟芬》
12	1976年	塞·伯德克尔（丹麦）	《西拉斯和黑马》《美洲豹》
13	1978年	保拉·福克斯（美国）	《跳舞的奴隶》《莫里斯的房间》
14	1980年	博哈米尔·里哈（捷克）	《亚当和奥特卡》《魔笛》
15	1982年	莉吉亚·布咏迦·努内斯（巴西）	《黄弓包》《伙伴》

---

①　夏琪.世界插画大展——国际安徒生奖五十周年展北京站开幕［N］.中华读书报，2017-08-16（2）.

续表

序号	获奖年份	获奖作家	代表作
16	1984 年	克里斯蒂娜·内斯特林格（奥地利）	《黄瓜国王》《矮个子先生》
17	1986 年	帕特里夏·赖特森（澳大利亚）	《太空人遇险记》《在风的背后》
18	1988 年	安妮·M. G. 斯密特（荷兰）	《粉红色的柠檬水》《鲍勃和吉莉》
19	1990 年	托摩脱·蒿根（挪威）	《夜鸟》《白色城堡》
20	1992 年	弗吉尼亚·汉弥尔顿（美国）	《会飞的人》《小布朗之星》
21	1994 年	窗满雄（日本）	《小象》《熊先生》
22	1996 年	尤里·奥莱夫（以色列）	《沙滩游戏》《黑暗中的野兽》
23	1998 年	凯瑟琳·帕特森（美国）	《孪生姐妹》《仙境之桥》
24	2000 年	安娜·玛丽亚·马查多（巴西）	《乱七八糟》《碧婆婆，贝婆婆》
25	2002 年	艾登·钱伯斯（英国）	《收费桥》《破晓时分》
26	2004 年	马丁·韦德尔（爱尔兰）	《你睡不着吗？》
27	2006 年	玛格丽特·梅喜（新西兰）	《草原上的狮子》《骗子》
28	2008 年	于尔克·舒比格（瑞士）	《白熊和黑熊》《当世界年纪还小的时候》
29	2010 年	大卫·阿尔蒙德（英国）	《火食者》《野蛮人》
30	2012 年	玛丽亚·特雷莎·安德鲁埃托（阿根廷）	《胡安的国度》《母语》
31	2014 年	上桥菜穗子（日本）	《精灵守护者》《兽的演奏者》
32	2016 年	曹文轩（中国）	《夏天》《远方》《羽毛》《草房子》
33	2018 年	角野荣子（日本）	《要上幼儿园啦》《魔女宅急便》

资料来源：张明舟. 走进国际安徒生奖［M］. 合肥：安徽少年儿童出版社，2014：14–184.

表 3–5　"国际安徒生奖"历年获奖插画家及代表作（1956—2018）

序号	获奖年份	获奖插画家	代表作
1	1966 年	阿洛伊斯·卡瑞吉特（瑞士）	《有你真好·纯美大奖绘本》
2	1968 年	吉力·唐卡（捷克）	《魔门》
3	1970 年	莫里斯·桑达克（美国）	《野兽国》

续表

序号	获奖年份	获奖插画家	代表作
4	1972 年	依卜·斯邦·奥尔森（丹麦）	《月光男孩》
5	1974 年	法尔希德·梅士高里（伊朗）	《蓝眼睛的男孩》
6	1976 年	塔迪亚娜·马瓦瑞娜（苏联）	《ABC 童话故事书》
7	1978 年	斯汶·奥托（丹麦）	《拇指姑娘》
8	1980 年	赤羽末吉（日本）	《苏和的白马》
9	1982 年	吉格涅夫·鲁日利斯基（波兰）	《垂耳熊和朋友们》
10	1984 年	安野光雅（日本）	《旅之绘本》
11	1986 年	罗柏·英本（澳大利亚）	《丑小鸭》《金银岛》
12	1988 年	杜桑·凯利（捷克）	《蟋蟀与蚂蚁》
13	1990 年	利贝斯·茨威格（奥地利）	《胡桃夹子》《海的女儿》
14	1992 年	柯薇·巴可维斯基（捷克）	《小小花国王》
15	1994 年	约克·米勒（瑞士）	《挖土机年年作响——乡村变了》
16	1996 年	克劳斯·恩西卡特（德国）	《孔雀的婚礼》
17	1998 年	汤米·温格尔（法国）	《三个强盗》
18	2000 年	安东尼·布朗（英国）	《我爸爸》、《我妈妈》、"威利"系列
19	2002 年	昆廷·布莱克（英国）	"罗尔德·达尔"系列作品插图
20	2004 年	马克斯·维尔修思（荷兰）	"青蛙弗洛格的成长故事"
21	2006 年	沃尔夫·埃尔布鲁赫（德国）	《当鸭子遇见死神》《是谁嗯嗯在我的头上》
22	2008 年	罗伯特·英诺森提（意大利）	《铁丝网上的小花》
23	2010 年	尤塔·鲍尔（德国）	《爷爷的天使》《大嗓门妈妈》
24	2012 年	彼得·西斯（捷克）	《玛德琳卡》《星际信使》
25	2014 年	罗杰·米罗（巴西）	《沼泽地的孩子们》《羽毛》
26	2016 年	罗特劳特·苏珊娜·贝尔纳（德国）	《小狗和兔子》《小兔卡尔故事集》
27	2018 年	伊戈尔·欧尼可夫（俄罗斯）	《十二生肖谁第一》《原来我有这么多》

资料来源：张明舟. 走进国际安徒生奖［M］. 合肥：安徽少年儿童出版社，2014：14–184.

（三）凯特·格林纳威奖

英国奖项。1955 年，英国图书馆协会（The Library Association）为儿童图画书创设了该奖项，以 19 世纪伟大童书插画家凯特·格林纳威女士的名字命名，设有"格林纳威大奖""荣誉奖"和"提名奖"（有的译为推荐奖）。在评选过程中，除了考虑插画以外，还要考虑整本书的艺术风格、图文结合等多方面的内容，遴选标准非常严格，是目前英国儿童图画书界的最高荣誉。为了表示对获奖者的肯定和鼓励，除了对他们颁发奖牌之外，还邀请获奖者为图书馆挑选总价 500 英镑的图画书。获奖者不局限于英国本土籍的插画家，这也使得"凯特·格林纳威奖"更加兼具国际性[1]。

表 3-6 · 引进的"凯特·格林纳威"获奖作品（1960—2017）

序号	获奖作品	获奖年份
1	《虎皮毯子》	1960 年
2	《宝儿》	1963 年
3	《和甘伯伯去游河》	1970 年
4	《圣诞老爸》	1973 年
5	《大猩猩》	1983 年
6	《聪明的变色龙》	1987 年
7	《你睡不着吗？》	1988 年
8	《动物园》	1992 年
9	"彩虹鱼系列"	1993 年
10	《南瓜汤》	1998 年
11	《我绝对绝对不吃番茄》	2000 年
12	《大野狼》	2005 年
13	《小老鼠的恐惧的大书》	2008 年
14	《哈里的大脚》	2009 年
15	《恶魔呼唤》	2012 年
16	《大黑狗》	2013 年
17	《这不是我的帽子》	2014 年

---

[1]　彭懿 . 世界图画书：阅读与经典［M］. 南宁：接力出版社，2011：278.

续表

序号	获奖作品	获奖年份
18	《极地重生》	2015 年
19	《睡美人与魔纺锤》	2016 年
20	《七彩乌鸦》	2017 年
21	《一个部落的孩子》	2017 年

资料来源：彭懿.世界图画书：阅读与经典［M］.南宁：接力出版社，2011：278.

（四）德国绘本大奖

德国奖项。是"德国青少年文学奖"中的绘本奖项，每年评选一次。"德国青少年文学奖"是德国自 1956 年以来唯一定期颁发的国家文学奖，评选单位是在德国儿童文学界极具影响力的"德国青少年文学协会"。"德国绘本大奖"是欧洲绘本界的一项相当重要的奖项，但我国出版界多以英美两国作为指标，因此"德国绘本大奖"在我国的知名度远不如"凯迪克奖"和"凯特·格林纳威奖"，但获奖作品在众多家长及童书爱好者心目中依然是值得信赖的①。

（五）博洛尼亚国际儿童书展最佳童书奖

意大利奖项。1964 年，意大利创设了博洛尼亚国际儿童书展，并于 1966 年增设了"博洛尼亚国际儿童书展最佳童书奖"②。至 2018 年，博洛尼亚国际儿童书展已举办过 55 届，是业内人士公认的全球规模最大、最具权威和影响力的儿童书展和年度儿童图书博览会。在书展上不仅可以了解到儿童图书出版业的最新动态，还能有机会近距离接触世界各地儿童作家及插画家，一览他们独特的个人风采。书展俨然成为童书出版商、童书爱好者、童书作家及插画家的天堂。博洛尼亚国际儿童书展的最大亮点之一就是颁发"最佳童书奖"，以创意、教育价值、艺术设计为标准，评选出文学类、非文学类、新作类以及新视野四个领域中最杰出的童书③。

自 1967 年开始，博洛尼亚国际儿童书展还在图书展览期间同时举办插画

---

① 德国绘本大奖［EB/OL］.［2019-03-13］. http://www.jugendliteratur.org/.

② 博洛尼亚国际童书展［EB/OL］.［2019-03-13］. http://www.bookfair.bolognafiere.it/.

③ 十大国际童书大奖［EB/OL］.［2019-03-13］. http://blog.sina.com.cn/s/blog_6839fe020102voot.html.

展，以发掘插画领域的最新潮流趋势以及具有潜力的插画家，并评选出年度最优秀的插画家，颁发国际插画奖。插画展每年都会吸引来自世界各地的千幅作品参展，已经成为各国童书插画家展现自我的重要舞台，也代表了当今世界童书展的最高水平。2016 年，中国插画家朱成梁凭借《老糖夫妇去旅行》一书的插画作品，荣获 2016 年意大利博洛尼亚国际童书展插画奖。

博洛尼亚国际儿童书展最佳童书奖的获奖代表作有《第五个》《慢半拍的小鹅》《手电筒看见了什么？》《我是彩虹鱼》《爷爷的红脸颊》等。

（六）日本绘本奖

日本奖项。于 1995 年由日本全国学校图书馆协会和每日新闻社联合创设，每年评选一次。其创设宗旨是：普及绘本艺术，振兴绘本阅读，发展绘本出版。以上一年 10 月至次年 9 月作为一个候选年度，由专家评选出"日本绘本大奖"1部、"日本绘本奖"2—3部、"日本绘本奖翻译绘本奖"1部。另外，通过读者投票，还会评选出"日本绘本奖读者奖"，我们熟知的《大卫，不可以》就曾获得 2001 年度的"日本绘本读者奖"。

表 3-7　我国已引进的"日本绘本奖"获奖作品（1995—2017）

序号	获奖作品	获奖年份及奖项
1	《快点睡觉吧》	1995 年日本绘本大奖
2	《羊皮大鼓咚咚咚》	1996 年日本绘本奖
3	《鲷鱼妈妈逛商场》	1996 年日本绘本奖
4	《月亮的味道》	1996 年日本绘本奖翻译奖
5	《云娃娃》	1998 年日本绘本奖读者奖
6	《变身火车》	1999 年日本绘本奖
7	《明天，猫咪来我家》	2000 年日本绘本奖
8	《吵架了，不开心》	2001 年日本绘本大奖
9	《熊爸爸》	2001 年日本绘本奖
10	《小桃子在赶路》	2001 年日本绘本奖
11	《大卫，不可以》	2001 年日本绘本奖读者奖
12	《爸爸的新女朋友》	2002 年日本绘本奖翻译奖
13	《养天使的方法》	2003 年日本绘本奖读者奖

续表

序号	获奖作品	获奖年份及奖项
14	《好酸好酸的柠檬呀》	2003 年日本绘本奖
15	《狐狸的神仙》	2003 年日本绘本奖
16	《哭了》	2004 年日本绘本大奖
17	《生气的亚瑟》	2005 年日本绘本奖翻译奖
18	《妈妈你好吗？》	2006 年日本绘本大奖、读者奖
19	《我吃拉面的时候》	2007 年日本绘本奖
20	《玛格丽特的礼物》	2008 年日本绘本奖
21	《啊！狼来了》	2009 年日本绘本奖
22	《5 只好老鼠造房子》	2010 年日本绘本奖
23	《这是个秘密》	2010 年日本绘本奖翻译奖
24	《我的神奇马桶》	2011 年日本绘本奖读者奖
25	《森林里的茶话会》	2011 年日本绘本奖大奖
26	《凌晨一点，礼帽族来了》	2012 年日本绘本奖
27	《不可思议的朋友》	2014 年日本绘本大奖
28	《我救了一只大王乌贼》	2014 年日本绘本奖读者奖
29	《30000 个西瓜逃跑了》	2015 年日本绘本大奖
30	《蝾螈和壁虎》	2016 年日本绘本大奖
31	《极地重生》	2017 年日本绘本大奖

资料来源：過去の受賞作品［EB/OL］.［2019-08-01］. https://www.j-sla.or.jp/contest/ehon/ehonbn/.

（七）信谊图画书奖

中国奖项。1987 年，为了提升幼儿文学的创作质量及欣赏水平，奖励幼儿文学创作并培育幼儿文学创作人才，信谊基金会创设了中国台湾"信谊幼儿文学奖"[①]，2009 年设立"信谊图画书奖"，当年开始在中国大陆开启征奖，2010 年正式开启评奖，每年评选一次。

"信谊图画书奖"分为"图画书创作奖"和"图画书文字创作奖"，只授予未出版的原创图画书，这也符合该奖项鼓励本土原创的宗旨。评奖过程分为初

---

① 信谊图画书奖［EB/OL］.［2019-03-13］. http://www.hsin-yi.org.cn/.

审和终审两个环节，邀请海峡两岸美术、儿童文学、出版编辑、图画书评论家
等不同专业领域的学者做评委，从各自的专业角度为每一部作品打分，评选出
优秀作品。通过历年获奖作品，我们可以看到这些年来中国原创图画书蓬勃发
展、欣欣向荣的趋势。《那只深蓝色的鸟是我爸爸》《迟到的理由》等便是"信
谊图画书奖"中的优秀作品。

表 3-8　"信谊图画书奖"历年获奖作品（2010—2017）

序号	获奖作品	获奖年份
1	《葡萄》《爸爸去上班》《进城》《门》《那只深蓝色的鸟是我爸爸》《将军》《妈妈小时候》《我很好，你好吗？》《妖怪的鬼脸》《大雪盖不住回家的路》《南方星星镇》	2010年
2	《九千九百九十九岁的老奶奶》《黑米走丢了》《蛐儿弟弟不会跳》《公主怎样挖鼻屎》《原来是这样》《小白，别难过》《一粒小豆子》《闹闹街》《叽》《时间的种子》《棉婆婆睡不着》《溜达鸡》《樱桃，慢慢红了》《戴皇冠的树》《箩筐》《小老鼠吃图画书》	2011年
3	《北冥有鱼》《猫猫，别走》《鸭子蛋黄儿的梦想》《一颗长了脚的树》《太阳爱吃冰激凌》《礼物》《不》《梳小辫儿》《小巫师》《点点的夏天》	2012年
4	《长头发的囡囡》《跑跑镇》《咔嚓咔嚓》《躺在草地上看云朵》《小雨后》《拔萝卜》《其实我是一条鱼》《你去哪儿，我就去哪儿》《开闹钟店的老人》《向阳花快递公司》《我要吓谁一下》	2013年
5	《迟到的理由》《豆丁要回家》《灰兔一直在等我》《给你们拍一寸照吧》《农夫和狐狸》《如果女巫不在家》《爷爷的牙，我的牙》《河马先生有件蓝毛衣》《美术馆的猫》《从前，有一个圈》《爸爸，到哪儿了》	2014年
6	《绿豆姑娘》《我是个普通的小孩儿》《乐园》《贪吃蛇》《我和阿铁——一只倒霉蜘蛛的 24 小时》《有眼光的阿嚏》《天使总记不住回家的路》《爷爷的幼儿园》《夜鸟落下来》《重要的是，房子一直在长高！》	2015年
7	《忠信的鼓》《抓流星》《嗷呜！嗷呜！》《三个老爷爷》《我和你》《水獭先生的新邻居》《金雕猎狼》《喜欢捉迷藏的爷爷》《您一定需要一本养猫指南》	2016年
8	《昨日坞里厢》《图图和妈妈的心里话》《外公的包里有什么？》《滑雪去》《不一样的"1"》《爱吹蜡烛的小怪兽》《安静的树林里》《狮子先生招聘图书管理员》	2017年

资料来源：历届得奖名单［EB/OL］.［2019—03—13］. http://www.hsin-yi.org.cn/Tuhuajiang/djhg2.html.

（八）丰子恺图画书奖

中国奖项。始创于 2009 年，由香港致力推广儿童阅读与亲子共读的陈一心家族基金会发起，两年评选一次，包括初审和终审两个环节。其宗旨是表彰作家、画家创作优质华文儿童图画书，鼓励出版社出版原创儿童图画书，促进公众重视原创儿童图画书及其阅读，是第一个国际级的华文儿童图画书奖。"丰子恺图画书奖"在短短的几年时间内便得到了世界范围内众多热爱图画书的家长及创作者的热切关注和支持。除了开展图画书评选活动之外，"丰子恺图画书奖"组委会还和其他相关机构合作开展了获奖作品插画展暨原创图画书进校园活动，把优秀的插画和图画书送到孩子们跟前，邀请知名专家为老师和家长做主题讲座，由老师带领开展获奖图画书的课堂实践和阅读分享活动。

我们熟知的《团圆》《荷花镇的早市》《一园青菜成了精》等都是第一届"丰子恺图画书奖"中的获奖作品。

表 3-9 "丰子恺图画书奖"历年获奖作品（2009—2017）

序号	获奖作品	获奖年份
1	《团圆》《躲猫猫大王》《一园青菜成了精》《我和我的脚踏车》《安的种子》《我变成一只喷火龙了》《星期三下午捉蝌蚪》《荷花镇的早市》《现在你知道我是谁了吗》《想要不一样》《池上池下》《西西》	2009 年
2	《进程》《迷戏》《青蛙与男孩》《门》《下雨了》	2011 年
3	《我看见一只鸟》《很慢很慢的蜗牛》《阿里爱动物》《看不见》《最可怕的一天》	2013 年
4	《棉婆婆睡不着》《牙齿，牙齿，扔屋顶》《咔哒咔哒咔哒》《拐杖狗》《小喜鹊和岩石山》	2015 年
5	《乌龟一家去看海》《盘中餐》《杯杯英雄》《等待》《林桃奶奶的桃子树》	2017 年

资料来源：得奖作品—第六届［EB/OL］.［2019-03-13］. https://fengzikaibookaward.org/hk/winning-books/6th/.

二、童书展

（一）意大利博洛尼亚国际儿童书展

在各大童书展当中，最专业、最权威、规模最大、影响力也最大的要数意大利博洛尼亚国际儿童书展了。博洛尼亚国际儿童书展开始于 1964 年，起初以童书的"版权交易"为主，来自世界各地的出版社、作家、插画家、童书翻译人员都会来到这里，开展童书版权方面的洽谈与贸易 ①。1966 年起，童书展除了展览各国新出版的童书以外，还增设了"博洛尼亚国际儿童书展最佳童书奖"，1967 年，在童书展览期间同时举办插画展览，并评选出年度最优秀的插画家，颁发国际插画奖，这也是每年的博洛尼亚国际儿童书展上最受人瞩目的环节。经过专家评审优选出来的童书，很快就会翻译成各国语言在世界各地出版发行。

中国从 2006 年开始参加博洛尼亚国际儿童书展。2018 年，中国作为主宾国在意大利博洛尼亚国际儿童书展上隆重亮相，大放异彩，这也是世界对中国儿童文学发展的肯定，必将有力推动中国少儿出版和中国童书创作的国际化水平。

（二）中国上海国际童书展

中国上海国际童书展（CCBF）创始于 2013 年，是目前亚太地区唯一专注于 0—16 岁少儿群体，展示推介图书和文化创意、教育类产品的国际性展会平台 ②。在国家新闻出版主管部门的指导下，由上海市新闻出版局、中国教育出版传媒集团有限公司、环球新闻出版发展有限公司共同主办，至 2018 年已成功举办六届，不仅为我国童书出版业"走出去""引进来"提供了更多的机会，也扩大了上海乃至全国的少年儿童对童书的认知，有利于激发他们对童书、对阅读的热爱。

在书展期间，国内比较著名的儿童读物出版机构和童书销售组织都会在书展上亮相，向大小读者们展示、推荐或出售童书，家长和小朋友们不仅能欣赏、购买到各种造型别致、形状开本各异的国内外精美童书，还能参加一些知名童书作家和儿童阅读推广人举办的读者见面会、新书发布会或者专业主题论坛、沙龙等活动，有机会和自己喜爱的作家面对面交流；书展期间举办的金风车国际青年插画家作品展也为广大市民提供了享受艺术熏陶的机会。这些都有助于拉近童书创作者与读者之间的距离，让孩子更加喜爱阅读，也让家长更多地了解童书，更好地与孩子进行沟通。

---

① 方素珍．绘本阅读时代［M］．杭州：浙江少年儿童出版社，2013：16.
② 中国上海国际童书展［EB/OL］．［2019-03-13］．http://www.ccbookfair.com/cn.

2018 年，中国上海国际童书展与博洛尼亚展览集团全面合作，共同主办中国上海国际童书展，得到了众多国际知名童书作家、插画家、出版人等的鼎力加盟。展会举办了"陈伯吹国际儿童文学奖"系列活动、"CCBF 专业论坛与会议"、"国际作家节"等一系列品牌交流活动，不仅为中国上海国际童书展增加了亮点，促进了专业人士间的交流，也为家长、小朋友和童书爱好者带来更多接触世界优秀童书的机会。

第四章　低幼儿童阅读环境创设

第一节　低幼儿童阅读环境概述

一、低幼儿童阅读环境构成

公共图书馆低幼儿阅读环境是幼儿迈进图书馆、接受公共图书馆服务过程中较早接触的一个图书馆元素，具有标志性，是图书馆展示自身形象并赋予读者初始印象的重要方面。它包括物理环境和人文环境两大部分，二者之间相辅相成。

（一）物理环境

物理环境是由公共图书馆的地理位置、周边环境、建筑、空间布局、设施、设备、内部装饰等组成的物理系统，它由自然环境和人工环境所组成，是阅读服务和阅读活动赖以实施的物质基础。虽然馆员的服务能力和工作态度是影响图书馆服务质量的关键因素，但物理环境制约着馆员服务能力的发挥，影响着幼儿在图书馆的阅读心理和阅读行为，最终影响着图书馆服务的整体水平。理想的物理环境应能满足以下几个方面：

1. 富有亲和力。环境的各要素有机结合，创造出令人愉悦的亲和力，使得身处此种环境的幼儿能很快地缓解紧张情绪，友好地接纳周围的人和物。

2. 保持吸引力。能迅速抓住幼儿的眼球，激发他们与阅读环境进行互动的兴趣。

3. 布局科学合理。功能布局、流线规划、装备设施等均以幼儿读者为中心，以方便馆员提供人性化服务为前提，满足幼儿及家长等带养人的多元化需求，使幼儿获得满意的阅读体验。

4. 绿色环保健康。将绿色和生态的理念植入图书馆空间，让幼儿在绿色健康的环境中安全阅读。

（二）人文环境

"人文"是指人类社会的各种文化现象。范并思教授在《公共图书馆未成年人服务》一书中提出，"（图书馆）人文环境是图书馆管理者通过办馆理念、管理水平与管理风格所营造的图书馆人文氛围"①。也可以这样认为，图书馆人文环境是在图书馆管理和服务过程中所体现出来的一种图书馆文化和图书馆人文精神。反映在幼儿阅读环境中，则是幼儿、家长及其他读者在接受阅读服务过程中所能感受到的温馨的阅读氛围与和谐的人际关系。如果说公共图书馆的建筑、设备等基础设施是"硬环境"的话，那"人文环境"则代表着图书馆的"软环境"，体现着公共图书馆的服务质量和水平。良好的"人文环境"要满足以下几个方面：

1. 科学、规范的管理。包括现代化的管理理念、科学的区域设置和高效的管理模式。

2. 馆员具有较高的综合素养。馆员良好的文化素质、精神面貌和服务技能有利于图书馆的资源得到充分利用，最大限度地满足读者的需求。

3. 良好的人际关系。馆员与馆员之间、馆员与幼儿及家长之间的相互理解、相互尊重，特别是对幼儿的爱护、耐心、宽容和赏识等是和谐融洽的人文环境的重要体现。

4. 温馨的文化氛围。温馨的装饰、科学的布局、人性化的导向和贴心的服务中所散发出的充满图书馆精神的文化氛围有利于幼儿心灵的美化和情操的陶冶。

二、低幼儿童阅读环境的重要性

阅读环境是影响阅读的重要因素。"孟母三迁"的故事告诉我们环境对儿童成长的重要性。较之成人读者，环境所具有的潜移默化作用对低幼儿童来说更为明显。良好的阅读环境是公共图书馆吸引低幼儿童走进图书馆，感受图书馆阅读氛围，增进对图书馆的感情，培养阅读意识、阅读兴趣和阅读习惯的重要前提，也是公共图书馆提升服务能力、拓宽服务领域、充分发挥社会教育职

---

① 范并思，吕梅，胡海荣.公共图书馆未成年人服务［M］.北京：北京师范大学出版社，2012：80.

能的重要基础。因此，公共图书馆为低幼儿童创设一个温馨适宜、充满人文关怀、自由和谐的阅读环境是非常重要的。

（一）良好的阅读环境有利于激发幼儿对阅读的兴趣

兴趣是儿童阅读最好的老师，但阅读兴趣不是天生的，美国语言学家乔姆斯基说过："环境可产生激发效应和塑造效应"，起到"润物无声"的作用。温馨又充满童趣的阅读环境可以让幼儿感受到宁静、轻松、自由和美好的情感氛围，激发幼儿对图书、对阅读的兴趣。可以说，阅读环境作为一种重要的资源，它潜移默化地影响着幼儿对图书馆的认知，激发幼儿对图书馆的好感，促其产生对图书馆的向往与依赖。因此，如何强化环境的这种诱导和激发优势是公共图书馆在环境创设中需要加以特别重视的。

（二）良好的阅读环境有利于提高幼儿的阅读能力

幼儿阶段是语言能力最容易受环境刺激和影响的时期，幼儿在与周围的人和物的持续互动中建构大脑，发展语言能力，互动越多，语言能力的发展就越好。公共图书馆良好的阅读环境可以让幼儿接触到多元化的阅读材料和阅读方式，在这样的阅读环境中幼儿与不同的人和物良性互动，有助于加深幼儿对阅读内容的理解与记忆，促进其语言能力的发展，从而为早期阅读能力的培养打下基础。

（三）良好的阅读环境有利于幼儿养成良好的阅读习惯

习惯是人在一定情景下自动地去进行某些活动的特殊倾向，也就是说某种习惯的养成依赖于某种特定情景的反复出现。幼儿喜欢模仿，可塑性强，对身边的事物怀有浓厚的探究兴趣，正是养成行为习惯的关键期。良好的阅读环境可以为幼儿养成阅读习惯创造条件，将他们反复置身于这样的环境中，通过对周围其他小朋友阅读行为的模仿，让零星的阅读行为慢慢地固化成良好的阅读习惯。

（四）良好的阅读环境有利于启迪幼儿的图书馆意识

在良好的阅读环境中，幼儿容易产生对图书馆的亲近感和愉悦感，而且通过阅读行为的不断重复，这种亲近感和愉悦感会逐步强化，幼儿会逐渐意识到图书馆有他们喜欢的图书和玩具，有和蔼可亲的馆员，还有可爱的小朋友，脑海中慢慢加深对图书馆的印象，逐步建立起对图书馆的认同感，这是成长为图书馆的终身读者的重要一步。

三、创设阅读环境的基本原则

（一）促进阅读原则

阅读环境创设的目的是营造良好的阅读氛围，吸引幼儿入馆、逗留，通过幼儿与环境的良性互动，激发起阅读的兴趣。幼儿从小浸润在良好的阅读环境中，自然会萌发对阅读的需要。因此，在环境创设过程中要注重强化构成阅读环境的各种要素对幼儿的吸引力，如图书的陈列放置、室内家具的造型、空间的色调、墙面的布置、区域的划分等都要立足于满足幼儿对图书、对阅读的好奇心，引发他们的求知欲，吸引他们参与到阅读活动中去。

（二）安全性原则

幼儿对新事物的好奇感较强，喜欢探索，但安全意识非常薄弱，地面或墙面突出的异物、落差较大的台阶，以及建筑物和设施上幼儿易触碰到的一些锋利尖锐的边、角等都容易对幼儿造成意外伤害，因此在幼儿阅读环境的创设中应从人体工程学的角度出发，注重任何一个空间的细节设计。在装饰材料和家具材质的选择上也必须严格执行绿色环保标准，选用安全、牢固、舒适的材料。室内花卉植物的选择和摆放不仅要考虑对环境的美化和净化作用，更要了解这些植物的特性，远离那些会释放有毒有害气体或让人体产生过敏的植物。电器开关、电源插头等有安全隐患的设备也应安装在幼儿触碰不到的地方，杜绝任何安全隐患，并做好应急防范措施。

安全性原则在阅读环境创设中至关重要，只有在安全的环境里，幼儿的身心健康才能得到保障，才有可能开展自由、快乐的阅读活动。

（三）趣味性原则

幼儿天生拥有好奇心和探究欲，一个充满趣味的阅读环境容易吸引幼儿的注意力，促进幼儿融入环境，并有助于延长幼儿阅读的时间。同时，充满活力和趣味的阅读环境也更能激发幼儿的想象力和创造力，满足幼儿的好奇心。因此，在环境创设中，要充分考虑幼儿的心理及审美情趣，以空间的多功能性和灵活性来适应不同性格幼儿的多种兴趣和需要，营造符合幼儿情趣的、充满趣味性和体验性的阅读空间。

（四）舒适性原则

幼儿对周围环境比较敏感，进入陌生的场所容易产生紧张不安甚至排斥的情绪。舒适温馨的阅读环境有利于幼儿放松身心，感受到自由、宽松、融洽的阅读气氛，从而培养起对图书馆的信任感和亲近感。因此，在阅读空间尺度、色彩、采光、通风、内饰等方面的设计上既要符合科学性和安全性，又要注意环境的舒适性，让幼儿在身心放松的状态下自由、愉快地阅读。

（五）多样性原则

0—6 岁这个年龄段的幼儿，在动作发育、语言表达、认知发展、情感发育、情绪控制、社会性等身心发展的各个方面均存在较大差异，呈现多样性的特点。公共图书馆应向这个年龄段的幼儿提供有别于其他年龄段儿童的更为细致、多样化的阅读环境，以适应他们多样化、多层次的生理、心理特点。比如，在阅读资源上，除了纸质文献资源，还可提供益智玩具和游戏体验项目；在服务对象上，既要满足幼儿的阅读需要，也要为其父母或其他看护人提供服务；在区域设置上，既要有阅读区，也要设置活动区，休闲区，婴幼儿的哺乳、换尿布区；为保障残障儿童的权益，还应配备能提供特殊服务的设施、设备以及专门的识别引导标识。

（六）实用性原则

环境创设的目的是为了让阅读资源得到更好的利用，这个利用的过程就是幼儿与阅读环境互动和融合的过程。如果脱离实际需要，"闭门造车"，或盲目追求设施和设备的"高大上"，而实际上并不能在帮助幼儿融入阅读氛围中发挥很好的作用，或者设施和设备并不方便幼儿的使用，而仅仅是作为对外宣传、展示图书馆形象的一种"美丽的摆设"，甚至是"作秀"的工具，那就是对社会公共资源的极大浪费。因此，在设计中既要考虑到让每一个来图书馆的幼儿都有可参与的项目，也要努力让每一个设计都能获得幼儿的参与或认同。

（七）主次分明原则

幼儿阅读环境中引入益智玩具和游戏设施，可以提高阅读过程的趣味性，特别是电子阅读产品的使用更能让幼儿获得一种全新的阅读体验，增强图书馆对幼儿的吸引力，对开发幼儿的智力，提高他们的想象力有着一定的积极作用。但游戏的目的是让幼儿在学中玩，玩中学，在游戏的过程中提高幼儿的阅读理解能力，激发其阅读的兴趣。如果一味追求空间的趣味性和游戏化，而忽视了阅读这一重要的主题，则不但会影响幼儿对阅读的关注，影响幼儿对图书馆的认知和态度，也失去了阅读环境创设的意义。因此，幼儿阅读环境的创设一定要围绕阅读活动来设计游戏元素，让游戏为阅读服务，而不是本末倒置。

第二节　空间环境的基本要素及要求

幼儿阅读的空间环境包括出入口、窗户、墙面、地面、采光、通风、色彩等要素，其使用对象的特殊性要求公共图书馆在设计时应从服务理念和服务功能入手，以符合幼儿心理和生理特征为思路来开展设计，以满足幼儿的求知欲、激发幼儿的想象力、开发幼儿的阅读潜能为目标，打造健康、安全、舒适、便利的多样化的阅读空间。

一、空间环境的装饰、装修

（一）出入口

出入口宜宽敞，不设门槛，以方便婴儿推车和轮椅的进出，同时也满足紧急疏散的安全要求；大门的双面应平滑、无突出物，门把手的设置宜高于幼儿平均身高，以免摔倒时碰伤；弹簧门在关合时易弹伤幼儿，不宜采用；设多个出入口，并保证所有出入口处于全开状态或易于打开状态；入口处应在显著位置设置平面图和空间分布图，简单、形象、易懂。

（二）窗户

窗户是居室自然采光的重要通道，也是室内场景与室外景观和谐呼应的媒介。通过观察一些新建的公共图书馆，可以发现阅读空间的窗户面积有越来越大的趋势，这是从增加对自然光的利用、使建筑物外立面更加美观的角度来考虑的。但幼儿阅读空间的窗户面积应适中，过大容易对室内活动带来干扰，不利于幼儿安静阅读；窗户的打开角度应控制在一定范围，以幼儿身体不可能通过窗口翻到窗外为宜；窗台高度要距离地面 40—55cm，窗台下不宜安放阅览桌椅或其他低矮物体，以免幼儿攀爬造成安全隐患；选用隔热的无色透明防爆玻璃，并配备窗帘，以避免对幼儿视觉造成伤害。

（三）墙面

墙面具有装饰、美化环境的作用，可以通过不同主题的墙面装饰来区别和突显各区域的特定功能，促进阅读活动的开展。如在休息区的墙面上绘制蓝天、白云、花草、小动物等图案让幼儿的心情得到放松；在阅读区的墙面上则可以绘制一些经典故事中的角色和场景，营造如临其境的氛围，拉近幼儿与故事内容的距离；在游戏区，则可以靠墙设置玩具架，既节省了游戏空间，也起到了装饰的效果；在阅读延伸活动区，可以利用软包、置物架、KT板等材料来设置主题墙，展示幼儿参与阅读活动的照片、涂鸦或其他手工作品。主题墙的设置不宜过高，保证幼儿能够看得见或摸得着。还可以在主题墙的低矮处开辟一块涂鸦区，贴上瓷砖或其他易清洗的材料，让幼儿即兴创作，激发他们参与阅读的兴趣。

墙面要平整，转角的地方要处理成圆角或使用软包，以免幼儿撞伤。镜面玻璃容易对幼儿形成误导产生碰撞，不建议在走道、楼梯等幼儿经常走动的地方使用。墙面使用的所有装饰材料必须使用绿色无公害产品，符合防火、防毒、防有害气体的相关标准。

（四）地面

地面是幼儿活动的主要场地，幼儿的走、跑、蹦、跳都要在地面上进行。婴幼儿还喜欢在地面上坐、爬、躺，因此，地面材料的安全性、舒适性，以及质地的防滑、防火、吸声、硬度，甚至抗菌性能、易清洁程度等因素都是设计中需要考虑的。在众多材料中，木地板和塑胶地板比较适合幼儿空间的使用。

地面应平整、无尖锐突出物。如有水平改变时要有高度变化的提示，高低落差较大时可设置阶梯或防滑坡道，但要注意坡道的陡度不可太大，以免幼儿滑倒。幼儿的视线接近地面，因此地面的色彩或有趣的图案容易吸引幼儿的注意力，可以在地面上画一些路径指引图标或卡通图案，既发挥了引导功能，也增添了空间的趣味性。

（五）顶棚

室内顶棚高度一般以 3.2—4 米为宜，太低会让幼儿产生压迫和紧张感，太高则会让空间显得空旷，缺少温馨和亲切感，而且顶棚越高，室内的回声也会增大，不利于营造安静的氛围。顶棚表面不能太光滑，以避免产生眩光，且不光滑顶棚还可增强吸音效果。顶棚的颜色要浅，颜色过深会给人压抑感。可以利用造型、灯光、色彩等元素或采用悬吊装饰物的方法来装饰顶棚，为空间增添童趣。但由于顶棚的承重量较小，悬吊物要轻巧，以免造成安全隐患。

（六）楼梯

上、下楼层之间通常靠楼梯、升降电梯、自动扶梯连接，但由于自动扶梯的"故障与事故比较多,安全隐患比较严重"①,从安全性考量,不建议在幼儿服务区甚至是整个未成年人服务区使用自动扶梯。

幼儿的步子小,因此,楼梯台阶的高度要符合幼儿的踏步尺度。台阶边缘要安装防滑条,防滑条应安装牢固,不得出现翘曲。楼梯栏杆与扶手的设计既要保证幼儿的安全和使用便利,也要方便家长等成人的使用。扶手安装必须坚固以确保提供稳定的支撑,扶手端部应无棱角,以免划伤幼儿。对于手推车和轮椅来说,升降电梯是必不可少的,在电梯入口处应做防滑处理,以免出入电梯时滑倒。

（七）采光

幼儿的视神经组织尚未发育完善,要避免过强或过弱光线照射。温馨、舒适的光线会使幼儿心情愉悦,精神放松,思维得到启发,更易收到好的阅读效果,因此,在创设幼儿阅读环境时要特别注意采光的科学性、合理性和舒适性,营造一种高质量的光环境。

采光包括自然采光与人工照明两部分,自然采光更接近大自然,在视觉上让幼儿更为舒适,更易被幼儿接受,而且节约能源。可以通过大面积的窗户设计来采集自然光,但大面积窗户会给室内活动带来干扰,空调的能耗也较大,所以应综合考虑不同地区的日照情况选择合适的窗与墙的面积比。此外,还需安装遮阳设施来阻挡阳光直射,使自然光柔和、均匀、稳定地分布。但自然采光会受到季节、时间、天气等条件的限制,所以还需要通过人工照明来补充采光。人工照明通过灯具的选择、位置的布局以及照度、色温的控制,可以美化环境,调节气氛,展现独特的艺术效果。

（八）色彩

在人的各种感知觉（视觉、听觉、味觉、嗅觉、触觉及空间、时间知觉等）活动中,视觉占主导地位。儿童对色彩是非常敏感的,心理学家维尔纳的实验证明:儿童,特别是学龄前的儿童,对于事物的认识、辨别、选择多是根据对视觉有强烈感染力的色彩进行的。"纯度高、鲜艳明快、对比强烈的色彩比较符合儿童的心理要求,而且他们也比较喜欢暖色调的色彩。丰富的色彩刺激能使儿童心跳加快、血压上升、求知欲增强;而单调、晦暗的色彩刺激则使儿童

---

① 蒋爱琴.自动扶梯和自动人行道安全性研究［J］.质量技术监督研究,2013（5）: 26.

心跳减慢、血压下降、其获利也随之减弱"①。因此，在阅读环境创设时要科学合理地选择和搭配色彩。

在设计时，首先要根据空间的功能和用途来选择阅读环境的主色调，如，阅读区需要一个愉快、宁静的氛围，色调应温馨柔和，不宜过分强烈以免造成过强的视觉刺激，分散儿童的注意力；游戏区气氛活跃，可以选择活泼、明快、能激发幼儿兴奋感的颜色，如红色、橙色、黄色等所谓的"兴奋色"，让幼儿的思维变得活跃、富于创造性；休息区应尽量避免过于直接、强烈的色彩刺激，素净、淡雅的颜色有利于幼儿放松身心，缓解疲劳。

其次，主色调确定后要设计一个科学的配色方案。"从色彩搭配的角度来说，优美调和的配色会使人精神愉悦，缓解身心疲劳，而不调和的配色则有可能引起精神上的烦躁或压抑，使人身心紧张、疲劳，甚至引发疾病。"②色彩的搭配要和谐，要与幼儿的心理状态相吻合。

良好的阅读环境设计要遵循色彩搭配的基本规律，更要符合儿童的特殊心理。通过科学合理的色彩运用，为幼儿打造艺术化的阅读空间，充分发挥色彩在幼儿成长中的积极作用，激起幼儿对周围环境的兴趣。

（九）通风

室内空气质量状况与儿童的健康关系密切。图书馆是一个人员密集的场所，如果空气流通状况差，很容易导致室内空气混浊，二氧化碳等有害气体的浓度就会增高，细菌含量也会增加。幼儿身体的调节功能尚不够完善，长时间待在这种环境里容易感染呼吸道疾病。因此，阅读区尽量不要建成全封闭的，以便可以经常开窗通风，因为自然通风是改善室内空气质量的最原始也是最方便、最节能的方法，通过门和窗户就可完成，当然门和窗的位置以及数量决定了通风的效果。如果空间环境较为封闭，则一定要有严格的中央空调净化消毒措施来保证空气的质量，或安装新风系统来净化室内空气，以解决室内通风换气的问题，给孩子们创造一个清新的室内环境。

（十）绿化

绿色植物是天然的空气净化器，它能够吸收二氧化碳等有害气体，释放氧

---

① 盖迅达.学龄前儿童色彩心理研究［D］.天津：天津工业大学，2009：29.
② 盖迅达.学龄前儿童色彩心理研究［D］.天津：天津工业大学，2009：9.

气，改善环境的空气质量，使人精神振奋。绿色植物的自然色彩还有益于保护幼儿的视力，缓解视觉疲劳，稳定孩子的情绪，给他们带来安全感。合理的绿化环境能给空间带来艺术的美感，在设计时，植物的大小、造型，容器的外观、色彩等要与室内空间的大小、色调相适应，通过植物的修剪、摆放和容器的选择使环境充满自然和谐之美。

不是所有绿色植物都能放置室内，有些植物本身含有毒性成分，如秋海棠、水仙花、杜鹃花等；有些花朵的花粉会引起幼儿皮肤和呼吸道过敏，如风信子、凌霄花等；有些植物的气味会引发头晕，如丁香、兰花、百合花等，在绿化设计前一定要预先了解。尽量选择习性强、易栽培的本地植物，既经济实用，又美观环保。

二、馆藏资源及陈设

馆藏是图书馆的重要资源，是公共图书馆履行社会职能的物质基础，公共图书馆通过建设丰富的馆藏资源为幼儿和家长提供多种选择。当前，印刷型资料仍是主要资源，多媒体、玩具、学习性游戏器具和计算机网络资源是辅助资源。

（一）图书采访

图书采访工作是馆藏资源建设的首要环节，直接关系到馆藏的数量和质量，对图书馆功能的实现起着至关重要的作用。公共图书馆应把儿童的年龄特点、阅读兴趣、图书借阅数据、读者反馈意见、优秀推荐书目、图书获奖情况、畅销书排行榜等作为图书采访的参考依据，慎重地为0—6岁低幼儿童选择适合的图书。

1.把握科学的采访原则

（1）教育性原则

0—6岁低幼儿童处于心智启蒙阶段，他们的求知欲强、可塑性大，但明辨是非的能力低下。因此，公共图书馆在采访工作中要坚持教育性原则，重点搜集思想性、知识性、趣味性兼具的图书，对影响儿童身心健康、格调低下、低级趣味的读物要坚决拒之门外。

（2）针对性原则

0—6岁低幼儿童在认知能力方面相互之间存在很大差异，在阅读需求上也呈现出多样性和层次性，公共图书馆要精确定位不同年龄阶段儿童的阅读特点，加强图书采购的针对性。例如，给0—1岁的儿童选择的图书应具有玩具化的特征，如色彩鲜艳的、认知性的书，可以啃咬的图片，布书，纸版书和塑胶书等；给1—2岁儿童可以选择带有一点小"机关"的操作书、数字书、字母书、儿歌童谣等；2—3岁儿童的阅读能力突飞猛进，他们会翻书页、重复故事，并开始喜欢涂鸦，可以为他们选择画面生动、富有节奏感、内容浅显的图画书；3—4岁儿童喜欢跟父母开展互动游戏，应为他们选择贴近生活的图书；4—5岁儿童更喜欢跟成人互动，有较为强烈的好奇心和探索欲，可以为他们提供手工类、职业模仿类等阅读材料；5—6岁儿童开始倾向于主动阅读，理解能力也更强，对故事的情节有一定的要求，可为他们选择社会类图画书，以及带有一点悬念情节的故事书。

（3）互动性原则

图书采访工作的最终目标是让读者借阅使用，因此，采访人员应经常走访图书借阅部门，加强与一线员工和读者（主要是低幼儿童家长）的互动交流，了解当前低幼儿童的阅读倾向，掌握第一手资料。可以通过在读者服务台放置读者意见簿、读者推荐书单，或通过图书馆网站、公众号平台、街道社区、幼儿园等渠道来了解小读者的最新需求。

（4）实用性原则

近年来，少儿类图书的出版出现贵族化倾向，图书包装越来越精美华丽，随之而来的是图书价格的逐年上涨。采访人员应根据馆藏建设的实际情况和读者的实际需求，在保证图书质量的前提下更多采购实用型、经济型的图书，提高经费的利用率。但是确实品质高的精装图画书、立体书等，即使价格较贵，公共图书馆也应该购买，以便让儿童欣赏到丰富多样的高品质读物。

2. 拓展采访渠道

在网络购物方式出现前，图书馆大多采用现场采购和书单订购的方式采购图书，尤以现场购书的方式居多。在书店或书展现场，馆员很容易鉴别图书的内容和质量、比较相同类别的图书，从而保证图书采购的质量。随着网上书店的出现，尤其是当当网等大型网上书店迅速崛起后，网上购书成为公共图书馆新的选择渠道。网上书店对图书的基本信息、读者评价、获奖情况等能做到多角度展示，馆员足不出户就能较为全面地了解图书的多方面特征，因此，图书馆可以结合现场选购和网上订购两种方式来提高图书采购的质量和效率。

3.选择优秀的出版社

儿童图书出版门槛低，利润可观，一些出版社和书商片面追求经济利益，在图书的内容和印刷质量上不能做到严格把关，导致一些粗制滥造的低幼儿童读物充斥着图书市场。图书馆在采访中应尽量选择优秀的少儿出版社出版的图书，关注优秀的童书品牌，因为他们长期深耕于少儿图书编辑出版领域，有一支懂得儿童阅读心理和阅读兴趣的编辑队伍，他们出版的图书针对性、可读性强，图书装帧设计质量都比较好[①]。

（二）图书陈设

不同的馆藏资源有不同的陈设方式，资源的性质和使用方式决定陈设方式。

1.按学科类别陈设

以《中国图书馆分类法》或《中国图书馆分类法（未成年人图书馆版）》为依据，按图书内容性质所属的学科体系在书架上排列，方便使用者按内容来查找，逻辑性强。

2.按使用对象陈设

幼儿阅读空间的使用者除了幼儿，还有幼儿的家长、幼儿园教师、儿童文学作家等幼儿教育从业人员。相对应，幼儿阅读空间所藏图书也有幼儿读物和成人读物之分，把馆藏分成幼儿读物与成人读物两部分，每部分再按分类法陈列，可以满足幼儿和成人的不同选择需求。

有条件的图书馆还可以将幼儿读物再按年龄甚至月龄细分，即以分级阅读的理念组织，将图书按梯级陈列，以符合幼儿认知随着年龄的增长而不断变化的特征，方便父母或其他带养人更准确地选择图书。

3.按主题陈设

作为分类排架的补充，图书馆经常利用设置专题书架的方式来向读者推荐图书，即根据读者的阅读喜好，将内容或形式相似的图书集中陈设，形成若干

---

① 范并思，吕梅，胡海荣.公共图书馆未成年人服务［M］.北京：北京师范大学出版社，2012：59—60.

个专题区，如玩具书区、分级读物区、不同主题的绘本区、家庭教育区等，方便读者直观、简便地选取图书。

4.图书展示方式

图书可采用立放和平放两种方式来展示。立放式展示，即成册的图书站立摆放，书脊对外，这是图书展示的传统方式，可以节省空间。所谓平放式，即图书封面对外，读者一眼就能看到图书的封面，适合重点推荐的图书，但空间的利用率不高，这二种方式可以结合着使用。建议尽量在幼儿伸手可及的地方放置一些画面色彩鲜明的、能吸引幼儿注意力的图书，这样既增加了幼儿触碰图书的机会，对空间环境也是一种极好的点缀。

（三）游戏器材

游戏阅读在幼儿的多种阅读方式中占有很大的比重，它是指把游戏的方式引入阅读，通过游戏的设计把阅读的内容渗透在游戏的环节中，利用游戏对幼儿的吸引力来开展阅读，让幼儿在玩的过程中不知不觉地接受知识，所谓"在玩中学，在学中玩"，玩具和游戏成为引导幼儿接近图书馆、认识图书馆的工具。游戏设施以桌面玩具、墙面玩具为主，也可以适当引入一些大型的体验性设施，如建一些童话场景或日常生活场景，让幼儿在阅读时有身临其境的感觉，通过场景游戏的体验来强化认知。

将游戏引入幼儿阅读，这是公共图书馆吸引幼儿读者的一个巧妙的切入点，是对传统文本阅读服务的一种补充，让幼儿在身心放松的状态下接触阅读，理解阅读内容，激发对阅读的兴趣。因此游戏项目的选择与引入始终要围绕阅读来进行，游戏和娱乐的元素必须服从阅读服务的需要，防止过度游戏化。在规划时要注意动静分开，将游戏对其他活动的干扰降到最低。

（四）数字阅读资源

所谓数字阅读资源，是指经过数字化处理，可以在多媒体计算机及网络环境下运行的一种阅读资源。适合幼儿的数字阅读资源利用多媒体技术将抽象的概念和知识直观化、形象化，通过对幼儿的视觉、听觉等感官的刺激来促进幼儿的认知，让幼儿有身临其境的感觉，有利于提高幼儿对阅读的兴趣。数字化阅读是信息时代背景下一种新的阅读方式，它以迅捷性、海量性、交互性、廉价性等特点已经成为图书馆引导少儿关注阅读，提升阅读率，有效推广少儿阅读的一种方式。适合低幼儿童的数字资源一般可用各类造型、色彩可爱的大型触摸屏来展示，不需要集中陈列，可根据环境总体布局需要灵活摆放。

第三节　空间环境的功能布局

一、功能区设置

幼儿阅读空间的功能布局应按照幼儿和家长等带养人在图书馆参与阅读活动所需的服务来规划，一般来说应涵盖文献服务、阅读体验、交流互动、游戏休闲等方面。由于不同年龄甚至不同月龄的幼儿对阅读内容和阅读方式的接受能力存在明显差别，有条件的图书馆可以在同一性质的功能区按幼儿年龄再进行分级设置，形成多层次结构，供读者选择，使阅读服务更具有科学性和针对性。以下区域的划分仅将0—6岁幼儿作为一个整体来考虑，未涉及分级设计。

（一）文献借阅区

包括普通文献借阅区和专题文献借阅区，一般采用收藏、阅览、借还、咨询一体化的管理模式。

（二）亲子阅读区

家长陪伴孩子挑选图书、讲读故事，在轻松愉快的氛围中亲子间享受阅读的快乐。

（三）集体阅读区

公共图书馆鼓励家庭成员间的"亲子阅读"，也经常以集体性的读书活动如"儿歌朗读会""讲故事""做手工""涂鸦"和"花草养植"等来吸引幼儿参与，以增强阅读的趣味性和互动性，调动孩子的阅读兴趣，培养幼儿的集体意识与合作意识。

（四）游戏区

幼儿注意力集中的时间有限，在阅读的间隙成人和孩子一起玩一玩益智玩具，可以增加阅读的趣味性，培养幼儿的想象力、动手能力和解决问题的能力，强化幼儿对阅读的亲近感和愉悦感。

（五）数字阅读区

近年来，公共图书馆越来越重视数字资源的建设和推广，为广大儿童带来诸如 3D 图书、体感游戏等充满童趣的阅读体验。但是，数字阅读方式对儿童来说也存在诸多弊端，如影响儿童视力的发育，容易让儿童产生对游戏和网络的痴迷等，因此，公共图书馆在数字阅读推广过程中一定要把好数字资源的质量关，在利用上掌握好尺度。

（六）阅读交流区

该区域的设置为父母及看护人、幼教工作者提供了交流的空间。在亲子阅读的过程中，父母或看护人是主导者，掌握着阅读的主动权和选择权，控制着阅读的全过程。父母或看护人的文化水平、审美能力、阅读素养、耐心和毅力等素质直接关系到亲子阅读的质量。设置本区域的目的就是通过开展一些小范围的交流活动如"家长沙龙"、小型座谈等，为父母及看护人提供互助互学的交流空间，鼓励父母及看护人分享育儿经验和阅读的技巧，更轻松地引导孩子爱上阅读。

（七）多功能厅

随着幼儿阅读服务内容的不断深入、服务形式的不断创新，多功能厅的利用也越来越广泛，为开展多种大型阅读活动提供了舞台，如举办亲子阅读讲座、为家长和志愿者开展阅读指导培训，举办童话剧或音乐剧演出，开展儿童才艺表演、讲故事比赛、播放电影等活动。

（八）休息区

幼儿好动，能量消耗大，阅读和游戏之余需要休息、饮食，补充能量，因此休息区的设置是非常必要的。同时，现在由祖父母看护孩子的家庭比较多，休息区也有助于老人们恢复体力。休息区内除了舒适的座椅和置物桌外，最好能提供饮用水。

（九）卫生间

儿童服务区的卫生间，除供成人使用的设备外，还需要安装儿童坐便器和低矮的洗手池。有条件的图书馆还应为同行的父女或母子设置"亲子卫生间"，也称"第三卫生间"，以解决他们如厕时的尴尬。卫生间应靠近休息区设置，以方便利用。

（十）哺乳室

母乳喂养有利于妇女和儿童的健康，公共图书馆应当为母乳喂养提供便利，设立哺乳室——一个温馨私密的空间，有沙发、桌椅、换尿布台和洗手池等，使妈妈们能在宁静、温馨、私密的环境里安心喂哺，体现公共图书馆对妇女儿童的尊重及关怀。

二、布局要点

（一）主次分明

幼儿的阅读行为中融入了娱乐性和游戏性，使阅读的过程动静结合，生动有趣。但游戏的元素要服务于阅读的需要，阅读是图书馆服务的核心，游戏只是发展幼儿阅读能力的一种手段，提高幼儿对阅读的兴趣才是游戏阅读的目标和方向，因此图书馆选择的玩具和游戏项目要有益于幼儿对阅读的理解，为阅读服务，不可喧宾夺主，过度追求娱乐性，将幼儿阅读空间建成儿童乐园。

（二）动静分开

幼儿的情绪控制能力相对较差，即使是亲子阅读区和文献借阅区，安静也只是相对的，噪声不可避免，更不用说数字阅读区和游戏区，幼儿互相追逐、奔跑跳跃、喧哗哭闹的情况司空见惯。以亲子阅读区来说，父母的诵读、父母和孩子的交流、孩子好动发出噪音时父母的管教等都会增加空间的噪音，对他人的阅读活动产生干扰，分散幼儿的注意力。因此各个功能区域应科学划分，动静分离，并根据动静程度把类似的功能区相近或相邻设置，动、静区之间设置缓冲地带，如休息区、展厅等，这样，既顾及了幼儿活泼好动的天性，也尽可能地降低各功能区之间的互相干扰。

（三）流线畅通

幼儿的注意力集中时间不长、稳定性差，且幼儿好奇心强，阅读的过程中容易被其他事物吸引，兴趣的切换比较频繁。为避免不必要的干扰以及出于安全考虑，图书馆在设置不同的功能区域时，要注意从科学性、安全性、便捷性的角度来设计员工流、读者流、文献流、货物流等流线，以保证幼儿及看护人在不同区域间流动时安全、顺畅、便利，在阅读时不被打扰。

（四）方便利用

功能区设置的另一个要点是方便利用，即从方便读者利用为出发点，结合幼儿读者及其带养人的实际需要来设计。另一方面，在考虑方便读者和馆员使用的同时，也要考虑图书馆的经济实力和人力资源情况，有利于图书馆的管理成本控制，要使图书馆内的公共服务设施，做到物尽其用，发挥资源的最大效能。

第四节　标识导向系统

良好的幼儿阅读环境标识导向系统是幼儿及家长了解图书馆、利用图书馆的媒介，它利用文字、图形、色彩、符号等信息形象直观地展现阅读环境的空间结构和具体位置，帮助幼儿及家长快速地熟悉图书馆的布局，并像向导一样为他们指引路径。

一、标识导向系统的功能

（一）展示功能

随着公共图书馆建设和服务功能的不断扩大，为包括低幼儿童在内的读者服务的内容和形式越来越多，空间布局也越来越复杂。标识导向系统用文字、图形和符号直观形象地展示各功能空间，起到了宣传图书馆服务、普及图书馆知识、传递公共图书馆服务理念的作用。

（二）导向功能

标识导向系统的实质是空间位置信息与方向信息的有机结合，读者通过对空间结构的了解可以认清当前所处的位置，合理安排利用各功能区的先后顺序和行动路线，提高利用图书馆的效率，避免盲目性。

（三）沟通功能

标识导向系统是读者与阅读环境之间无声交流的媒介，它帮助家长直观地了解幼儿阅读环境的空间布局和具体功能。对于初次利用图书馆的幼儿家庭来说，可以消除他们对图书馆的一些疑问和顾虑，提高对图书馆服务的认知，从而有针对性地选择适合自己和孩子的服务。

（四）规范功能

标识导向系统对阅读环境中不同空间的功能进行界定和说明，对不文明的阅读行为进行提醒，为预防意外和危险，设置安全警示及疏散引导标识，通过这些标识的提醒和警示，对幼儿和家长的行为进行指导和规范，有利于营造一个安全、文明、有序、和谐的阅读环境。

二、标识导向的类型

（一）识别类标识

标记某个活动空间或某一位置、某种设施名称的文字、符号或图形，如"亲子阅读区""图画书专架""哺乳室"等。标记表达应完整无误、简明清晰，易于识别。

图 4-1　苏州图书馆二馆少儿馆的"洗手间"和"母婴室"标识

（二）导示类标识

指示通往某个空间的具体方向，引导幼儿和家长快速、准确抵达目标场所的文字、符号或图形。可以在墙面或地面上画出带有箭头或脚印的引导图，或制作站立式指示牌，幼儿和家长跟随标识的指引即可到达目标位置。此类标识要注意逻辑性，讲究趣味性，让人一目了然。

（三）说明类标识

用简明扼要的文字配以图形或符号，对某个空间功能或活动项目进行描述，帮助家长快速准确地了解与该功能区阅读服务相关的各种信息。在这类标识中，文字的表述要求准确无误，简洁易懂，图形和符号应生动形象，富有表现力。

（四）规范警示类标识

用以表达规范、提醒、禁止、警告等信息的标识，如"安静""当心台阶""禁止吸烟""紧急出口""危险"等，文字辅以图形或符号，针对可能会对读者身心和阅读环境造成危害的现象和行为进行提醒、规劝或警告。此类标识一定要醒目，文字要规范，图形和符号要直观、生动，易引起读者的重视。

图 4-2　苏州图书馆二馆少儿馆的　　　　图 4-3　苏州图书馆二馆少儿馆的提醒
　　　　　禁止吸烟标识　　　　　　　　　　　　 读者保持安静的标识

三、幼儿阅读环境标识导向的设计要求

（一）易识别性

标识导向系统的基本功能是指引和导向，因此设计时要注意标识的简洁性、准确性和易识别性，使其能在短时间内抓住幼儿和家长的视线，便于标识从不同的角度被发现。符号和图形要生动形象、辨认度高。导向结构要简明清晰，易懂易记，便于快速准确地引导幼儿和家长到达目标位置。

（二）趣味性

幼儿作为一类特殊的受众，为其服务的标识导向系统有一个很大的特点即趣味性。对于初次进入图书馆的幼儿来说，一个有趣的、符合儿童审美的标识导向系统可以缓解幼儿的紧张和不安情绪，让他们快乐和放松。趣味性效果可以在分析与研究幼儿的心理和生理特点的基础上，通过夸张的比例、明快跳跃的色彩、拟人或用动物形象等方法来实现。

（三）规范性

幼儿阅读环境标识导向系统的趣味性和个性化不能影响标识的规范性，过分追求标识的趣味性会干扰幼儿对标识的理解。因此，标识的语言表述应准确规范，文字、符号和标记的使用应符合相关的国家标准，如红色表示禁止，蓝色表示指令，黄色表示警告，绿色表示导向[①]，避免使用夸张、怪异的艺术字体或晦涩模糊的图形和符号。

---

① 　李伟东. 图书馆标识系统探讨［J］.农业图书情报学刊，2010（8）：166.

（四）统一性

标识导向系统的统一性是指"统一规格、统一材质、统一风格、统一形式，确定主色调，并且按主标识、次标识、第三级标识、辅助标识逐层分级，建成一个有序的标识体系"[①]。也就是说，同一类的标识之间，色彩、图案、尺寸、风格等元素应该保持一致，具有统一的层次结构和统一的设置方位，以便读者在利用标识时有规律可循。考虑到幼儿的使用，建议可尽量多使用图标。

（五）协调性

首先，标识导向的颜色、形状、风格等元素应同它所表达的内容相协调，即以恰当的形式来诠释内容；其次，标识导向系统的设计应该与空间的氛围相协调，与周围环境共同营造出整体的美感。协调性还表现在标识的高度、尺寸要照顾到幼儿和家长双方的视觉特点，寻找兼顾双方视觉感受的最佳视线角度，并保持前后一致性。

（六）完整性

标识导向系统的完整性体现在三个方面，一是要全面系统地向幼儿和家长展示整个阅读环境，使图书馆所提供的各种服务功能都能被读者知晓和利用；二是标识导向系统要为每一位来图书馆的幼儿及家长提供服务，要充分考虑不同读者的不同需求；三是每一个导向标识都要完整，前后要有连贯性，使幼儿和家长按照标识的指引就能顺利到达目标区域。

（七）多样性

标识导向系统的多样性是由服务对象和服务需求的多样性决定的。公共图书馆为幼儿读者服务，服务对象不仅是幼儿，还有其家长或其他看护人，不但有会自主行走的孩子，还有需要使用推车的婴儿。家长等看护人的年龄、文化层次、教育背景也各不相同。服务对象的多样性要求图书馆提供阅读、游戏、交流、休闲、哺乳等各种配套服务，需求的多样性导致标识导向系统所要涵盖的内容呈现多样性的特点。

多样性还体现在标识导向系统所用的材料和表现形式上。标识材料应具有

---

① 范并思，吕梅，胡海荣．公共图书馆未成年人服务［M］．北京：北京师范大学出版社，2012：104.

安全环保，防腐蚀，耐老化，不易掉色、变形，耐热防水等特性。另外，随着数字技术的发展，不但有实体的导向标识，还出现了电子信息滚动屏、平板触摸屏、手机引导等数字导向服务，使得幼儿阅读环境标识导向系统的表现形式呈现多样性。

（八）人性化

人性化的实质就是"以人为本"，反映在幼儿阅读环境标识导向系统上，即该系统所表达出的人文关怀要让幼儿和家长获得生理、心理需求的尊重和满足，使他们准确、便捷、轻松地获得帮助。如，标识的布点设置要合理，在大厅出入口、电梯口、岔道转弯处、卫生间、哺乳室等重要位置布置信息节点，设置平面示意图和醒目的导向标识；安全警示性标识应设置在明显的位置，且语言的表述应能帮助读者迅速做出判断并采取正确的避险措施，切实起到警醒的作用；文明阅读的提示性标识要注意礼貌用语，增强亲和力和说服力；为不懂汉语的外籍人士提供多语种引导标识；等等。

人性化还体现在对残障儿童和残障的家长等看护人创设细致和温馨的特殊标识，如为视觉残障者设置触摸式导向标识、音响导航，从使用轮椅的肢残者的视觉角度来设置专门的标识等，方便他们无障碍地利用图书馆。

第五节　低幼儿童服务设备配置

公共图书馆幼儿阅读环境所需的设备包括馆藏借阅设备、读书活动设备、休闲服务设备、安全保障设备、保健设备等。各种设备的选择和配置要与图书馆管理和读者的实际需求相适应，与阅读环境的装修风格相协调，从实用性、经济性、美观性、和谐性等角度出发，最大限度地满足幼儿读者及家长等看护人的阅读、休闲需要。

一、馆藏借阅设备

（一）书架

书架是图书馆设备中的重要角色，材料一般采用纯木、纯钢或钢木。纯木书架比较健康环保，但牢固性和承重性稍差；纯钢书架比较坚固，但色彩比较单一，线条较"硬"，容易给人"冷冰冰"的感觉；钢木结构的书架结合了以上二种材料的优点，既满足了承重的要求，也容易设计造型，达到实用性与趣味性的统一。书架的样式和色彩应与室内环境的装饰风格相统一，视觉效果和区域功能相协调。

从外观上看，成人阅读空间里高度一致、规整划一的书架样式缺少童趣，不适合幼儿的阅读空间。由于仰视行为会导致幼儿产生疲劳，因此书架也不宜过高，可以采用高低错落、造型各异的"异型书架"来适应幼儿和家长的不同身高。书架的侧板轮廓可以设计成卡通造型，如水果、动物等，增加趣味性。书架除了直线平行排列外，还可以倚靠在墙面或嵌入墙壁里，或者借助圆形或弧形排列，将空间划分成不同的阅读区域。

（二）展示架和陈列柜

除了书架外，还可以设置一些展示架和陈列柜，将一些经典、热门的图书、期刊、音像资料更为直观地展示出来。幼儿的智力玩具、手工作品等也可以和图书一起陈列出来，让幼儿感觉书和玩具一样，都是他们的好朋友。

（三）阅览桌椅

阅览桌椅的舒适程度影响着幼儿对阅读的体验，因此，制作阅览桌椅的材料应以健康、环保、触感舒适为前提。桌子和座椅要按幼儿的身高设计不同的尺寸，让幼儿在阅读时双臂能自然舒适地摆放在桌面。阅览桌可设计成能够移动和拼接的形状，以便根据活动的需要移动位置、重新组合，提高阅读空间的灵活性和趣味性。

针对低龄宝宝的活动特点，可以设计一些小斜坡、小涵洞，或带有扶栏的阶梯式、半岛式活动区，利用阶梯、坡面当座位，幼儿可躺、坐、爬、站、扶走，还可与其他小朋友一起围坐着听故事。局部可以铺设地毯或地垫，并放置一些坐垫、抱枕和毛绒玩偶等，营造一种温馨的居家氛围，有利于幼儿放松紧张情绪。

（四）数字阅读设备

数字阅读是指阅读的内容以数字化的方式呈现。而阅读这些数字化的内容必须借助于专门的设备，如电脑、电子书阅读器、手机、PAD、大型触摸屏、影音播放设备等。公共图书馆为幼儿提供人机交互的数字阅读设备，可以使他们获得身临其境的阅读体验。

（五）视障儿童阅读设备

视障儿童阅读设备包括语音阅读器、助视器、智能阅读器、盲文点显器、听书机、放大镜等。

二、配套服务设备

（一）休息区设备

婴幼儿好动，但也容易疲劳，休息区的设置就是给他们提供一个放松身心、恢复体力的地方。图书馆可为幼儿和看护人配备可以小憩的沙发、饮水机、寄存柜、小茶几等设备，以便他们有需要时可以在这里稍事休息。

（二）卫生间设备

公共图书馆应该为幼儿设置专用的儿童卫生设施，配置儿童坐便器和低矮的洗手台。为方便带婴儿如厕的家长，可在成人卫生间和"亲子卫生间"里安装能固定在墙上的婴儿椅，家长如厕时，可以将孩子安放在婴儿椅内，用安全带固定，这样家长如厕时孩子就不会离开大人的视线，婴儿椅不用时可折叠。卫生间内还应安装壁挂式的可折叠的换尿布台。

（三）哺乳室设备

哺乳期妈妈需要一个能放心哺乳的私密空间，里面设有专用哺乳椅、热奶器、存奶的冰箱、换尿布的护理台、洗手池、纸巾、电源、垃圾箱等，方便妈妈们给宝宝喂奶、换尿布。哺乳室里还可以放一些小玩具，方便妈妈对宝宝进行安抚。条件允许的图书馆还可以在哺乳室内设置几张婴儿床，孩子累了困了也可以在床上小憩。

（四）安保及健康设备

安全重于泰山，做好阅读环境的安全保障工作是保证阅读活动正常开展的首要任务，关系到家庭的幸福和社会的稳定。用于幼儿阅读环境的安保设备主要包括出入口安检仪、监控器等安全监视报警器材以及感烟探测仪、感温探测仪、火灾报警设备、防火门、自动喷淋系统、气体灭火器、消防栓等消防设备及器材。

公共健康及卫生方面应顾及年长带养人的生理特点，为他们提供一些便利措施，如坡道上安装安全扶手、卫生间设置坐便器、增加共享空间的座椅等。设置一个保健箱，配备一些常用药物如抗菌消炎外用药、纱布、药棉、创可贴等，以应对各种突发情况。

第五章　低幼儿童阅读活动的策划与组织

低幼儿童时期是人生发展的第一个阶段，是心理、智力、语言、认知、个性等方面发展的关键期。这个时期，孩子的好奇心强，但注意力集中时间有限，这就要求图书馆策划和组织各类适合低幼儿童发展的阅读活动，培养他们的阅读兴趣和阅读习惯。

第一节　低幼儿童阅读活动分类概述

一、低幼儿童阅读活动概述

低幼儿童阅读活动主要是指公共图书馆举办的专门针对 0—6 岁低幼儿童的阅读及其延伸活动。

低幼儿童阅读活动的任务是"为儿童提供机会，让他们能够体验阅读的快乐，感受探索知识以及培养想象力的乐趣……让儿童和他们的父母学会如何利用图书馆，学会使用纸质媒介和电子媒介的技能。应该鼓励儿童从小使用图书馆，这样才可能使他们以后一直成为图书馆的忠实用户"[①]。

图书馆举办低幼儿童阅读活动，其直接目的是为了吸引孩子及家长来到图书馆、利用图书馆，感受阅读氛围，学习阅读技能，养成阅读习惯。随着时代发展，图书馆传统的借阅服务已经不能满足孩子及家长多方面的需要。而开展活动，则成为图书馆吸引读者的重要手段之一。通过活动，如讲故事、唱儿歌、做手工、家长培训等，不仅孩子获得了参与感，锻炼了胆量，发展了语言、认

---

① 婴幼儿图书馆服务指南［EB/OL］.［2019–08–10］. https://www.ifla.org/files/assets/hq/publications/professional–report/132.pdf.

知、情感、想象力等各方面的能力，而且家长也能在活动中有所获益，获得亲子阅读的技能。这种叠加效果，更能吸引家长及孩子的参与。

低幼儿童阅读活动无论对公共图书馆还是对家长及孩子来说都意义重大。对图书馆而言，它不仅能有效地吸引小读者及其家长们走进图书馆、利用图书馆，起到"小手牵大手"的作用，从而增加馆藏图书借阅量及利用率，而且能够通过活动，打响图书馆品牌，提升图书馆形象，增强图书馆在社区的可视度和美誉度，提高图书馆的社会影响力。

对家长而言，它有助于提升家长培养、教育孩子的能力，特别是亲子阅读能力。与欧美、日本等其他发达地区相比，中国父母在孩子出生之前很少受过正规、系统的养育孩子的教育，他们的养育方式多是自发式、"遗传式"的。图书馆的阅读活动，不仅能够让家长现场观摩专业人士如何为孩子阅读，而且通过系统的讲座、培训等，获取专业的、科学的育儿知识及方法，从而有效地引导孩子阅读。与此同时，家长还能通过亲子阅读，建立良好的亲子关系，加深与孩子的情感，有助于家庭幸福与孩子的健康成长。

对孩子而言，阅读活动更是意义重大。它不仅能够促进孩子对于色彩、图像、语言、声音、文字的感知能力，锻炼孩子的注意力。而且参与活动有助于增强孩子的参与意识、集体意识、合作意识等，锻炼孩子的胆量，增强人际交往能力，让孩子在活动中动起来，获得满足感，从而刺激孩子大脑、身体、情感等各方面的发展。从小培养孩子的阅读兴趣及对阅读的终身爱好，这将让孩子获益终身。

正是由于这种"低投资、高回报"的社会效应，国际上各个国家、民族越来越重视儿童的早期阅读，越来越重视让孩子参与各种各样的阅读活动。

二、低幼儿童阅读活动常见的类型

图书馆低幼儿童服务的对象除了0—6岁的孩子，还有孩子的父母、法定监护人及相关的教育者、研究者等。因此低幼儿童阅读活动可分为针对低幼儿童的和针对孩子监护人、教育者研究者的两大类。其中后者又间接为前者服务，常见的类型主要有：

（一）书刊宣传与推介活动

公共图书馆通过各种方式向低幼儿童宣传和推荐书刊，主要通过分级推荐书目、专题阅览室、官网、微博、微信、家长咨询、培训等途径进行宣传推荐。这里的图书推介，主要是绘本。当然，如今很多图书馆还购买了电子读物，建设了少儿电子书库等，这也代表了一定的趋势。

（二）念儿歌活动

念儿歌活动是公共图书馆为初生婴儿到学步期幼儿量身打造的活动之一，内容一般包括听音乐、念儿歌和做模仿操等。低幼儿童受心智发展的限制，未必能理解很多故事的内容，但容易接受音乐韵律的吸引。儿歌活动非常受家长和孩子的欢迎，且对孩子语言及动作的发展助益良多。

（三）讲故事活动

讲故事活动是公共图书馆普遍开展的针对低龄儿童的活动。据统计在31家省级公共图书馆发布的微博、微信信息中，讲故事活动的信息约占38.53%，高居所有低龄儿童阅读活动榜首，说明"讲故事活动已经成为我国公共图书馆学龄前儿童活动最重要的方式，在学龄前儿童服务中发挥着不可替代的作用"[①]。

（四）低幼儿童延伸活动

主要有绘画、手工、积木、布偶、手偶等，也有各种形式的手指操、韵律操等。另有一些图书馆为了吸引读者，有专门的积分兑换游戏。如苏州图书馆的"快乐印章游戏"。图书馆精心设计50枚卡通印章对应50本经典绘本，每周推出一枚印章，鼓励小朋友带着《蹒跚起步来看书》小册子到图书馆盖章。每集满一定数目印章，图书馆有相应奖励。该活动不仅将优质绘本推荐书目推送到家长手上，而且通过印章活动加深印象。盖完所有印章大致需要50周的时间，对于培养孩子的毅力和阅读习惯将有很大助益。

（五）舞台表演活动

目前许多图书馆还将阅读搬上舞台，通过绘本表演、童话剧表演等方式，让孩子拓展阅读。表演在音乐、舞蹈、服饰、灯光、画面的辅助下，化静态文字为动态表现，变平面阅读为立体表演，让孩子通过角色代入，将故事完整地演绎出来，不仅满足了孩子的好奇心，锻炼了孩子的胆量，发展了孩子的语言，

---

① 李德胜. 我国省级公共图书馆学龄前儿童服务与活动调查分析［J］. 图书馆工作与研究，2018（8）：123-128.

并使孩子的艺术情感和审美情趣得到升华。因此，各种形式的表演活动、表演赛事也越来越受家长、幼儿园及图书馆的重视。如苏州图书馆每两年举办一届针对幼儿园小朋友的童话剧表演比赛，每次都吸引 1000 多位师生的积极参与。

（六）培训活动

这种活动主要是针对孩子父母、监护人及教育者而举办的。如各图书馆的"家长课堂""家长沙龙"等，比较有特色的有苏州图书馆的"悦读妈妈志愿者培训"活动，不仅有专业的老师团队，而且课程安排上还非常系统，分为五大模块：故事妈妈课堂、营养妈妈课堂、保健妈妈课堂、智慧妈妈课堂、成长妈妈课堂。不仅教家长如何为孩子阅读，还系统地讲解孩子在成长过程中所要注意的营养、发育、生理、心理等问题，家长们获取的知识是立体化的、全方位的。培训后的"悦读妈妈"们还将作为志愿者，到苏州图书馆各分馆为孩子讲故事，亲身实践学到的知识。

（七）赛事活动

赛事活动既可针对小朋友，比如童话剧表演比赛，绘本剧表演比赛，也可针对孩子的教育者或者监护人，如给孩子讲故事比赛等。苏州图书馆每年举办"我给孩子讲故事比赛"活动，参加者有幼儿园老师和幼儿师范院校的学生及部分孩子家长。比赛期间，感兴趣的家长可以观摩、学习。讲故事比赛能很好地锻炼提升教育者及家长的故事演绎能力，同时也为参赛者赢得荣誉，深受参赛者的欢迎。

（八）其他活动

公共图书馆还可利用寒暑假或者其他时间定期或不定期地举办视频展播、展览、灾害自救活动等，这些也能丰富孩子的知识，受到孩子及家长们的普遍欢迎。

三、我国公共图书馆开展低幼儿童阅读活动的现状

与欧美及日本等发达国家相比，我国公共图书馆的低幼儿童阅读服务还存在一定差距，专门针对低幼儿童的阅读活动并不丰富。但近年来，我国公共图书馆不断将目光投向国际，学习他们先进的服务理念，针对低幼儿童的阅读活动呈现增长趋势。李德胜在《我国省级公共图书馆学龄前儿童服务与活动调查分析》一文中，通过对 31 家省级图书馆微信推送信息进行统计分析，获得省级公共图书馆学龄前儿童活动类统计信息，具体如下图：

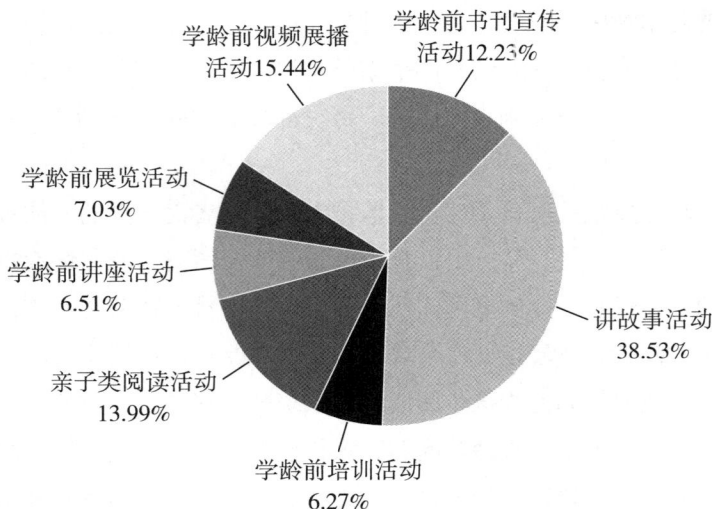

图 5-1　省级公共图书馆学龄前儿童各类活动统计 [①]

该图说明目前省级图书馆普遍比较重视低幼儿童的阅读活动，特别是讲故事活动，占比遥遥领先。该研究同时表明，面向低龄儿童的活动具有阶段性、引导性、趣味性及服务对象的广泛性等特点。省级图书馆在低幼儿童活动方面取得了一定的成绩，但也存在不足，主要是分级阅读服务不完善，活动形式丰富但结构不合理，缺乏针对性，宣传力度不够等。

在地市、县级图书馆中，针对低幼儿童的服务已越来越受到重视，比如苏州图书馆就学习借鉴英国 Bookstart，结合自身的情况，开展了专门针对低幼儿童的"悦读宝贝计划"，向新生儿赠送"阅读大礼包"，深受社会好评。另外张家港图书馆、嘉兴市图书馆、北京市东城区第一图书馆、宁波市鄞州区图书馆等也都纷纷开始了赠送"阅读大礼包"等相关活动。

第二节　Bookstart 及其在我国的推广

Bookstart（阅读起跑线）是世界上第一个专门为低幼儿童提供阅读指导服务的全球性计划。目前在全世界拥有众多成员馆，其理念及运作方式已经相对

---

① 李德胜 . 我国省级公共图书馆学龄前儿童服务与活动调查分析［J］. 图书馆工作与研究，2018（8）：123-128.

比较成熟，在此特作专门介绍。

一、Bookstart 概念及历史

Bookstart 中国大陆翻译为"阅读起跑线"，台湾等地翻译为"阅读起步走"。该项目起源于英国，是专门针对 0 岁以上低幼儿童制定的阅读指导计划。

☞ **相关链接：Bookstart 及其历史**

　　"图书起跑线"计划最初于 1992 年由慈善机构——图书信托基金会（Booktrust）、伯明翰图书馆服务部（Birmingham Library Service）和基层医护服务信托基金会（Primary Care Trust）联合发起。其中，图书信托基金会是由英格兰艺术委员会（Arts Council England）资助的独立慈善组织，同时它也是英国最大的文化艺术组织。图书信托基金会致力于帮助人们从小和图书联系在一起，培养各种文化背景、各种年龄段的公众对阅读的兴趣，不遗余力地为学校、图书馆和家长提供各种信息资源，并积极开展各种文化活动，包括"阅读起跑线"计划（Bookstart）、"一起写作"计划（Writing Together）和国际儿童图书周（National Children's Book Week）。在"阅读起跑线"计划中，图书信托基金会负责提供和分发各种免费资料，研究和评估该计划的实施情况，推广成功经验，促进该计划的进一步发展。……以下是该计划的发展足迹：

　　（1）1992 年，图书信托基金会发起和实施"阅读起跑线"计划。

　　（2）赛恩斯伯里的股份有限公司（Sainsbury's PLC）赞助 600 万英镑，作为"阅读起跑线"计划 1999 年—2000 年的活动经费。

　　（3）1999 年，"阅读起跑线"计划成为世界上第一个全球性的专为学龄前儿童提供阅读指导服务的计划。

　　（4）2001 年，新一代"阅读起跑线"资料和共同分担权利与义务的合作模式被引入"阅读起跑线"计划。

　　（5）图书信托基金会获得 20 个儿童读物出版商的赞助。

　　（6）图书信托基金会获得红房子书友会（Red House Books）的赞助，该书友会为英国的每一个新生婴儿免费提供"阅读起跑线"婴儿包

（Bookstart Baby Pack）。

（7）红房子书友会和儿童读物出版商每年为"阅读起跑线"计划提供市值 560 万英镑的图书。

（8）该计划的增值服务——"阅读起跑线"高级包和"阅读起跑线"百宝箱每年将获得 1960 万英镑的图书赞助。

（9）2004 年 5 月，英国政府设立"确保开始"中心（Sure Start Unit），为"阅读起跑线"计划提供经费支持和辅助管理。

资料来源：陈永娴. 阅读，从娃娃抓起——英国"阅读起跑线"Bookstart 计划［J］. 图书馆理论与实践，2008（1）：101.

二、Bookstart 的服务、运营方式

Bookstart 致力于为新生儿及学步期儿童提供服务，根据孩子成长的需要，分年龄分阶段地开展相关的阅读活动，并且对家长进行培训，帮助家长掌握培养孩子阅读兴趣及良好阅读习惯的方法和技巧，鼓励他们合理利用图书馆资源和服务。其服务包括：

（一）赠送阅读礼包

阅读礼包包括面向普通儿童的通用阅读礼包以及面向特殊儿童的针对性阅读礼包。

通用阅读礼包又分为：新生儿阅读礼包、婴儿阅读礼包（面向 0—12 个月婴儿）、百宝箱（Treasure Gift，面向 3—4 岁）、双语阅读礼包（面向 0—4 岁母语为非英语的儿童）等。新生儿阅读礼包包括一套黑白卡片，以及介绍当地图书馆、欢迎家长多带孩子去图书馆的宣传资料。婴儿包里面有两本婴儿图书、一本童谣资料、一本父母指导用书《婴儿爱上读书》（*Babies Love Books*）。百宝箱里包括三个设计好的阅读活动、一本图画书和一本给 3—4 岁儿童父母的亲子阅读指导用书《分享阅读的乐趣》（*Share the Fun*）。双语阅读包为母语为非英语儿童及家长准备，有汉语、阿拉伯语、日语等二十多种语言可供选择。

有针对性的阅读包分阅读角（Corner）、发光包（Bookshine）、触摸包（Booktouch Pack）、星星包（Star Pack）等。阅读角面向 1—2 岁最需要阅读资助的贫困家庭儿童。发光包针对有听力障碍的儿童，有两种可选：0—2 岁；3—

5 岁。触摸包针对有视力障碍的儿童，也有两种可选：0—2 岁；3—5 岁。星星包针对 3—5 岁发育迟缓的儿童①。

（二）举办蹒跚起步来看书（Bookstart Book Crawl）活动

主要是通过奖励贴纸，兑换不同借阅证的方式吸引孩子及家长来到图书馆、利用图书馆。图书馆设计 5 种款式不同的借阅证及各式各样的贴纸。孩子每到图书馆借阅或参加活动，都会得到一枚贴纸作为奖励。集满 5 枚贴纸，可以兑换一个借阅证。要是孩子一年内到馆 25 次，便可以得到 5 款借阅证，这对鼓励孩子利用图书馆很有助益。

（三）儿歌时间

儿歌时间是 Bookstart 专门为新生儿及学步期儿童设计的亲子互动活动，该活动一般包括念童谣、唱儿歌、做律动操等，有时还可加入一些游戏及玩具分享环节，图书馆的工作人员还可以利用各种道具加强效果。孩子和家长通过参加儿歌时间，增强亲子关系，增强亲子间的交流互动，体会音乐、节奏的概念等。

（四）故事会

Bookstart 会在图书馆、幼儿园及儿童活动中心等举办故事会，包括故事讲读以及与其他家庭幼儿一起进行故事探险活动。通过参加故事会，可以提升孩子的专注力、理解力、想象力、沟通能力等。

（五）全年活动周

每年 6 月，Bookstart 会围绕一个主题，举办全国性的庆祝活动。在图书馆、幼儿园、童书店、儿童活动中心及其他地方，孩子及其父母可以随时随地参加活动，并可获得赠送奖励。

Bookstart 采用加盟的合作方式在世界各国推广。凡参与 Bookstart 计划的机构，在开展活动时一般需要采用统一的模式，使用统一的 Bookstart 标志、免费发放各种不同类型的阅读大礼包、并为低龄儿童举办念儿歌等活动。当然 Bookstart 也鼓励各图书馆因地因时制宜，创新服务类型，分享各自的服务经验②。

---

① 黄巾.英国婴幼儿"阅读起跑线"项目研究［D］.西南大学，2018：22-25.
② 陈永娴.阅读，从娃娃抓起——英国"阅读起跑线"Bookstart 计划［J］.图书馆理论与实践，2008（1）：101.

三、Bookstart 成员馆及在中国的发展

目前，Bookstart 在全球拥有众多成员馆，分布在欧洲、亚洲、北美洲、南美洲、大洋洲等各个区域。在欧洲除英国外，Bookstart 还在瑞士、西班牙、塞尔维亚、爱尔兰、葡萄牙、荷兰、马耳他、意大利、德国、丹麦、比利时、奥地利、苏格兰等国家和地区拥有成员馆。这些国家和地区并非在一个城市实施 Bookstart 计划，如丹麦的 Bogstart 方案就同时在丹麦的 15 个城市共同实施，旨在给家庭提供分享书籍的积极经验，以助于学龄前儿童语言能力的发展。在亚洲，Bookstart 在泰国、韩国、日本、印度尼西亚及中国等国家拥有成员馆。在北美洲，Bookstart 在美国和加拿大 2 个国家拥有成员馆。在南美洲，Bookstart 在牙买加、哥伦比亚和英属维京群岛 3 个国家和地区拥有成员馆。在大洋洲，Bookstart 在新西兰、澳大利亚 2 个国家拥有成员馆。

在中国，台湾地区最先加盟 Bookstart。2003 年台中县沙鹿镇深波图书馆开始为 50 位新生儿父母赠送图书，并安排父母参加成长讲座，传达婴幼儿阅读理念，开启了 Bookstart 活动。之后两年，活动范围增加至神冈乡、太平市、后里乡、大甲镇等区域。2005 年 11 月，信谊基金会获得英国图书信托基金会的授权，开始使用 Bookstart 的名称，并决定以"阅读起步走"作为活动的中文名称。2006 年该活动扩展至台中县各乡镇及台北市，之后推广到其他县市。2009 年起，"阅读起步走"活动还延伸到了小学，小学一年级的学生也能够获得阅读大礼包。自 2005 年引进 Bookstart 后，在中国台湾，通过发放免费阅读礼袋，Bookstart 已经走进 10 万多个婴幼儿的家庭 [①]。

在中国大陆，苏州图书馆于 2013 年正式加入 Bookstart，也是目前 Bookstart 在中国大陆唯一的成员馆。苏州图书馆于 2011 年 4 月 23 日世界读书日当天正式启动"悦读宝贝计划"，为 1000 位苏州户籍的 0—3 岁婴幼儿赠送阅读大礼包。2013 年苏州图书馆成为 Bookstart 成员后，苏州财政每年拨款 80 万元，专门用于实施该计划。申领大礼包的孩子也由 2011 年的 1000 位扩展到所有的苏州市户籍新生儿。目前在苏州所有的新生儿，包括外地户口在苏州暂居的，只要符合一定的要求，如办理苏州图书馆借阅证并借阅图书的，都可以

---

① 任晓飞."Bookstart"在台湾的实践经验及启示［J］.图书馆建设，2016（5）：51–52.

申领阅读大礼包。

就合作伙伴而言，2011年苏州图书馆在市文明办的支持下发起"悦读宝贝计划"，目前，该计划获得了市文明办、市财政局、文广新局、教育局、妇联等共同支持，同时，图书馆与医院、社区、幼儿园、幼儿师范高等专科学校等共同协助，建立起了多方合作的机制。

"悦读宝贝计划"开展了丰富多彩的活动，主要有发放阅读大礼包、"蹒跚起步来看书"活动（包括积印章兑奖品活动）、联合幼儿师范高等专科学校的学生志愿者举办"听故事姐姐讲故事"活动、大孩子讲故事给小宝宝的"缤纷故事会"，还有"绘本故事画""童话剧表演比赛""小手大创想"等活动。另外，苏州图书馆还开展家长沙龙和家长课堂，培养"悦读妈妈志愿者"，接受图书馆系统培训的"悦读妈妈"义务到各分馆、社区、学校等地方服务，现场为孩子讲故事，带领孩子做手工、做游戏等，进行阅读推广。2017年悦读宝贝大篷车开进幼儿园，把优秀的图书送到孩子们身边。

苏州市的张家港图书馆、浙江嘉兴、北京市东城区、宁波市鄞州区等也都开始赠送面向低幼儿童的阅读大礼包。国内很多图书馆也越来越重视低龄儿童的阅读服务。

第三节　低幼儿童阅读活动的策划

任何成功的活动都离不开前期精心的策划，低幼儿童阅读活动同样如此。好的低幼儿童阅读活动不仅要有意义、有影响，最重要的还要有针对性，符合低幼儿童生理、心理发展的需要。馆员在举办低幼儿童阅读活动之前，一定要做好活动策划，保证活动顺利实施。

一、低幼儿童阅读活动策划的含义及原则

策划又叫"谋划""筹备"，它是组织或个人为了达到一定的目的，在充分调查的基础之上，遵循一定的方法原则，对未来即将发生的事情进行系统、科学、有创意的预测，并设计最佳可行性方案的过程。这里的图书馆低幼儿童阅读活动策划，则是图书馆馆员为了组织活动，提前筹备和谋划，并制定最佳可行性方案的过程。低幼儿童阅读活动策划需要遵循以下几个原则：

　　首先，必须以切实保障低幼儿童的利益为前提。低幼儿童年龄小，语言、动作、认知、情感、人际交往等发展并不成熟，注意力集中时间较短，对书本、图书馆等认知能力有限。低幼儿童的阅读活动必须适合这个年龄段孩子的生理特点和认知特点，采取适合发展孩子语言、动作、认知等各方面能力的活动方式。比如说0—1岁的婴幼儿，可以用卡片代替书本，可以用有韵律的音乐、律动操等代替他们不理解的故事。

　　其次，必须有明确的目的性和持续性。每一项活动，是否有助于锻炼婴幼儿的某些能力，是否能为他们接受，是否有助于培养他们的阅读兴趣，帮助他们形成良好的阅读习惯，在活动举办之前要有明确的目的和价值判断。另外，低幼儿童阅读活动最好是延续的，低幼儿童认知的特点就是喜欢重复的东西，在重复加强中掌握。一些符合低幼儿童特性的活动形式需要长期坚持，这样也有利于形成品牌效应。

　　再次，要有效分工，周密安排。低幼儿童阅读活动的时间、地点如何安排？主持人是谁？是否需要评委？需要哪些工作人员配合？需要什么特殊设备？需要准备什么材料？如何吸引参与者？参与者太多、太少时有什么措施等，都需要提前规划好，选择合适的人员，保障活动的有效开展。

　　最后，活动还需要有创新、有亮点。虽然有些活动需要长期坚持，形成品牌，但有些内容和形式需要创新，以激发孩子的好奇心和参与的欲望。如果活动千篇一律，也是策划的不周之处。活动结合孩子的年龄特点，结合地方的特色，结合具体、特殊的情形开展，必然会展现出一些独特性。

二、低幼儿童阅读活动策划的要素

　　成功的低幼儿童阅读活动策划，必须考虑各方面的要素。前期考虑得越周密、活动开展得就越顺利。低幼儿童活动的主要要素如下：

　　（一）低幼儿童阅读活动的目的、主题

　　任何活动都要有明确的目的，低幼儿童阅读活动同样如此。活动的举办，不仅要促进低幼儿童语言、动作、认知、情感等的发展，而且要利于培养他们的阅读兴趣。同时，低幼儿童阅读活动也有其他一些目的，比如引起公众对低幼儿童阅读重要性的关注和支持。这点Bookstart就做得很成功，短短几年在全球各地都建立了成员馆，且各国对低幼儿童阅读的关注和支持也越来越多。

另外，创立低幼儿童活动品牌，提升机构的知名度和美誉度也是活动的目的之一。英国的 Bookstart，苏州的"悦读宝贝计划"，都为他们的主办者带来了业界的知名度和社会的赞誉。

低幼儿童阅读活动的主题也非常重要，主题一旦确定，活动就要围绕着主题开展。低幼活动在拟定主题的时候，要尽量精简、鲜明。如"蹒跚起步来看书"活动，就是鼓励孩子很小就到图书馆来阅读，来参加活动，非常鲜明、集中。

（二）低幼儿童童阅读活动经费

低幼儿童阅读活动的开展还需要有充足的经费，这是活动的物质保障。一些小型的常规活动，可能由馆员利用已有的资源设备举办，产生的费用有限。但是一些特殊的、大中型的活动，比如涉及外请组织者、主持人、评委，或需要租借专门设备，准备专门资料、奖品等，就会产生相应的费用。根据现在的财务管理制度，经费需要在上一个年度末列入计划。

（三）低幼儿童阅读活动的组织者

低幼儿童阅读活动的开展还需要有优秀的组织者。简单的活动，一次可由一位馆员单独组织完成，比如唱儿歌、讲故事活动等。大中型的活动则需要一个团队共同完成，比如举办大型的比赛，需要明确主、承办单位，邀请评委、嘉宾、老师等。大部分图书馆都存在活动组织人员不足的问题，有时甚至要在社会上招募大量的志愿者，并提前对这些志愿者进行培训、管理，这也是策划的一部分。

（四）低幼儿童阅读活动的参与者

低幼儿童阅读活动的参与者主要是低幼儿童及其家长。图书馆低幼儿童阅读活动有直接针对孩子的，也有针对家长的培训等。低幼儿童阅读活动要提前预测参与者的年龄、人数等，针对不同的年龄段，举办相应的活动。参与者人数也应当合适，过少没有效果，过多也会造成混乱，要根据实际情况采取相应措施。

（五）低幼儿童阅读活动的时间、地点

要选择合适的时间举办低幼儿童活动。应该尽量把活动安排在周末，这样才能方便家长带孩子到图书馆。上午 9：00—11：00 和下午 2：30—4：30 之间是比较合适的时间段，可保证孩子充足的睡眠。低幼儿童活动的时间不宜过长，不应当超过半个小时，可以举办多场活动，吸引不同的参与者，也能增加活动的丰富性。

低幼儿童活动的地点一般选在图书馆内，一方面方便组织者组织，另一方面也利于吸引孩子来到图书馆、利用图书馆。低幼儿童活动的场地要保证绝对的安全，活动室最好铺设软垫，防止安全事故。由于孩子还小，低幼儿童须由家长陪同参加，家长在带孩子参加活动的同时，要优先关注孩子的安全，适时鼓励孩子积极参与。活动的组织者也可以准备一些必需的材料或礼品，吸引孩子的到来。

（六）低幼儿童阅读活动的内容及步骤

不同内容的活动实施步骤会有所差别。低幼儿童阅读活动策划前要确定好活动的内容及步骤，最好为活动制定较为详细的时间表。以苏州图书馆的"悦悦姐姐教我念儿歌"为例。每一场活动之前，都要先确定儿歌的内容，以及相应的律动操。组织者"悦悦姐姐"提前到场做好投影、PPT、音乐等准备工作。10：00开始，家长带着孩子在音乐声中入场。两分钟内孩子和家长要在相应的位置坐定，悦悦姐姐会跟孩子打招呼、握手等，展开互动，之后是带着孩子唱儿歌，做律动操，重复一到两遍。结束道别前，"悦悦姐姐"还会请小朋友帮忙把周围的环境恢复原样。大多数孩子都非常喜欢这个活动，也愿意配合工作人员做些力所能及的事情。

（七）低幼儿童阅读活动的宣传

任何活动的开展都离不开宣传。宣传做得好，才能吸引更多的人群，才能产生更大的影响和社会效应。低幼儿童阅读活动的宣传按时间可分为前期宣传、中期宣传和后期宣传三个阶段。就宣传方式而言，可以利用海报、网站、短信、QQ群、微信群、微信公众号等媒介，由自己馆员负责宣传，也可以通过报纸、电台等新闻媒体进行宣传，当然也可以有其他补充手段，如发放宣传册，赠送活动入场券等。

（八）低幼儿童阅读活动的注意事项

由于低幼儿童阅读活动的服务对象以0—6岁幼儿为主，因此在活动策划时，要提前预测各种情况，应对各种状况。总体而言，需要注意以下方面：

（1）活动设计要符合孩子年龄特征。

（2）要优先保证孩子的安全。

（3）活动形式尽量活泼、自由。

（4）组织者要提前"备课"，做充分准备。

（5）提前准备好场地、设备、材料、礼品等，以吸引孩子兴趣。

（6）如果需要评委、嘉宾要提前预约。

（7）要对活动中的意外情况有预备方案。如参与人数过多，需要排号入内，或增加场次。遇见不好天气，人数太少，要及时吸引参与者或实时调整内容等。

第四节　低幼儿童阅读活动的组织与管理

孩子从出生到大约 18 个月是婴儿期，6 岁之前则是幼儿期。低幼儿童虽然在生理和心理等方面发展都不成熟，但也是可塑性最强的阶段。公共图书馆组织低幼儿童阅读活动，不仅必要而且可行。

一、细分低幼儿童年龄段，组织开展活动

如今，公共图书馆已经普遍认识到分级阅读的重要性。不仅阅读要分级，阅读活动的举办也要照顾到不同阶段孩子的年龄特点。

如孩子从出生到三个月为新生儿，此时其大脑发育还不完善，但听力和触觉感知力已经较强了。孩子主要依靠手、脚、吮吸等感知世界，其视力较差，仅能注视 20cm 距离，仅能分辨黑白对比度强的图片。新生儿注意力不集中，基本都在吃吃睡睡中度过。在这个阶段，图书馆应该为孩子准备他们乐于接受的黑白卡片等，至于活动则多在家中举行。如德国、英国等服务人员，在赠送阅读大礼包时会前往市民家中，教给孩子父母一些有韵律的歌曲，让他们演唱给新生儿听。国内针对新生儿的阅读活动也多以赠送礼包为主。

随着孩子年龄的增长，他们的认知、语言、动作等能力也在不断提升。孩子在 4 个月后，就逐渐能抓、握、啃，并喜欢鲜艳色彩的颜色，会主动寻找声源。8、9 个月就会爬，能看清微小的东西，喜欢戳小洞，喜欢辨别不同的形状，喜欢颜色鲜艳、能动的东西，语言发展较快，会说简单的词汇。这个时候，孩子的身体也足以支撑他们到图书馆参加一些短时间的活动。图书馆应该配合婴儿的特点准备一些洗澡书、布书、洞洞书、触摸书等，供孩子家长选择。同时，也可以举办诸如儿歌、韵律操之类的活动。像加拿大一些图书馆就有专门针对

这个年龄段的活动，如爸爸时间，由爸爸抱孩子到图书馆，跟着活动的组织者一起随着音乐跳跳操等。

1岁之后，孩子逐渐能独立行走甚至小跑，喜欢翻翻、折折东西，语言发展也进入黄金期，喜欢模仿说话，能说出重复率高的词汇和句子，能识别各种形状、颜色，会数数，能够简单地配对、归类。这时候，图书馆就可以为这个年龄段的孩子举办念唱儿歌、讲故事等活动，配合以简单的游戏、动作、手指操等，这些活动将对孩子语言、动作等的发展多有助益。3岁之前，儿歌、韵律操、讲故事等活动，都是孩子喜闻乐见也愿意积极参与的。

3—6岁时，大多数孩子已经进入幼儿园并开始了集体生活。这个时期的孩子喜欢交际、乐于分享，想象力、创造力发展迅速，数学、科学等思维能力也在加强，同时自我意识也更强。图书馆的儿歌、手工、讲故事、做游戏等很多活动，孩子都能胜任，他们还能参加诸如童话剧表演等大型活动。这个阶段图书馆要想尽办法吸引孩子来到图书馆，也可与社区、幼儿园等组织机构合作，举办一些较大型的活动。

另外，图书馆还应该为孩子的家长提供相应的学习及交流平台，以促进亲子阅读。孩子年龄小，多数时间是由家长陪伴并养育的，家长的阅读理念和阅读方式直接影响孩子阅读兴趣的培养。图书馆一定要重视对低幼儿童家长的培训，为家长科学教养孩子提供助力。

二、低幼儿童阅读活动过程管理

低幼儿童阅读活动的组织管理涉及各方面的内容。就某一场具体的活动（以大中型活动为例）而言，一般包括活动前的策划、准备，活动中的执行，及活动收尾三个阶段。

（一）活动的策划、准备

成功的活动策划是活动成功的前提和基础。低幼儿童活动举办前，要对活动进行详细、严谨的策划。

首先，策划者无疑起着关键的作用。策划者要具备一定的专业素质及综合能力，如要有创新意识，有确定活动主题及方向的能力。不仅能够统领全局，且心思缜密能够把控各方面的细节。还要具备一定的表达能力和协调沟通能力，能够联系和协调好各方面的人员。以一场大型的幼儿童话剧表演比赛为例，策划者不仅要负责确定赛事的主题，要上报上级，等待审批，还要合理安排人员与参赛单位联系沟通，邀请评委，预定场地，准备设备、道具，并安排好接待与宣传工作，还要应对实施与收尾过程中可能的突发情况。可见，策划者十分关键。

其次，要明确各方人员的分工。多数情况下，一场大中型的低幼儿童活动，需要馆员有效分工、通力合作。比如，可以将活动分为不同的模块：

（1）主持。要考虑是否由馆员主持，或者由专门的馆员联系主持人。

（2）宣传。确定是否需要邀请媒体，需要的话要提前安排专门的人员联系媒体，接待媒体人员。如果不需要，要安排馆员做好录像、拍照及撰写新闻宣传稿的工作。

（3）接待。要安排专门的引领、接待人员。重要领导、嘉宾要由负责人亲自接待。

（4）灯光音响。灯光音响有着非常专业的要求，必须要有专门人员负责。

（5）催场引导。催场引导也是不能忽略的重要环节，确保各节目间的衔接。

（6）布置场地。提前布置好活动场地，准备好需要的设备及材料。

（7）安全保卫。保证活动现场秩序，保证参与者安全，对意外情况要有预案及安排。

（8）评价。是否需要邀请及安排评委，确定评委的数量及产生的费用，确定专门的工作人员联系及接待评委。

最后，要做好经费预算，确保资金到位。主要包括场地租赁费、评委评审费、奖品费、材料费、宣传费等。多数情况下，低幼儿童活动都在自己场馆举办，场地费是可以省的。但不排除需要布置会场的道具、材料、设备等费用。此外，还要考虑评委、嘉宾出席费、媒体宣传费（海报、宣传册及其他）、奖品费（赠给低幼儿童的礼品及幼儿园、社区等的礼品），如果邀请的嘉宾路途遥远，还要考虑到交通费、住宿费及餐饮费。低幼儿童活动组织前，就要做好详细的经费预算，并报领导审批，确保活动中费用及时到位。

（二）活动的执行

（1）入场

低幼儿童阅读活动要按照预定的时间准时举办，可以提前5分钟左右让参加活动的孩童入场。由于年龄幼小，低幼儿童活动一般要有监护人陪同参加。如果活动过于热门，还要提前做好活动报名及限号工作，确保低幼儿童及其家长有序进场，防止跌倒及其他意外事故。低幼儿童活动的场地一般铺设软垫，工作人员要提醒入场的孩子脱掉鞋子，并提醒一些其他安全注意事项。

（2）主持与组织

低幼儿童阅读活动主持人的组织能力是活动顺利进行的重要因素。主持人要提前准备，提前到场，确保场地、材料、设备准备齐全，且能够正常使用。要提前准备好PPT、发言稿，明确活动的流程，把握活动的时间及节奏。由于低幼儿童对自身的行为没有很强的自控能力，对周围环境也会感到陌生、产生畏惧，主持人在组织活动时，最好要有"预热""暖场"，跟小朋友打打招呼、握握手都是不错的选择。在活动中，低幼儿童会出现满场走动，甚至抢夺玩具、道具的情况，组织者应对时要尽量做到"随和""平近"，情况不严重的话，甚至可以"无视"。孩子在这个年龄段是没有自控意识的，他们的行为多数是自我而随意的。事实上，孩子能够在这么小的时候来图书馆并参与活动，就值得鼓励。

（3）互动

低幼儿童活泼、好动，注意力不能长时间集中，因此阅读活动过程中要尽可能多地与孩子互动，增强孩子的参与感。互动的方式是多种多样的，可以是家长和孩子亲子互动，孩子与孩子同龄人之间互动，也可以由活动的组织者与孩子互动。一般而言，前两种互动方式更加受孩子的欢迎。初次参加活动的低幼儿童甚至对主持人及周围陌生人有很强的警惕心理，这些都是正常现象。主持人可以携带一些必要的道具，如卡通布偶、手偶等，这些会很好地吸引低幼儿童的注意，增强活动效果。

（4）结束

低幼儿童阅读活动进入尾声时，组织者要宣布结束，并提醒参加活动的幼儿配合馆员将场地恢复原状，提醒孩子做力所能及的事情。一般听得懂的"大孩儿"会很乐意表现并完成工作。活动的组织者要及时给予鼓励和夸赞。小宝宝则可由家长代为完成。活动组织者还可以为活动安排特别的"闭幕式"，比如播放音乐，带孩子做韵律操等，这些都是颇受孩子欢迎的模式。工作人员还要及时提醒孩子及家长带好私人用品，不要落在图书馆。

（5）其他事项

低幼儿童阅读活动一般由家长或其他监护人陪同参加。家长在活动中也扮演着重要角色，他首先是孩子的看护者，看护孩子，避免发生意外，避免孩子出现过激行为。同时，孩子家长还是活动的重要参与者。图书馆许多低幼儿童活动会有亲子互动环节，家长要积极参与，以增进亲子感情，并培养孩子的阅读兴趣。低幼儿童活动中，家长也要尽量礼让、平和，避免出现帮孩子抢座位，或觉得孩子动作慢，催促甚至代替孩子做手工、游戏等行为。有时，到图书馆参加同一活动的孩子，年龄上会有一定差距，反应自然有快有慢，工作人员及家长可以适当照顾，但不应过度干预。

（三）活动的收尾与评估

低幼儿童阅读活动结束后，工作人员还需要做一些收尾工作。比如安排孩子及家长有序退场，邀请他们再次参加活动，或推荐借书、阅读等。活动结束后要及时清场，遇见家长落下的东西，要及时收起，并交给服务台的工作人员，以便及时归还。

如果活动有嘉宾或其他合作组织机构参与的话，还要做好最后的接待和送行工作，同时为他们结算必要费用等。也可以邀请他们对活动进行评价，对改善活动提出建议和要求。

活动结束后还要对活动进行及时评估和反馈。可以从活动吸引的人群，活动吸引的媒体，活动现场执行是否流畅、经费是否控制在合理范围内，活动有没有对参与者带来益处，有没有为图书馆带来更好的美誉度等多方面进行评估。及时将评估的结果上报给领导，从而及时调整策略，确保下次同类活动办得更好、更成功。

三、低幼儿童阅读活动的宣传与总结

低幼儿童阅读活动的成功举办并产生社会影响，很大程度上需要依托强有力的宣传。活动宣传可以采用自媒体、他媒体及工作人员宣传等多种方式。如果是每周都举办的常规的低幼儿童阅读活动，一般主要依靠自媒体进行宣传。主要包括图书馆网站、微博、微信公众号、微信群、QQ 群、短信等。工作人员还可制作海报置于场馆醒目的位置，对近期活动进行预告。如果活动比较热门，预期会有过多的参与者，或者为了激发家长的重视心理，也可以举办"抢票"活动，比如苏州图书馆每周都会利用微信公众号，发布周末活动，邀请家长通过识别群中的二维码抢票，效果很好。这样做不仅为热门活动限制了人数，且提高了家长的重视心理，也扩大了图书馆活动宣传。

如果是比较重大的活动、新推出的活动，或者在阅读节等重要节日举办的活动，则需要考虑邀请媒体，以扩大社会影响。一般情况下以邀请地方主要媒体为主。媒体参与，可以是活动前的造势，活动中的动态宣传，也可以是活动结束后的总结宣传。图书馆要有专门的人员接待媒体记者，配合他们进行采访，同时也要提前写好新闻稿、活动介绍、活动动态等材料供媒体人员参阅。

就宣传阶段而言，可分为前期、中期、后期三个阶段。前期宣传要详细说明活动的时间、地点、组织者、主题等，还可以配合以赠送精美小礼品为"诱饵"，一般依靠海报、网站、短信、QQ群、微信群、微信公众号等手段宣传，也可邀请媒体宣传。活动中可通过网站、公众号、媒体等及时播报，更新活动动态，让感兴趣的家长了解活动内容及方式，引发他们参与活动的兴趣。活动后要及时总结、评价，分析优势与不足，提出改进意见等，也可以邀请媒体跟进，以便扩大宣传效应。

最后，工作人员还要及时做好活动总结。总结要详细说明低幼儿童活动的特点、目的、意义，活动举办的过程、内容、形式，取得的成绩和经验，存在的不足，分析活动成败原因，从而提出下次活动的改进意见。

第六章　低幼儿童故事会

第一节　图书馆开展低幼儿童故事会的意义和优势

讲故事活动一直以来都是图书馆最受欢迎的阅读活动之一。讲故事活动不仅可以培养儿童的读写能力，提高儿童的阅读兴趣，形成良好的阅读习惯，也可以促进儿童语言表达、思维能力的发展。在馆员讲故事的过程中，儿童通过听故事、欣赏图画可以充分发展其想象力和审美能力，同时听故事对于儿童情感社会化的发展也具有重要意义。通过故事延伸活动：手工活动或角色扮演，也能提高儿童的动手能力和创造力，同时家长也能参与到故事会中，收获亲子阅读的乐趣。

图书馆里举办故事会有其自身的优势。首先，图书馆里馆藏丰富，有最精最新的图书，可以满足不同生理和心理发展特征儿童的阅读需求。相比之下，无论是家庭还是幼儿园，在资源的类型和内容方面，都不可能像图书馆这样丰富。其次，图书馆员具有讲故事的优良传统以及专业的讲述技能，他们会根据儿童的身心发展特点来选择合适的图书，并在讲故事中充分把握儿童心理，配合唱儿歌、做韵律操，利用抑扬顿挫的语调、丰富的肢体动作将儿童带入故事中，还会抛出一些问题诱导儿童思索、交流，既增加了他们的参与感，也锻炼了口语表达能力，讲完故事还有有趣的延伸活动，比如角色扮演游戏、涂鸦画画，还有各种手工活动，营造出了轻松愉悦的阅读氛围。再次，在图书馆听故事可以促进同伴交流。他们会分享对故事的感悟，他们处于同一认知水平，有相似的认知框架。有时他们会为一个问题争论得面红耳赤。但正是这种同伴之间的认知冲突扩展了孩子们的生活经验，让他们逐渐学会站在他人角度思考问题，从而促进认知能力的发展。最后，每次来图书馆听故事，都是孩子近距离接触图书馆的机会，能增加儿童对图书馆的感知和认识。这些都是家庭亲子故事会和绘本馆故事会无法取代的。

图书馆举办故事会的传统由来已久。美国于 1908 年由儿童作家 Ruth Sawyer Durand 在纽约公共图书馆开展了第一个正式的讲故事活动。在很长一段时间内，讲故事活动只是面向 6—15 岁的儿童，直到 20 世纪 30 年代，面向 3—5 岁儿童的讲故事活动才出现。到了 40 年代，面向儿童图书馆员的教科书中出现了策划实施讲故事活动的内容。50 年代，学龄前儿童讲故事活动成为图书馆服务的固定内容，尽管当时儿童的父母或其他照顾人并不在受邀参加活动者之列。后来，图书馆逐渐认识到父母或其他照顾人在儿童早期读写发展中的重要作用，因此这些成人也逐渐受邀伴随儿童一起来参加活动①。

我国开展讲故事活动较早的是台湾地区，在 20 世纪 90 年代，台湾各地少儿馆的普及程度和分布密度已能很好地为周边的家长和孩子服务。除了馆员讲故事，台湾很多图书馆的周末和寒暑假故事会都是由志愿者来讲，比如台中市大甲区图书馆说故事的志愿者是学校老师、社区热心妈妈、区公所同人、图书馆志愿者等轮流担任，可谓是各界参与其中。香港图书馆针对不同年龄段的孩子们开展了"图片讲故事""纸偶讲故事"和"故事小擂台"活动。在内地，越来越多图书馆的故事会也形成了自己的品牌特色：国家图书馆少年儿童馆的"低幼悦读会"，广州图书馆"爱绘本爱阅读"亲子故事会，温州市少儿馆创办的"毛毛虫上书房"，深圳少儿馆的"喜阅读书会"，深圳宝安区少儿馆的"图图姐姐讲故事"，佛山市图书馆的"蜂蜂故事会"以及江阴市图书馆打造的"幸福种子"儿童阅读品牌和"妈妈加油站"等。

第二节　挑选讲故事用图画书的原则

挑对了书，故事会就成功了一半。选择适合讲故事的图画书不仅要考虑作品自身的文图品质，同时也要充分考虑听读儿童的身心发展特征。

一、内容

在内容方面，应以儿童的周围环境为出发点，越是生活化的主题，越能引

---

① 张慧丽 . 中美图书馆儿童早期阅读研究综述［J］. 图书与情报，2011（2）: 2–6，25.

起孩子的共鸣。孩子是否能进入图画书的世界，是判断图画书优劣最关键的一点。所以在选择讲故事的图画书时，首先重点考虑那些能理解孩子们的内心世界并用孩子的想法和心情去绘画的图画书。此类图画书描述的场景和故事往往和孩子们的生活经验相通。为什么那么多孩子喜欢《好脏的哈利》？因为他们从哈利身上看到了自己的影子——一个不爱洗澡的孩子。同样，《大卫，不可以》这本书一直受到孩子的青睐。书里的大卫在挖鼻孔、在玩食物，他把玩具堆得满屋都是……面对这样一个"不听话"的大卫，为什么孩子们在听故事中乐得咯咯笑？因为他们和大卫一样在家里是一个根本停不下来的小捣蛋鬼，但这不正是孩子的天性吗？在选书时，如果故事里的人物、场景、用具和生活方式和孩子有某种联系，那么孩子们会更喜欢这个故事。

此外，题材是否具有趣味性，表达技巧是否生动，也是需要在选书时考虑的问题。在讲故事活动中，趣味性强的图画书往往能够在第一时间吸引孩子的眼球。虽然每个孩子心理特质不同，对图画书的喜好也不尽相同，但是选择故事性强的图画书会明显降低故事会讲读失败的风险，因为没有孩子是不爱听故事的。儿童往往喜欢那些故事主线明确、故事角色鲜明、故事发展跌宕起伏的图画书，并且相当多的图画书会通过设置悬念来推动故事情节的发展[①]。有些图画书，仅仅靠书名就能引起孩子们的好奇心。有些图画书只有寥寥几个字甚至一个字都没有，但孩子却百看不厌，甚至喜欢反复听。对于他们来说，反复听不是在领会其中心主旨，而是被那些奇幻的场景、拟人化的动物、稀奇的魔法、惊险的奇遇所吸引。但是并不是说没有跌宕的故事情节的图画书就不好。比如《风到哪里去了》《黎明》这类很诗性的图画书，虽然故事性比较弱，但是语言优美、意境深远，文字有金石般的音乐之声，对于儿童审美的发展具有重要作用。但此类图画书不适合在集体故事会中讲读，因为它很难做到同时吸引很多小朋友的注意力。此类图画书更适合亲子阅读。

总之，优良的儿童读物应该是在趣味中给孩子自然的启发和积极的暗示，而不是板起面孔来说教。在内容的选择上，建议多注意以下几个要点：

---

① 颜容仙，李亦程.论图画书营造悬念的特有手段［J］.文学教育（上），2013（11）：120–121.

1. 故事发生的时间、地点和事件是否在儿童熟悉的经验及知识范围内。不同年龄的孩子对时间、空间的了解有差异，选书时应该加以考虑。

2. 故事中的情节如何？儿童喜欢故事中的角色克服障碍、解决冲突或达成艰巨目标，这些解决问题的方法及过程是否合理，结局是否明确？

3. 故事中有哪些角色？作者如何表现？无论是真实的还是虚构的故事，角色必须具有说服力。

二、图画

对于低幼儿童而言，图画书最重要的还是图画。在讲故事过程中，孩子们用耳朵听讲读者读文字，用眼睛看图画，儿童通过画面的色调、形状、点线面、细节、节奏等来感知故事的发展与递进。通过讲读一本优秀的图画书，不仅给儿童带来一个优美的故事，同时带给他们高质量的艺术熏陶。图画中丰富的色彩、笔触造就出不同的意境，给儿童视觉上的享受，促进了其审美能力的发展。

除了图画本身艺术品质高，图画是否把人们带进了故事中，人们是否通过图画真切地感受到作者传达的情感，是衡量图画书品质很重要的一个方面。所以在选择讲故事的书时，还应注意图画的叙述功能。很多图画书通过整体构图、视角转换、色彩变化和节奏把握等细节处理方面来显示出图画叙事的意识和能力①。如安东尼·布朗的《大猩猩》中，当作者写到"她爸爸没时间带她去动物园看大猩猩。请他做什么，他都没时间"，画面是这样的：空荡荡的厨房、空荡荡的餐桌，刻板的黑白格地板，爸爸的黑色西装和安娜鲜红的衣服形成了强烈的对比，对照整个画面的"冷"，安娜的"热"更显得寂寞。同样，当文字说爸爸周末也没空陪安娜时，安东尼·布朗用安娜独自看电视来诠释，这是一个俯拍镜头，很像在舞台上，大灯熄灭了，一束光照着舞台一角，读者仿佛可以感觉到全场寂静，只有小女孩孤独的叹息。毋庸置疑，图画的叙事功能更能使听故事的小朋友体会到安娜的孤独。如果图画平平，只通过文字来听这个故事，整个故事的感染力将大打折扣。

---

① 曹振茹. 画中有话——浅谈图画书画面的叙述功能［J］. 文艺生活，2014（6）：1–24.

图 6-1　《大猩猩》内页

在挑选讲故事的书时，还应该关注图画的细节。图画的细节不仅能使故事丰满更有韵味，同时也给孩子很多发现的乐趣。在故事会中一旦有某一个孩子发现书中的某个小细节、小玄关，别的孩子会立刻被吸引到，他们也会有意无意地去寻找其他的细节，这不仅活跃了讲读气氛，同时也无形中促进了孩子们观察力的发展。对于细节的发现，儿童有着与生俱来的敏感，这与儿童的注意特点有关：更多地关注局部而非整体[①]。很多有经验的作家恰恰是抓住了儿童的这一特点。比如：玛格丽特·怀兹·布朗在经典作品《逃家小兔》里，把兔妈妈鱼钩上的鱼饵

① 郭群.试论图画书的细节及其功能［J］.昆明学院学报，2013，35（4）：18-21.

画成了一根胡萝卜。安东尼·布朗这位超现实主义画家也极其注重画面的细节，比如《朱家故事》中，随着故事情节的发展，爸爸的胸针和纽扣变成了猪的形状，灯泡开关、门把手、墙纸甚至是月亮均出现了猪的形象。故事会就变成了"I SPY"的有趣游戏。有些图画书作家还非常巧妙地把其他图画书镶嵌入自己的书中。比如：玛格丽特·怀兹·布朗的《晚安，月亮》中的一页画，画面墙壁的相框里恰恰是《逃家小兔》里的画面；类似的还有《小真的长头发》中，小真在用两根长长的头发晒衣服时看的书正是《好脏的哈利》。如果孩子们在听《晚安，月亮》和《小真的长头发》这两个故事时，恰恰又看过《逃家小兔》和《好脏的哈利》，那么这一发现往往能带给孩子更多惊喜，带给他们阅读的自信。

图 6-2 《逃家小兔》内页

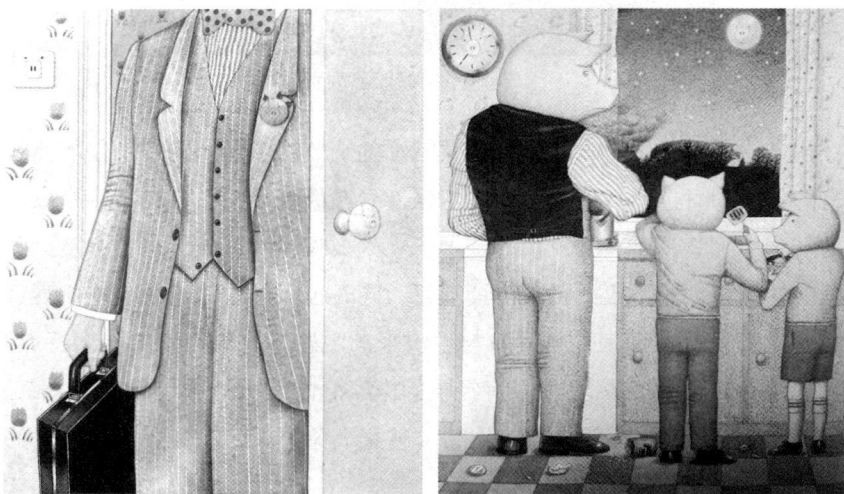

图 6-3 《朱家故事》内页

要是把右边的袜子和左边的袜子绑紧了拉在树上，家里洗的所有衣服就能一次全晾完啦。

在衣服晾干以前，我就读上十本书。妈妈还会对我说："谢谢小真啦。"

图 6-4　《小真的长头发》内页

三、文字

在挑选讲故事的书时，除了要考虑插画的品质，还需重视图画书的文字，特别是目前引进版图画书的比重偏高，译文质量需要加以考察。选书者可以通过大声朗读来评判文字是否准确、是否浅显易懂、是否表现出了作者想要表达的意境，做到这些并非易事。一些故事性强的图画书以文字的音效塑造人物、描述情境、表达情感，让读者听起来抑扬顿挫、动静相宜、声情并茂。比如《小蚂蚁和大豆包》这本书中，蚁力山大、蚁利略被刻画得栩栩如生，生动的文字描写出情节的跌宕起伏，配合饱含力量的图画，让小读者感觉仿佛在欣赏一部气势恢宏的好莱坞大片。当图画书的文字兼具了画面感和音乐性，无论字数多寡，作品亦能成功地实现和提升文学性[①]。一本优秀的图画书能使孩子们在听故事的过程中，通过听到的语言在自己的心中展现出某种情境，这是孩子进入故事的前提。如《妈妈，为什么？》里的文字选自谷川俊太郎的童诗《川》，优美动听、朗朗上口的诗歌让人仿佛身临其境地来到小河边，与淡雅的图画融为一体。儿童通过对文字的倾听，感受到语言韵律、音调、意象彼此间的联系及其蕴含的乐趣和愉悦。所以，用耳倾听，就会发现优秀的图画书往往是那种通俗易懂、令人快乐和拥有优美句子的图画书。

---

① 陈晖.儿童图画书的故事、主题及文字表达［J］.深圳大学学报（人文社会科学版），2009，26（5）：106–110.

四、版面设计

图画书是一门综合艺术。一本优秀的图画书除了具备精湛的绘画技术、准确丰富的文字表述以及图文间的完美配合外，新颖和恰到好处的版面设计也往往能为其增光添彩。在故事会中，版面新颖独特的图画书能在第一时间吸引孩子们的眼球。

比如立体图画书将人物、动植物、物品等设置为立体的造型，翻开书，人物形象就直立眼前，能更好地激发孩子的好奇心，吸引儿童的注意力。还有一些洞洞书，可以吸引孩子去窥探、发现，并主动地赋予这些洞洞各种猜想和意义，从而经历一场充满想象和创造力的"洞洞"之旅。

图 6-5 "奇妙洞洞书系列"丛书

图 6-6 立体书《大闹天宫》的内页

在挑选讲故事用书时，除了考虑图画书的内容、图画、文字、装帧以外，还需要考虑听故事的人和讲读者等人为因素。比如根据孩子们注意力的时间选择篇幅长短合适的图画书，一本书即使故事跌宕起伏，但是拿给婴儿来讲，超出了他们的认知范畴和注意力范畴，就不合适了。尽量不选过于复杂的图画书——夹杂插叙、倒叙、补叙，因为这些形式的作品需要儿童更强大的心智加工能力。还可以根据听故事的儿童构成来挑选书，比如如果听故事的基本都是小男孩，给他们讲关于公主或舞蹈的书，比如《大脚丫跳芭蕾》，就不太合适，因为他们不感兴趣，反之，给小姑娘讲汽车的书也不会有好的效果。另外，要根据讲读人的讲读风格挑选图画书。比如，有些讲读者擅长讲幽默诙谐式的故事，他们喜欢通过夸张的肢体表演来吸引孩子，如果让他来讲一本非常抒情的晚安书可能效果就不太好。

第三节　各年龄儿童的发展特征和故事会用书选择

儿童时期是人生变化最大的时期。尤其是0—6岁的幼儿，在心智、色彩感觉、阅读能力上，都有不同的发展。所以图书馆员在为不同年龄的孩子讲故事时，挑选的图画书就要有所区分。以下把0—6岁儿童群体细化为0—18个月婴儿期，18—36个月学步儿期，3—6岁学龄前期，根据他们的心理特点分别阐述如何为其挑选讲故事用书。

一、0—18个月

（一）发展特征

根据皮亚杰的认知发展理论，0—18个月婴儿的认知处于感知运动阶段，婴儿通过视觉、听觉、嗅觉、触觉等与周围环境接触，通过他的行动和这些行动产生的结果来认知世界，从而逐渐形成个体的内部认知结构，这一认知结构系统随着婴儿经验的积累逐步完善。0—3个月婴儿的视觉聚焦能力较弱，对黑白图案有偏好，3个月之后喜欢看对比明显、色彩鲜艳的图案，产生了追视和定视，能通过声音找声源，喜欢有韵律的声音；注意力持续时间短，以无意注意为主；对于母亲的依恋强烈，很容易产生分离焦虑。根据埃里克森的人格发展理论，婴儿期的人格发展任务为克服不信任感，发展信任感。所以此阶段是儿童发展安全型依恋的关键期。

（二）读本选择

1. 类型、主题和装帧

婴儿从出生就可以阅读了，婴儿期的阅读主要是听觉式阅读，并且主要在家庭完成。但是现在已有图书馆（如首都图书馆）开展了针对婴儿的故事会。在为婴儿选择讲故事用书时，多以歌谣书、认知类低幼图画书为主。歌谣书包括儿童诗、摇篮曲、童谣和其他类型的韵文，通常都比较短小，富有韵律。对于婴儿来说，他们对于韵律语言有着天生的偏爱，图文互动的歌谣书可以激发孩子们的参与性，虽然婴儿不明白这些歌谣的意思，但是诗歌里的韵律、节奏可以吸引他们的注意力，带给他们愉悦的视觉和听觉体验，帮助孩子学习语言。启蒙认知类图画书主要包括人物、汽车、动物、水果、家庭用具等日常婴儿常见的事物，可以丰富婴儿的认知，还有关于颜色、形状、大小、数量等内容的图画书可以促进儿童的认知能力的发展。婴儿的人格发展任务主要是获得信任感，和父母建立安全型依恋。所以在为婴儿选择图画书时，除了以认知类图书为主外，也可以选择一些关于亲情关怀的简单的图画书，如《抱抱》〔（英）杰兹·阿波罗 文/图〕。该书没有文字负担，从头到尾只出现抱抱、妈妈和宝宝三个词，情节简单，角色分明，最主要的是在听故事过程中，婴儿通过抱抱在父母怀中感受到了温暖和愉悦，有利于和父母建立依恋关系，从而获得信任感。

图 6-7 《最爱中华老童谣》

图 6-8 《抱抱》

对于婴儿来说，书对于他们就是玩具一样的存在，所以具备玩具特征的书——布书、洞洞书、翻翻书、触摸书、面具书、手偶书、有响声的书等最适合给婴儿讲故事用。婴儿的注意力时间很短，基本以无意注意为主，一些有响声的书，或者有机关的书能够激发他们的好奇心，从而吸引到他们的注意力。随着婴儿小手运动能力的发展，他们越来越喜欢主动探索。通过抠一抠、挠一挠、摸一摸、闻一闻来和讲故事者互动，一些触摸书、有味道的书可以使孩子通过真实的触感，获得对书中事物的直观认知。

图 6-9　触摸书《小鸡球球》系列

图 6-10　面具书《好吃，真好吃！》

图 6-11　洞洞书《猜猜我是谁？》等

图 6-12　手偶书《小熊泰迪》

2. 图画和文字

讲故事时所用的图画书要想引起婴儿的阅读兴趣和阅读欲望，图画的画面要具备视觉美，主要体现在色彩、构图以及造型方面。

3 个月之前的婴儿，主要是对黑白色敏感。可以为他们挑选一些黑白色卡，这些色卡对比强烈、图像清晰、轮廓分明，不仅可以提高婴儿的视觉感受力，也能在大脑建立视觉回路，促进智力的发展。3 个月以后，婴儿开始偏向颜色鲜艳的图画，4个月能够对红色进行初步分辨，之后是绿色和黄色。所以在选择图画书时，多选择明度高与纯度高的艳丽色彩，但是所选取色彩不能太刺眼，应以暖色调为主[①]。

为婴儿创造的图画书一般插图都简洁明确，除了主要的画面形象以外，没有任何多余的笔触。因为婴儿的注意力多以无意注意为主，缺乏目的性，多由刺激物本身的刺激引起，注意力很容易被分散，所以复杂构图的图画书不能吸引婴儿的注意力。像《好饿的毛毛虫》，毛毛虫每天的食物仅仅是图形的排列，除了色彩肌理外没有其他。《米菲》的造型也特别简单，简单几笔就是一个可爱的形象，整个画面有大量的留白。所以在为婴儿挑选讲故事的图画书时画面构成要尽量简洁、线条简单，主体突出，避免儿童被不必要的画面装饰所干扰[②]。

婴儿语言还处于咿咿呀呀学语阶段，书面语言更是没有发展。所以此阶段选择的图画书基本全部以看图画为主，图画书的文字一般都极其简单甚至是无字书。在挑选诗歌童谣类的图画书时，需要注重文字的韵律性。因为婴儿对于语音节奏感强的语句、韵脚平整的童谣和诗歌非常敏感，尤其是那些文字重复、有响亮象声词的歌谣，更能激发儿童的参与感。

☞ 相关链接：在美国社区图书馆参加讲故事活动

元宝刚满三个月，我就开始带她去图书馆参加婴儿故事会（baby story time）。因为一岁以内的宝宝大都还不会走路，所以都是由妈妈们抱着，坐在地上，跟着图书馆员一起唱儿歌、听故事。每次活动大概25分钟，图书馆员一般都带着好多跟儿歌和故事里人物相呼应的道具。唱儿歌的时候，馆员会抱着一个玩具娃娃，带着妈妈们一起互动。比如，有首儿歌唱到：

"Goosey goosey gander,

Whither shall I wander？

---

① 魏冬妮.低幼阶段儿童心理与绘本视觉形式研究［D］.北京服装学院，2012.
② 邓雅楠，战国栋.低幼图画书插图图形的创作特点探析——以艾瑞克·卡尔的《好饿的毛毛虫》为例［J］.天津美术学院学报，2015（7）：92-93.

Upstairs and downstairs,

......"

大意是一只鹅上楼梯又下楼梯，这时馆员就把手里的娃娃举高然后又放低，妈妈们也跟着一起做，把宝宝举起来又放下来。元宝半岁以后，我就不太举得动她了，有次我忍不住跟旁边的妈妈开玩笑，说这举举放放的，每次至少 100 卡路里烧没了。除了唱儿歌，馆员也带着妈妈们一起给宝宝看书讲故事，听音乐。我最喜欢的就是每次结束的时候，馆员就会放首摇篮曲，让妈妈们把宝宝抱在怀里摇，那真是一个非常温馨的时刻，小小的元宝躺在我怀里，依恋地看着我，好像整个世界都要融化了。

资料来源：罗丽丽 . 走进身边的美国社区图书馆［M］// 金德政 . 悦读宝贝：0—3 岁亲子阅读手册 . 北京：国家图书馆出版社，2014：183.

二、18—36 个月

（一）发展特征

这一阶段幼儿主要以感知运动方式来进行认知，24 个月开始，其认知活动由皮亚杰的"感知运动阶段"向"前运算阶段"过渡。18 个月左右在成人帮助下可以翻页看书，注意时间增长，观察力和思维能力有所提升。24 个月左右进入语言爆发期，可以说出完整的短语和简单的句子。幼儿的自我意识开始萌发，其中一个重要的标志便是"我"的使用，出现了"第一反抗期"，喜欢把"不"挂在嘴边。探索活动明显增多，强烈的自主愿望使幼儿什么都想去试，什么都想去做。处于埃里克森人格发展理论的"自主对羞怯和怀疑"阶段，这个时期的主要任务是培养幼儿的自主感，克服羞耻感。

（二）读本选择

给学步儿选择讲故事的图画书时，内容要贴近儿童生活，简单有趣，故事里的人物不要太多，因为此阶段儿童的注意力时间短，注意广度小，人物少，孩子可以快速抓住核心人物角色，对故事的兴致会更高。故事情节也应简单，符合此阶段儿童的认知水平，长度适宜，故事的叙事简单有趣，又不拖沓。如果故事内容复杂难以理解，儿童很快就会失去听故事的兴趣。

适合给学步儿讲故事的图画书主题也比较广泛，下面介绍具有代表性的几种。

1. 日常生活类主题

此阶段儿童处于埃里克森人格理论的自主对羞怯和怀疑阶段，这个阶段儿童学会各种动作，学做事，要求独立，渴望探索新世界，从而产生自主感。此阶段也是建立良好行为习惯的时期。所以有关吃饭、睡觉、刷牙、洗澡、上厕所、去医院等日常生活的图画书都很适合讲给此年龄段的孩子。通过有趣的图画书，可以帮助孩子养成健康的饮食习惯。如"小熊宝宝绘本"和"噼里啪啦"系列，涵盖吃喝拉撒睡玩等各个方面，很贴近生活现实，通过给孩子讲各类生活常识，帮助他们养成良好的生活习惯。

图 6-13 "小熊宝宝绘本"系列　　　　图 6-14 "噼里啪啦"系列

2. 亲情类主题

此阶段幼儿情绪复杂多变，对于成人依然有着强烈的依恋和依赖。孩子和父母之间建立的依恋关系将成为孩子与其他个体建立关系的内部模式，所以安全型依恋的建立就显得很重要。这个时候，亲情温暖的图画书依然可以作为故事会的一大主题，如《猜猜我有多爱你》《逃家小兔》，安东尼·布朗的《我爸爸》《我妈妈》等。

3. 认知类主题

此阶段幼儿可以独立行走，认知半径得以扩大，可以通过自身感知觉来接触大自然，接触外界事物，对颜色、形状、线条的敏感度进一步增强，数数、分类能力也得以发展，所以可以为此阶段儿童继续讲读认知类图画书（比婴儿期的认知卡片复杂），包括认知大自然的植物、动物，认知交通工具等。如"低幼认知猜猜书"系列，讲故事人可以利用翻翻设计，通过一问一答与儿童互动，让幼小的孩子认知身边的蔬菜、水果、动物、植物。

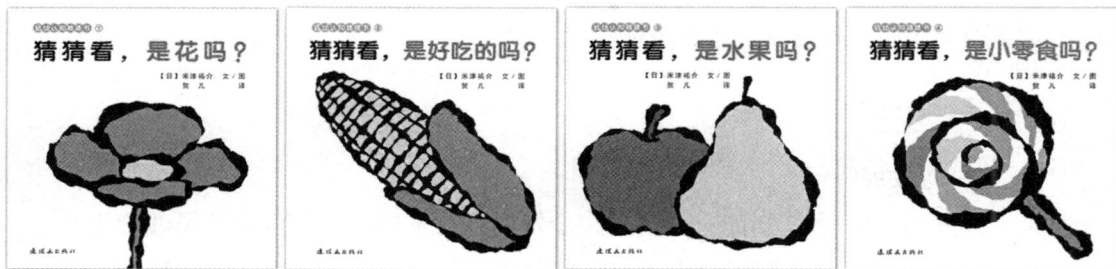

图 6-15 "低幼认知猜猜书"系列

另外，此阶段儿童仍然是以感知运动为主，所以可以为儿童提供一些韵律操为主题的图画书，如《可爱动物操》《从头动到脚》等，儿童可以边听故事边站起来做动作，既能调节他们的注意力，又能激发他们的参与性。

洞洞书、立体书等异形书对于此阶段儿童依然有着莫大的吸引力。同时，一些互动性的手工书也非常适合为此阶段儿童讲读。儿童通过手工来探索新事物，如一些粘贴书，幼儿可以把贴纸撕下来粘贴到对应的位置，或者是一些拼图书，也能开发儿童的智力[①]，增加故事会的趣味性和互动性。

这个年龄段的幼儿无法接受字数较多的故事，连续十分钟或十五分钟已经是这个年龄儿童能安静坐着听故事的极限。所以综合来说，在选故事用书时，可将下列事项列入考虑。

（1）选择幼儿熟悉的主题，如与其生活范围有关的家人、家庭活动、事物、动物及感官方面的题材。以家庭生活为题材，可选择描述穿衣、吃饭、洗澡等日常生活主题的书；动物方面的题材，则可以选择家庭宠物及农场动物，再进一步延伸到动物园及影片上才看到的野生动物；感官方面的题材，可选择教孩子辨识大小、形状、声音、软硬、味道等与视觉、听觉、嗅觉、味觉有关的读物。

（2）具有大幅、清晰、逼真的图片。

（3）避免过于华丽或简略或印象派式的插图，因为毫无实际经验的幼童，无法了解这类画面所表达的意义。

（4）避免因动作过多而产生杂乱感，理想的图画书以每页只有一个或两个

---

① 袁嘉芮.幼儿阅读偏好研究［J］.图书馆建设，2013（2）：56-58.

动作为原则。

（5）故事简单，情节不要太多。有些没有情节的认知书，在图片的编排上，必须合乎逻辑，按有意义的顺序排列 ①。

三、3—6岁

（一）发展特征

3—6岁的儿童认知能力得到进一步发展，处于皮亚杰的认知发展理论的前运算阶段。儿童掌握了口头语言，摆脱了动作思维，通过表象在头脑中进行"表象性思维"。其思维带有很大的"自我中心"成分，以自己的方式来感知和阐述世界，很少从他人角度观察事物。此阶段的儿童能够流利地说话，通过完整的句子来表达自己的意愿，书面语言也开始逐步发展，能够辨认一些简单的字。

3—6岁儿童的社会性发展进一步增强。由于面临入园，要离开自己熟悉的环境，对父母的依恋依然很强。物权意识开始萌发，因为争抢玩具而发生的同伴冲突屡见不鲜。4岁以后，分享、合作意识逐渐发展，在成人的启发下可以主动和别人分享，共情意识产生。喜欢模仿，辨别是非能力差，好的坏的全盘接收。此阶段儿童的性别意识也开始萌发，可以准确地进行性别辨认，使自己的行为符合社会成人的性别角色。3—6岁儿童处于埃里克森人格发展理论的"主动对内疚"阶段，如果对他们的好奇和探究给予积极鼓励和正确引导，则有助于他们主动性的发展，反之，如果禁止他们有离奇的想法或游戏活动，则会使他们产生内疚，缺乏自信。

（二）读本选择

3—6岁儿童已经摆脱了动作思维，注意力、思维、语言等认知能力得到了进一步发展，社会化程度也更高了。此阶段适合看的图画书读物种类更多，下面介绍几种具有代表性的主题。

1. 入园主题

对于很多初上幼儿园的孩子说，与依恋对象分离，会出现各种生理和心理

---

① 曾淑贤 . 儿童图书馆经营管理与读者服务［M］. 台北：文华图书馆管理资讯股份有限公司，2004：74.

的不适应。所以对于刚上幼儿园的儿童来说，可以多为他们讲一些与幼儿园相关的图画书，帮助孩子顺利入园。如《我爱幼儿园》《一口袋的吻》《魔法亲亲》《小阿力的大学校》等。

2. 情绪疏导类主题

本阶段幼儿情绪变化比较大，有时候会因为微不足道的小事发脾气，讲道理也不奏效，常常处于激动的情绪状态，主要是由于生理上大脑皮质的兴奋容易扩散，皮质对皮下中枢的控制不足。并且情绪受情境影响很大，有易变性和易受感染的特点，常常两种情绪在短时间内相互转换。这时候可以挑选一些情绪类图画书，帮助幼儿调节情绪，让他们明白坏情绪每个人都有，学会接纳自己的不良情绪并疏导自己的情绪。如新西兰作家特蕾西·莫洛尼的《儿童情绪管理图画书》，里面涵盖了爱、快乐、生气、悲伤、孤单、嫉妒等各种情绪。此外还有《菲菲生气了——非常、非常的生气》《生气的亚瑟》《生气汤》《我变成一只喷火龙了！》《野兽国》《气球小熊》等。

另外，此阶段儿童有时候已与父母分床睡，他们对于黑暗会比较恐惧，可以挑选一些晚安书，克服他们的恐惧心理，如《不睡觉世界冠军》《小夜熊》《吃黑夜的大象》等。

3. 分享互助类主题

3 岁以后，儿童进入幼儿园，意味着集体生活的开始。孩子会和小伙伴们一起学习、玩耍，获得同伴的情感支持，但是也难免有与别人冲突的经历。"这是我的！"是这一年龄段儿童说得比较多的话，其实这正是孩子"自我为中心"的体现，物权意识的产生是儿童构建自我意识的必经阶段，也是儿童通往分享的必经之路。可以借助图画书这一媒介让孩子明白同伴互助和分享的意义，如《烟花》《一个红苹果》《明天见！》《我先，我先！》《请吧》《我爱交朋友》《南瓜汤》等。

4. 关于想象力的主题

3—6 岁儿童处于皮亚杰所说的"前运算思维"阶段，儿童逐渐摆脱直觉动作思维，依赖于事物的具体形象、表象以及对表象的联想而进行思维。他们在接触事物时，求知欲和好奇心会使大脑产生很多新鲜的想法，所以这个时期正是儿童想象力飞速发展的时期。可以在故事会上挑选一些富有想象力的图画书，从而拓展孩子思维。如《小真的长头发》——头发可以钓鱼、拔河、晾衣服！《鲨鱼斗火车》——鲨鱼与火车比赛打嗝、钢琴表演、吃馅饼等，《谁厉害？》——两个小朋友互吹牛皮，《陷入困境的克莱奥》——拉完尼尼忘带手纸而引发的一连串联想……正是这些有点无稽之谈的书让儿童跨越现实的束缚，进入到一个充满惊异的神奇世界。在充满想象力的环境中熏陶出来的孩子，不论是智力的发育，还是社交技能，都会更胜一筹。

5. 培养良好性格的主题

有一句话叫"三岁看大，七岁看老"，儿童心理学界也普遍认为，3—6 岁时儿童开始形成最初的个性。如何让儿童成为一个善良正直、勇敢坚强、乐于助人的人？图画书也可以来帮忙。如《勇敢的艾琳》——艾琳克服暴风雪，凭借自己的坚强顺利完成任务；《魔奇魔奇树》——为了给爷爷治病，豆太战胜了内心的恐惧。对于模仿能力强的幼儿来说，这些书中善良、勇敢的主人公正好是他们学习的榜样。与性格培养有关的书还有《勇敢做自己》《鸭子骑车记》《故障鸟》《宝儿》《安的种子》《西西》等。

6. 性别认同的主题

3 岁开始，儿童的性别意识萌发，能够准确地说出自己的性别，还会渐渐地使自己的行为符合社会承认的性别角色，比如女孩会喜欢穿裙子、扎小辫，喜欢玩芭比娃娃，在过家家游戏中也喜欢当妈妈。通过图画书可以使儿童理解男女身体构造的差异，从而促进其性别角色的建立。相关的绘本有《可爱的身体》《身体有个小秘密》《小鸡鸡的故事》《乳房的故事》《威廉的洋娃娃》等。

在为 3—6 岁学龄前儿童选书时有以下注意事项：

（1）孩子是否了解主题？是否对主题感兴趣？

（2）图片是否生动有趣？语言是否生动流畅？

（3）幼儿喜欢拟人化和充满想象的书，喜欢安全又温馨的故事。

（4）幼儿喜欢书中的小主人公做自己想做的事，可以多提供此类读物，以增进独立自主的学习。

（5）幼儿喜欢故事善恶因果明确，且有快乐的结局。可以多挑选此类读物，以增加其温暖、安全的人际关系。

（6）选取一些古典的民间故事，但应避免过于复杂或残酷的故事。

第四节 如何筹备和完成故事会

一、故事会前的准备

一场成功的故事会离不开前期精心的准备。首先是场地的准备。故事会最好在专门的活动室内进行，如果在开放的馆区举办故事会，容易影响到其他看书的读者。首先要提前摆好桌椅。对于可以独立听故事的小朋友来说，一般他们都围成一圈坐在软软的地垫上，家长则在场地后方观看故事会。对于婴儿来说，需要父母怀抱着听故事，他们还会在地上爬来爬去，所以地垫要做好消毒措施，保证卫生。其次是物料的准备，除了准备好讲故事的用书，有些婴儿故事会会唱一些儿歌、童谣，所以要提前准备好音响设备。还有一些故事会有延伸活动：如画画、手工等，也需要提前做好材料包的准备。包括听故事小朋友的报名表也需要提前打印好，还应提前准备好给他们的礼物等。有条件的话，最好能准备一下小朋友的胸贴，把他们的名字写在上面，这样一方面方便讲读者记住在场的每一个小朋友，另一方面也容易增加儿童听故事的仪式感，使得他们尽快把注意力投入到故事会中。

二、开场

在故事会开始后，讲故事人要向家长和小朋友们做一下自我介绍，欢迎他们的到来。一般每次故事会都要唱欢迎歌，可以用一些耳熟能详的曲调来唱，如《新年好》《两只老虎》的曲调等，并且最好能将小朋友的名字加入到歌曲中，使得每个孩子都能感受到被关注的快乐。对于大一点的儿童来说，如果故事会有明确的主题，讲读者还应该提前介绍一下相关的知识背景，这会激发他们热烈的讨论，在潜移默化中促进孩子的叙事能力以及词汇量的发展，同时促进同伴关系的互动。

三、讲故事

（一）讲故事原则

专业的讲故事者，在选择合适的图画书的基础上，可以充分把握儿童心理，利用抑扬顿挫的语调、丰富的肢体表情等将儿童带入故事中，并适时给予儿童反馈，抛出问题与儿童互动。

1. 把故事讲得绘声绘色

讲读者在讲故事时，切忌从头读到尾一个音调，应该根据不同的故事角色适当变换音调。可以一边指着书中的画面，一边用丰富的情感、生动的语调、夸张的表情描述书中的形象。比如，讲到小狗，可以学小狗"汪汪"叫；讲到小鸟可以学着小鸟扇扇翅膀；讲到汽车，可以用两手做方向盘的动作左右转动，或膝盖弯曲，模仿汽车在路上跑，同时发出"嘀嘀嘀嘀"的声音。这样的形式不仅可以吸引孩子的注意力，同时也会让故事会变得妙趣横生。

2. 激发儿童的参与性

在讲故事的过程中，要让孩子参与进来，使书和孩子产生联结。首先，触摸图书，儿童通过亲手触摸图画书的材质，如布书、塑料书、纸板书等，认识各种各样不同的书。在讲读过程中，有些书需要翻一翻，有些书需要拉一拉，有些书需要按一按才能发出响声。鼓励儿童触摸书和操作书中的机关，可以激发他们的参与感，增加故事会的趣味性。其次，指认画面。讲读者在讲故事时，可以一边说出名称，一边进行指认，比如说"这是一只小鸭子"，就用手指向小鸭子的图画。因为成人看见一个物体并说出其名称时，婴儿的大脑就会将特定的声音与对应的物体联系起来，等到孩子可以指认表达时，就可以请孩子指认画面了。通过指认可以促进婴幼儿认知能力的发展，比如说"请帮我找一找，小狗在哪里？"再次，鼓励儿童多说。当孩子出现语音的意识，开始咿咿呀呀的时候，图画书中那些简单的发音，比如："哎""妈妈"以及动物的叫声"汪汪""喵喵""嘎嘎""呱呱"等都可以让孩子跟着说一说。如果孩子已经会说话了，原本那些指认图画中物体的行为就要转化为语言了。成人的提问就要从"请指认"变成"你能告诉我这是什么吗？"鼓励孩子说出他们看到和想到的一切，并教给他们新的词汇。伴随着儿童语言能力的发展，成人要有意识地延伸话题，让说的内容越来越丰富。最后，让儿童猜测故事的发展。既可以猜猜人物关系，也可以预测情节发展。比如："猜猜看，这个盒子里是什么呢？""小蝌蚪能找到妈妈吗？"……孩子们只有仔细观察画面，查找蛛丝马迹，听清提示语或问题，并积极思考，才能说出心中的答案。在这个过程中，孩子的观察力、专注力、想象力、语言表达能力都将得到提高^①。

3. 掌握提问的技巧

提问要以婴幼儿的心理发展特点为基础。对于低幼儿童来说，他们的语言理解能力和表达能力相对比较弱。因此，讲读者在提问时，应使用简单句，从而保证儿童能理解问题的意思。提问的内容也应该尽量简单。对于婴儿和学步儿来说，多对物品的名称、颜色和形状提问，不要涉及复杂的逻辑关系。可以提问一些通过观察图画就能得到的答案，这些问题对于儿童来说较为简单，儿童通过回答，可以体验成功的愉快感觉。

对于学龄前儿童来说，提问要引发儿童积极思考，应该具有引导性，而不应单单是考察性，如和孩子分享故事中主人公的心情，并引导孩子说一说自己什么时候会有这样的情绪等。同时多使用开放性的提问，切忌一直用"是不是？对不对？"等封闭性问题。

4. 善于观察儿童

讲故事切忌变成一个人的表演，讲读者要时刻关注听故事儿童的反应和状态。他们在看什么？对什么感兴趣？情绪状态如何？对于提问有没有回应？注意力有没有游离在外？根据儿童的反应及时调整讲故事的进程和方式，比如儿童对某些概念没有什么反应，要自查一下所讲概念是否超出了儿童的认知范畴，然后改换儿童可以理解的语言。或者有些儿童坐不住，注意力想要游离，可以及时和这些儿童互动，把他们拉回到故事会里。

5. 学会等待

首先，讲读者要有耐心，不是每次和孩子讲故事都是成功的体验，有时候孩子可能没有认真在听，特别是婴儿和学步儿，有时候在听故事过程中他们会爬来爬去、走来走去，其实他们并不是完全游离，这些讲故事的声音和情景会被孩子收录，未来的某一天他可能会不经意地说出听到的故事里的话语。所以讲读者要耐心，不要急功近利。其次，讲读者在讲故事过程中要有停顿的空间，给孩子留出时间去观察画面、思考问题、做出反应。

6. 及时给予回应

讲读者在讲故事过程中，要对孩子的回答和表现给予积极反馈，简单的可

---

① 王健枥. 婴幼儿的神奇故事会：早期阅读活动实战策略［M］. 北京：北京出版社，2017（9）：33-35.

以用"嗯""哦""啊"来回应，或者是对他点头、竖大拇指，对于孩子的回答不要千篇一律地说："你真棒""你真聪明"，而是要夸奖得具体一点，比如"你观察得真仔细""你知道得可真多""你模仿得真像"等等。

在让儿童预测情节时，如果儿童说出来的答案和书里的不同，讲读者不要对他们的回答立刻给予否定的判断，成人过于果断和权威的判断会破坏孩子进行思考的动机，也不要阻止他们说出那些处于试探阶段的答案。答案不是唯一的，不要过于强调答案的准确性，否则故事会就变成了一场智力测试。

（二）不同年龄儿童的故事会活动

低幼儿童故事会一般分为 0—18 个月婴儿故事会、18—36 个月学步儿故事会、3—6 岁学龄前故事会。针对这三个年龄段，图书馆开展讲故事活动的内容、流程、活动要点稍有不同，具体如下[①]。

1.0—18 个月婴儿故事会

婴儿故事会活动通常有更多的童谣、歌曲，图书、活动等内容相对较少。婴儿都是坐在看护人怀里听故事的。除了让婴儿收获故事会的快乐外，向父母和其他照顾人宣传早期阅读的相关知识和理念以及讲故事的方法也是图书馆故事会的目标之一。

面向 0—18 个月婴儿的故事会的流程如下：

（1）活动介绍（欢迎词和自我介绍）；

（2）为每个孩子唱欢迎歌；

（3）介绍此次活动的主题、背景信息；

（4）三到四个童谣或歌曲，或二者同时进行，每一个都重复两到三遍，其中最好有一个是上次活动使用过的，还可以使用玩偶来吸引婴儿的注意力，并增强互动性；

（5）讲读者与婴儿看护人一起朗读一本适合给婴儿看的图画书；

（6）伴随着音乐活动身体，主要是鼓励成人与婴儿进行互动，常见的方法是将婴儿举在空中、再放到腿上，或伴着音乐节奏和语言把脸一隐一现来逗婴儿笑，或是亲吻婴儿的脸颊，让他们将愉悦、舒适的感觉与阅读的时空情境联系在一起；

---

① 张慧丽.公共图书馆儿童早期阅读服务研究［D］.北京：北京大学，2011.

（7）活动结束歌曲即再见歌（和开头的欢迎歌用同一个曲调）；

（8）向婴儿的看护人提出回家继续亲子阅读的建议；

（9）发放玩具礼物，给婴儿彼此之间、婴儿与成人、婴儿的看护人之间或与讲读者之间进行自由交流的时间。

　　婴儿故事会中会出现婴儿来回爬的想象，一般不需要制止，因为强行制止会引起婴儿的哭闹。只要他们在故事会中感到安全、愉悦即可，等他们喜欢上了这样的环境，慢慢就可以安静地坐下来听故事。如果有哭闹不止的现象，需提示看护人把婴儿带离现场，待安抚好情绪后回归。婴儿故事会最主要的是需要婴儿的看护人参与进来，成人专心地听故事、积极参与童谣和手指谣等，一方面可以促进亲子关系，另一方面作为榜样会对孩子产生潜移默化的影响，并且看护人可以把故事会中的讲故事方法带回到家庭中去使用，每天坚持亲子阅读，日积月累，会对儿童产生巨大的影响。

　　2. 18—36个月学步儿故事会

　　对于学步儿来说，图书馆讲故事活动一般包括图画书、玩偶、手指谣、歌曲、音乐及身体活动等，父母一般会坐在孩子身边一起听故事。除了与儿童分享图书、阅读的乐趣之外，讲读者还要向儿童的看护人示范如何鼓励儿童多说话、多表达，以及如何在家中开展一些声音和词汇游戏等。

　　面向18—36个月的学步儿故事会的流程如下：

（1）活动介绍（欢迎词和自我介绍）；

（2）为每个孩子唱欢迎歌；

（3）介绍此次活动的主题、背景信息；

（4）讲读一本图画书，可以借助玩偶来讲；

（5）进行基于以上图画书内容所设计的活动，主要是放松、活动身体，巩固所读图书，调整活动节奏；

（6）更大幅度的活动，通常是伴随歌曲、音乐等站起来并运动，还要不断重复直至儿童觉得开心、舒服；

（7）再讲一本图画书，并以其中一两页为例，向儿童的看护人示范如何进行互动式阅读；

（8）基于此书进行活动，如画画或手工活动。

（9）唱再见歌（和欢迎歌曲调一样）；

（10）为儿童的阅读故事卡盖章，章的图案一般是可爱的卡通形象或与当天活动主题相关的动物形象，让儿童体会到听故事的成就感，同时记录他们参加活动的次数，达到一定次数给予一定奖励。

学步儿的注意时间比婴儿大大延长，所以讲故事的书可增加至两本，并可以设计简单的手工活动。相比婴儿，学步儿会与讲读者有更多的互动，他们会在书上按一按机关、翻一翻，但是他们的游离现象也比较普遍，会在场地走来走去，遇到喜欢的内容就会安静地听讲，遇到不太感兴趣的就会去干别的事情，这个时候只要不影响其他孩子，讲读者不要刻意要求孩子们坐下来，有的孩子虽然走来走去，但是他们其实在听，用规则禁锢他们反倒会产生反抗情绪。讲读者可以根据现场情况灵活控场，多和这些与众不同的孩子（内向、来回走动的孩子）互动，及时给予他们赞扬，这样会帮助孩子持续积极参与，也能逐渐形成规则意识。

3. 3—6 岁学龄前儿童故事会

对于 3—6 岁的学龄前儿童，由于他们的注意力时间大大延长，因此在讲故事中可以使用篇幅更长、内容更加丰富的图画书。无论是活动内容的丰富程度还是开展的深度，学龄前儿童都比婴儿和学步儿有了长足的进步和发展。

面向 3—6 岁学龄前儿童的故事会流程如下：

（1）活动介绍（欢迎词和自我介绍）；

（2）为每个孩子唱欢迎歌；

（3）介绍此次活动的主题、背景信息；

（4）讲读一本图画书；

（5）进行基于以上图画书内容所设计的活动：如复述；

（6）更大幅度的活动，通常是伴随歌曲、音乐等站起来并运动，还要不断重复直至儿童觉得开心、舒服；

（7）再讲读一本图画书；

（8）手指谣；

（9）再讲一本图画书，并以其中一两页为例，向儿童的看护人示范如何进行互动式阅读；

（10）基于此书进行活动，如角色扮演或手工活动。

（11）唱再见歌（和欢迎歌曲调一样）；

（12）为儿童的阅读故事卡盖章，章的图案一般是可爱的卡通形象或与当天活动主题相关的动物形象，让儿童体会到听故事的成就感，同时记录他们参加活动的次数，达到一定次数给予一定奖励。

学龄前儿童的注意力时间进一步延长，所以讲读者可以为他们讲 2—3 本图画书，内容和主题可以更加广泛。在讲读过程中要多提一些启发性问题，接纳和允许儿童联想或提问其他相关事宜，如讲到乌龟，有的孩子就会想到动物园或者自己家养乌龟的经历，这些都是非常可贵的联想和延伸，讲读者要鼓励孩子。但是要把握好度，毕竟是集体故事会，不能偏离故事会的中心主题。

需要说明的是，以上关于三个年龄段孩子的故事会流程仅供参考，一般婴儿故事会时间为 20 分钟左右，学步儿故事会 30 分钟左右，学龄前儿童故事会 45 分钟以内。各个图书馆要根据自己的实际开展故事会，灵活制定故事会流程。

四、故事会后的交流和总结

故事会结束后，讲读者可以和看护人进行交流，特别是针对故事会上一些"特殊"小孩，如一直游离在外或者沉默不语的孩子，和其家长进行交流，是否在家庭进行过亲子阅读，孩子性格如何等，以便更好地了解每一位儿童，从而在下次故事会中进行有针对性的互动，提升他们听故事的积极性。另一方面，和家长交流如何用图画书讲故事，如何进行互动式分享阅读，鼓励家长每天和孩子亲子共读。

故事会结束后，讲读者要将场地恢复，并保存好参加活动的人员名单以及现场活动照片。如果参加的人员有固定的群（微信群、QQ 群），可以将相关音乐、照片、文字（如童谣、手指谣）发送至群组。另外，讲读者要及时进行反思总结，今天的故事会是否成功，节奏是否合适，不足在哪里，孩子对哪些故事更加喜爱，这样下次挑选图画书和讲故事时更有针对性。

五、不同时令、主题的故事会

除了常规故事会外，图书馆还可以配合不同时令、不同节日举办各类故事会，如每到传统节日，可以为孩子讲读节日相关的图画书故事及民俗活动，可以让孩子在听故事的过程中了解中国传统节日文化，更好地继承中华民族优良传统。比如：清明节时通过《獾的礼物》《长大做个好爷爷》等来为孩子讲述死亡，进行早期的生命教育；端午节时通过《神鱼驮屈原》《端午节的故事》让孩子了解端午节的来源；中秋节时通过《嫦娥奔月》《兔儿爷》告诉孩子如何过这个团圆佳节；春节时讲《十二生肖传说》《过年啦》，让孩子了解我们过年的习俗……同时在针对各类节日开展故事会的同时，也可以举办各类手工活动（以家庭为单位完成）：清明节做风筝，劳动节做DIY贺卡，端午节做龙舟，中秋节做月饼，春节剪窗花、写春联，等等。另外，除了在传统节日举办故事会，也可以在大家耳熟能详的节日开展应景的故事会。如父亲节和母亲节讲安东尼·布朗的《我爸爸》《我妈妈》；万圣节为孩子讲述《万圣节的大南瓜》；圣诞节讲挖洞书《从窗外送来的礼物》……另外，图书馆可以在每年的科技周、服务周和世界读书日开展各类讲故事活动。《肚子里的火车站》《一颗超级顽固的牙》让孩子们通过形象的科普故事养成讲卫生的好习惯；《图书馆狮子》《我喜欢书》则让孩子更好地认知图书馆，培养对书的热爱。

图书馆还可以举办各类主题故事会，如"公主和王子"节，这一天，小朋友们都穿着公主服和王子装来图书馆听童话故事，并且每位小朋友都可以上台为大家讲一个自己精心准备的故事。在国外的图书馆，还有专门的睡衣故事会，大家身着睡衣来到图书馆，听完晚安故事，还会搭帐篷住在图书馆，这样的经历一定为留给他们美好的回忆。另外，美国社区图书馆还会举办给宠物读书的故事会，以增加小朋友们对动物的热爱，同时鼓励他们大声朗读。这个活动中听故事的小狗小猫都是经过特殊训练的，非常温顺，每一只都有一名志愿者看护，小朋友们可以选择自己喜欢的书，坐到动物身边给它们朗读[①]。

第五节　如何创建品牌故事会

——以国家图书馆少年儿童馆"低幼悦读会"为例

在企业中，品牌是一个企业核心竞争力的象征。作为文化服务和社会教育机构的图书馆，服务属性决定了其需要以发展的眼光审视自己，不断延伸，大

---

① 金德政．悦读宝贝——0-3岁亲子阅读手册［M］．北京：国家图书馆出版社，2014（4）：184．

胆创新，建立自身的服务品牌，进而提升图书馆的社会形象，获取良性的、吸引读者的服务发展空间①。而故事会作为每一个少儿图书馆都应开展的阅读推广活动，各大图书馆应积极提升故事会的水平，创建自己的故事会品牌。

　　冯莉 2015 年在对我国图书馆绘本讲述情况进行的调查中发现，有些图书馆的馆员对故事会缺乏热情，这与图书馆员对自身技能和对故事会作用的认知有关，有的图书馆则把讲故事活动全权委托给绘本馆②。图书馆故事会是非常重要的儿童阅读推广活动，故事会活动应该得到重视，不能把如此重要的活动交给馆外人士。图书馆的专业少儿馆员有责任也有能力在故事会等活动中为儿童早期阅读提供优质服务。中国图书馆学会于 2014 年 6 月至 9 月举办了全国图书馆员绘本讲读大赛，号召更多的图书馆员投身到故事会讲读中。所以各个图书馆应该重点培养和提升图书馆员讲故事的水平，更新其对讲故事活动重要性的认识，打造各自图书馆的故事会品牌。

　　下面以国家图书馆少年儿童馆的"低幼悦读会"为例，介绍其活动的背景、故事会如何组织以及特色庆典活动。

一、背景

　　国家图书馆少年儿童馆（以下简称国图少儿馆）自 2013 年 10 月起，每周五下午 3 点（节假日除外）面向 3—6 岁的小读者举办"低幼悦读会"，讲故事团队全部为本少儿馆馆员，故事会需报名参加，每期限 20 人。"低幼悦读会"采用忠实于文本的讲读方式，由少儿馆的故事哥哥、故事姐姐手持图画书，为小读者们讲述图画书故事。截至 2019 年 9 月，国图少儿馆共举办了 228 场低幼故事会，讲读了 488 个图画书，有近 4000 名小朋友参加。

二、故事会流程

（一）选书

　　每到月底，故事会负责人需要选好下个月的故事用书。考虑到 3—6 岁

　　① 　李新娥. 延伸服务的成功尝试——从创建少儿故事基地品牌说起 [J]. 图书馆学刊，2009（8）：68-69，106.

　　② 　冯莉. 图书馆馆员绘本讲述探究 [J]. 图书馆界，2015（2）：67-70.

儿童的注意力时间相对婴儿和学步儿长，可以接受篇幅稍微长一点、内容深一点的图画书，所以最后固定为每场故事会30分钟左右，共讲读两个图画书故事。

一般故事会用书都是在新书里挑选，很多来听故事的孩子在家庭有亲子阅读的习惯，那些经典的绘本他们已耳熟能详，如果每次来图书馆听的都是新故事，就会激起他们每周来参加故事会的动力。在选书时，馆员会选那些符合儿童心理特点、图画品质高、文字朗朗上口、情节生动有趣、适合集体讲读的书（详细内容见本章第二节），并且一般会安排有相似主题的两个故事组合成一期，比如两个故事都是关于动物或者关于孩子冒险的主题。每期的两本书要考虑篇幅，如果一个故事篇幅稍长，另一个就要短一点。另外，两个故事也要提前安排好顺序，故事内容要动静结合，如果里面一本书讲起来比较安静，另一本书特别活泼，预估现场互动气氛异常活跃，那么这本互动性强的书就应该放在第二个来讲，这样可以先让孩子在安静的氛围中适应环境、进入故事，最后互动迎来故事会高潮，如果顺序调换，很有可能讲第二个故事的时候孩子还停留在第一个故事的兴奋中，无心听讲。

（二）制作宣传海报、发布通知

选好故事后，就开始制作整个月的故事会宣传海报了，海报内容包括每期故事的封面和内容简介以及报名须知。报名须知里涵盖报名限制条件（3—6岁），报名时间（每周二下午5点），报名截止时间（故事会开始前两个小时），报名人数（20人）和报名方式（国家图书馆微信客户端）。电子版海报在门口的电子屏上滚动播放，这样每位到馆读者都会注意到，如果时间合适、内容又是孩子感兴趣的，家长朋友们就会提前做好准备，届时带着孩子来听故事。提前发布下一个月的故事会预告可以让孩子们从中做出选择（如果不能保证每期都来），一些孩子还会提前在家预习要讲故事的主题。除了发布每月故事会的总安排外，"低幼悦读会"会在每周二的下午5点在国家图书馆公众号发布本周故事安排，内附报名链接。定期定时发布本周故事会，让家长有规律可循，届时只需拿出手机报名即可。

图 6-16　国图少儿馆 2019 年 9 月"低幼悦读会"活动安排海报

（三）活动前的准备

讲故事的馆员除了需提前准备好要讲的故事，备足功课外，还需要在故事会开始前半个小时打印好报名表，同时布置好活动场地，准备好听故事的印章和小礼物。为了鼓励孩子们来图书馆听故事，国图少儿馆特意制作了故事卡片。每次来听故事的小朋友都有一张"低幼悦读会"卡片，外页填写孩子的姓名、性别、生日和电话，并且有国家图书馆的微信二维码，内页则是由 12 个可爱的气球组成的盖章区域。孩子每来听一次故事，都会在上面盖一个"低幼宝宝"的章，集齐 6 个章有小礼物，12 个章有大礼物，这大大提升了孩子们听故事的积极性。

图 6-17　低幼悦读会卡片外页

图 6-18　低幼悦读会卡片内页

（四）讲故事

故事会有 2 本故事书，持续时间为 20—30 分钟。针对低幼儿童的心理特点，讲故事人会通过道具或手偶，伴随丰富的肢体动作来形象地讲述整个故事，因为"低幼悦读会"最多只有 20 人参加，所以一般会选择手持书来讲故事。讲完故事后还会开展相应的拓展活动：比如：角色扮演、手工活动等。故事会结束时会公布本周听故事满 6 次、12 次、18 次等的小朋友，并为他们颁发小礼物。

有时故事会结束后会有家长来向故事讲读人探讨一些阅读方面的问题以及请其推荐书籍等，家长们之间也会互相探讨育儿经验，故事会成为家长沟通交流的一个渠道。

（五）故事会后总结

故事会结束后，讲读者会将本次故事会的活动概况发微博，并整理统计听故事的人员名单，把三次报名成功但未参加同时没有电话取消的读者拉入黑名单，通知其三个月内不能参加"低幼悦读会"。另外，把活动的照片存档。总结一下本次故事会选书是否成功，讲读是否成功。每到月底，故事会的负责人都会对整个月的故事会做总结，把总结内容发到少儿馆网站上和部门信息网内。

三、年度庆典

为了表彰经常来听故事的宝宝，国图少儿馆于 2014 年和 2016 年底举办了两届"低幼悦读会年度庆典"。庆典当天，气球和彩带装饰的活动室异常漂亮，馆员为所有参加庆典的孩子粘贴姓名贴，为他们带上可爱的动物头饰，并为所有小朋友发小礼物。

庆典开始后，首先对本年度所讲的图画书进行汇总回顾，由故事哥哥和故事姐姐现场讲两个最受孩子欢迎的故事。然后公布本年度听故事次数最多的 5 位小朋友即"国图故事宝宝"，为他们颁发荣誉证书和纪念礼物，同时请他们发表"获奖感言"，表演精彩的节目。之后还准备了答题互动环节，主要展示一些书的内页，让孩子们猜书名，这些书全部是本年度故事会用书，答对的小朋友会获得精美礼物。最后大家一起唱再见歌，合影留念。

"低幼悦读会年度庆典"一方面是对本年度故事会的一个总结回顾，另一方面是对孩子们的赞赏鼓励，尤其是 5 位故事宝宝，他们基本每周都坚持来听故事，在这样大型的活动上给予他们最高的荣誉，孩子的自豪感会油然而生，这将进一步增加他们阅读的动力，即使他们慢慢长大，不再参加"低幼悦读会"，但是良好的阅读习惯却保留了下来，这将使他们终身受益。

四、讲故事馆员的培训

故事会成败的一个很重要因素就是讲故事馆员的讲读水平。讲读者除了要会用生动的语言讲故事，还要学会和孩子互动，提出启发性的问题，所提的问题既不能太浅，让孩子觉得索然无味没有挑战性，也不能变成语文课堂，给孩子带来压力。另外，还要学会控场，学会处理故事会的各类突发情况，了解来听故事会小朋友的性格特点。所以一个优秀的讲读者并不是一朝一夕就能立刻培养出来的。国图少儿馆的讲故事团队会定期开展内部培训研讨会和试讲会，提升馆员的讲读水平。

讲故事团队里的馆员专业各不相同，团队会定期开展内部培训，如儿童心理学专业的馆员为大家分享每个年龄段孩子的身心发展特点，增加讲读者对儿童心理的把控；美术专业的馆员为大家分享图画书的艺术元素、图文关系，这样讲读者会对图画和文本有更好的理解，只有吃透了要讲的图画书，才能给孩子们带来精彩的故事会；幼教专业的馆员会教大家儿歌童谣和手工，使大家都成为多才多艺的故事讲述者；戏剧专业的馆员会教大家如何把戏剧融合到故事会里，使得儿童如同置身于一场精彩的表演中；播音主持专业的馆员则会教大家如何发音、如何改变语调抑扬顿挫地讲故事……大家互相学习，共同进步。有些图书馆的讲故事团队可能没有这么多不同专业出身的馆员，可以定期邀请这方面的专家学者为故事团队做培训。

掌握了理论知识，还要勤于实践。国图少儿馆的"低幼悦读会"故事团队会定期开展试讲活动，成员轮流讲故事，其他成员充当孩子，故事结束后大家互相讨论讲读者的优点和不足之处，以及各自对所讲图画书的理解——如何为孩子更好地呈现和讲读。通过不断实践，不断总结，提升自身讲故事的水平。

以上只是以国图少儿馆的"低幼悦读会"做例子来介绍，每个图书馆可以利用自身的优势，开展各自图书馆的故事会活动。

第七章　亲子阅读支持

第一节　亲子阅读及亲子阅读支持

一、亲子阅读概述

20 世纪 60 年代，新西兰的教育家赫达维等人对阅读过程进行了系统分析，对欧美社会从十八九世纪以来形成的和孩子一起读书的传统进行了总结提升，首创了一种成人儿童互动式早期阅读法，提出了"亲子阅读"的概念①。亲子阅读又称亲子共读，就是以书为媒介，以阅读为纽带，孩子和家长共度阅读时光，共同分享阅读过程。亲子阅读作为早期阅读的一种重要方式，对于幼儿的身心发展具有特殊的意义。家庭是儿童生活、成长的摇篮，儿童教育成功与否，在很大程度上取决于父母和孩子在家里是否建立起良好的亲子关系。亲子阅读为父母创造了与孩子沟通和亲密相处的绝佳机会，通过共读和交流书中的内容，分享感受和乐趣，形成情感共鸣，带给孩子欢喜、智慧、希望、勇气、热情和信心等丰富的体验。这种阅读方式对于发展儿童语言、培养和养成孩子的阅读兴趣与习惯、舒缓儿童心理压力等都有着重要作用。当爸爸妈妈和孩子依偎着共读一本书时，很容易让孩子觉得读书是一件非常快乐的事情，进而更愿意自发地去进行阅读。

亲子阅读从孩子出生就可以开始。新西兰学者 Marie Clay 认为，儿童读写能力的发展是从个体出生时就开始的一个连续的发展过程，父母、老师以及周围的环境在幼儿早期读写能力发展过程中扮演着重要角色②。孩子的第一任阅

---

① 黄敏 . 亲子阅读活动探讨［J］. 图书馆学研究，2011（5）: 83–85.

② 张慧丽 . 中美图书馆儿童早期阅读研究综述［J］. 图书与情报，2011（2）: 2–6, 25.

读老师就是家长，包括父母、祖父母等看护人。孩子的第一个阅读课堂，就是"家"。亲子阅读的理念就是倡导父母参与到孩子早期阅读的活动中，鼓励父母在家开展亲子共读活动。婴幼儿缺乏独立阅读能力，甚至不能理解一些图画和符号的意义，他们自主阅读能力的发展有其特有的过程和规律，并需要持续不断地培育引导。

二、亲子阅读的开展现状

"亲子阅读"概念自 20 世纪 60 年代在新西兰提出后，随即被英美等许多国家引进并进行了实施推广，均取得了良好的效果。早期亲子阅读活动在国外的很多国家成为"国家工程"，政府提供足够的公共资源和良好的公共服务来保证和促进阅读的开展。例如：英国于 1992 年开始实施"阅读起跑线"（Bookstart）项目；美国于 1994 年开始实行"出生即阅读"（Born to Read）示范项目，并于 2000 年开展"每一个孩子准备在你的图书馆阅读"（Every Child Ready to Read @ your library）活动；意大利于 1999 年开始推行一个名为"通过礼物培养阅读兴趣——一位成人读一个故事"的国家项目。日本、韩国等国家也纷纷加盟了 Bookstart 项目。日本于 2001 年 12 月颁布了《日本儿童阅读推广法》，并于 2002 年通过《儿童阅读推广基本计划》，2008 年又通过了《儿童阅读推广基本计划》（第二次修订版）。从 21 世纪初开始，伴随着我国素质教育目标的提出和教育改革的步伐，儿童阅读越来越成为受人关注的热点。2001 年教育部颁布实施的《幼儿园教育指导纲要（试行）》，第一次把幼儿早期阅读的要求纳入语言教育的目标体系，提出要"培养幼儿对生活中常见的简单标记和文字符号的兴趣；利用图书、绘画和其他多种方式，引发幼儿对书籍、阅读和书写的情趣，培养前阅读和前书写技能"[①]。2007 年 4 月国际儿童图书节被出版界引进中国，设定每年 4 月 2 日为"中国儿童阅读日"。地区性的阅读推广计划也纷纷推出。

在许多国家和地区，亲子阅读不仅成为"国家工程"，也在民间得到了热烈的响应。《朗读手册》的作者吉姆·崔利斯自 20 世纪 70 年代末起极力倡

---

① 教育部 . 幼儿园教育指导纲要（试行）［EB/OL］.［2019-02-19］. http://www.moe.edu.cn/jyb_sjzl/moe_364/moe_302/moe_309/tnull_1506.html.

导"大声为孩子朗读",在民间引起很强烈的反响。到 20 世纪末,亲子阅读理念已经深入民间,许多地区开展了旨在促进亲子阅读的各类读书会。在美国,不少妈妈们因长年陪伴孩子读书养成了习惯,便组织起了读书会。如母女读书会(Mother–Daughter Book Club)。该会由美国史密森学会美国黑人历史与文化中心副主任雪琳·道森(Shireen Dodson)女士于 1996 年创办,旨在为母女们提供一个讨论学习、情感交流的平台。1997 年,康涅狄格州格林尼治的玛吉·麦可波特兰受到母女读书会的启发,成立了一个母子俱乐部。该俱乐部每周聚会两个小时,并一直坚持到这些男孩子们升入八年级。1990 年以后,我国台湾逐渐推行"故事妈妈"模式,成立了许多"故事妈妈"协会。妈妈们利用业余时间在社区及幼儿园、小学里给孩子们讲故事,推广儿童阅读活动。在台湾,还有一个"袋鼠妈妈读书会",参加这个读书会的妈妈们可以像袋鼠一样,带着孩子参加活动,而不会因为怕孩子哭闹被人赶走。"袋鼠爸爸读书会"是由"袋鼠妈妈读书会"派生出来的,始于 1997 年,比成立于 1992 年的"袋鼠妈妈读书会"晚了五年。我国大陆的红泥巴读书俱乐部、公益小书房读书会也有相当的影响。教育界不断讨论语文教学的改革,各科研项目不断开展,扬州"亲近母语"课题、上海儿童阅读实验基地等纷纷开启,很多教育工作者也在力所能及的范围内采用各种方式推广亲子阅读。民间儿童阅读推广运动经过多年的发展,力量逐渐融合。"二十一世纪中国儿童阅读推广人"论坛自 2007 年在南昌成立以来,持续举办,产生了广泛的社会影响。2019 年 7 月 27 日,由中国出版协会指导成立的中国少年儿童阅读推广联盟在第 29 届全国图书交易博览会期间举行成立大会,又搭建了一个儿童阅读推广的交流平台[①]。

☞ 相关链接:《2017 年中国家庭亲子共读调研报告》主要数据

中国儿童少年基金会日前在京启动"未来家庭教育计划——亲子共读公益项目",同时发布的《2017 中国家庭亲子共读调研报告》显示,大多

---

① 2019 年首届书博会少儿阅读节,打开少儿阅读推广新气象[EB/OL].[2019–09–01]. https://edu.qq.com/a/20190722/009446.htm.

数家庭有意愿在亲子共读上投入时间和精力，但是行为跟不上意识，有40.3%的家长了解亲子共读，但很少和孩子一起阅读。

据全国妇联副主席、书记处书记邓丽介绍，《2017中国家庭亲子共读调研报告》针对0—12岁年龄段孩子的家长展开亲子共读调研，共收集来自31个省（区、市）的9194份问卷。调查显示，47.1%的孩子每天阅读时间不足半小时，阅读超过1小时的孩子仅12.8%。孩子的阅读能力随着阅读量增加而增长，而阅读能力越强，学习成绩相对更优异。在引导孩子阅读方面，66%的家长会"根据孩子的兴趣挑选书籍"，43.7%的家长"听从老师推荐"，30.3%的家长找书单。

资料来源：吴佳佳.《2017年中国家庭亲子共读调研报告》发布［EB/OL］.（2018-01-31）［2019-08-01］.http://finance.sina.com.cn/roll/2018-01-31/doc-ifyremfz2740130.shtml.

三、公共图书馆的亲子阅读支持

公共图书馆参与儿童早期教育的重要方式就是对其进行文字和图书的启蒙，培养他们的阅读习惯。对低龄儿童进行阅读培养，不但能够促进其语言能力、想象力等的提高，更能增进其对书本的认识，能在儿童进入小学之后，更快、更好地进入学习状态[1]。然而，对于早期阅读，许多家长存在着认识上的偏差，总认为识字读书才算是阅读。认为孩子上学才是阅读的开始，等到孩子长大了再带他们到图书馆利用资源和服务。家长的这一行为出于他们对婴幼儿早期阅读目标和性质的认知偏差，既耽误了婴幼儿早期阅读的最佳时机，同时也在无意中剥夺了婴幼儿阅读和利用图书馆各项资源的权利[2]。

鉴于早期阅读对幼儿发展的重要价值以及家长在早期阅读认知中存在的一些误区，图书馆有必要向家长宣传早期阅读的重要性，并指导父母如何开展亲子阅读。图书馆开展亲子阅读示范引导和分享阅读活动，帮助指导家长开展亲子阅读，也属于图书馆为亲子阅读提供支持。国际图联在《婴幼儿图书馆服务

---

① 刘和发.从公共图书馆的教育使命看Bookstart项目及其启示［J］.国家图书馆学刊，2014（4）：16-22.

② 黄耀东.美国公共图书馆的婴幼儿早期阅读推广——对Born to Read项目的考察［J］.图书馆论坛，2018（1）：93-99.

指南》中指出，公共图书馆"向父母及监护人告知阅读及朗读对婴幼儿语言及阅读技能的发展有着至关重要的作用"。图书馆在面向低幼儿童的服务中，不能仅仅提供阅读资源，而且要关注阅读服务，为读者创造阅读环境；同时还要进行阅读指导，对家长进行培训，指导亲子阅读。公共图书馆应运用各种方式鼓励父母带上婴幼儿到图书馆平等享受图书馆的资源和服务，一方面让婴幼儿感受早期阅读的氛围，另一方面也为家长传授亲子阅读的经验，让家长更好地担当起教育子女的责任。

图书馆利用自身的优势开展面向低幼儿童阅读活动的具体措施，通常包括设计提供专门的阅读空间、配备适合各年龄段儿童阅读的书籍、举办适合各年龄段儿童的共读活动，如开展手指谣、韵律操、讲故事、童话短剧表演、其他读写游戏等，通过营造良好的阅读氛围，激发儿童早期阅读和学习的兴趣。同时，还要提供针对家长的交流沙龙，由专业的少儿馆员或邀请专家开设相关讲座培训，上门进行家访指导等。总之，在低幼儿童阅读服务中，公共图书馆除了提供阅读的资源和空间之外，还应该向家长传授科学开展早期阅读的方法。

四、公共图书馆开展亲子阅读支持的实践

1. 深圳少年儿童图书馆

2010 年，深圳少年儿童图书馆启动"喜阅 365——亲子共读计划"，并于 2011 年正式向全市读者推出。这是一个由喜阅推荐书目、喜阅读书会、故事讲述人研习班、阅读推广人培训班、新浪微博（@喜阅 365）、腾讯微博（公众号：喜阅 365）等多个子项目共同组成的专业的儿童阅读指导项目。

"喜阅 365——亲子共读计划"主要包括：①一天一本优秀亲子共读书。以台历的形式，每天推荐一本。②一周一次亲子读书会（喜阅读书会）。每周日下午"梧桐树下"故事屋为 3—12 岁的儿童及其家长举办一场精心策划的"喜阅读书会"。每次讲读的书都是从"喜阅 365 推荐书目"里挑选出来的经典童书。③一月一次家长分享会。由资深的儿童阅读推广人和在亲子阅读方面具有成功经验的家长，就家长们最为关心的如何选好书、如何提升孩子阅读能力、亲子阅读的理论与实践、亲子阅读互动技巧等问题与家长们进行研讨。④网络共享实时互动。深圳少年儿童图书馆开通了"喜阅微博""喜阅微信"，为市民推荐优秀图书、阅读活动信息，分享、讨论阅读体验，发布各种国内外最新儿童阅读、儿童教育信息等 ①。

2. 杭州少年儿童图书馆

"小可妈妈伴小时"是杭州少年儿童图书馆低幼部面向 0—6 岁学龄前婴幼儿打造的一项亲子活动。包括亲子课堂、节假日活动、亲子交流会以及故事妈妈等系列亲子活动 ②。

亲子课堂为 0—1 岁婴幼儿开设快乐游戏，活动内容有：爬爬赛、滑滑梯、摇啊摇、搭积木、体能游戏等，旨在通过游戏提升婴幼儿的有意注意和大肌肉发展，同时增进亲子情感交流；为 2—3 岁幼儿开设阅读游戏，通过阅读提升幼儿有意注意的时间、学习简单的礼貌用语促进语言能力的发展，进一步提高理解能力；通过手指谣、穿项链、音乐律动、体能游戏、认知大卡等丰富的游戏形式，提升认知能力、音乐律动、大小肌肉的均衡发展。为 3—6 岁幼儿开设绘本之旅、Say ABC、趣味手工、科普小课堂等精彩纷呈的课程，促进学龄前幼儿综合能力的发展。

假日活动主要采取户外活动的模式，带领幼儿拥抱大自然，共享阳光，共享欢乐，阅读大自然。开展的活动有：亲子元旦欢乐趴、阅读春天、快乐六一趣味游园会、欢度十一、圣诞狂欢以及中国民俗系列活动等。

亲子交流会主要由具有专长的家长志愿者为适龄儿童家长答疑解惑。已开展的活动有：如何缓解幼儿入园焦虑，婴幼儿口腔卫生的护理，漂亮发饰DIY，理解图画书中的童心与世界，捏脊疗法与常见病，宝宝舌尖上的健康美食，如何让您的家庭更好地滋养孩子，儿童专注力的特点和培养，亲子绘本创作，儿童发展敏感期，了解 0—3 岁孩子的心理需求、做智慧家长等。

故事妈妈皆由爱好亲子阅读的家长志愿者加入"小可妈妈伴小时"服务项目，为孩子们倾情讲述并演绎生动的故事。

3. 苏州图书馆

苏州图书馆从 2011 年启动了"悦读宝贝计划"。该服务主要针对 0—3 岁儿童及其家长，为其提供阅读指导服务，鼓励家庭开展亲子阅读。2013 年，"悦

---

① 喜阅 365——让孩子在阅读的喜乐中度过每一天［EB/OL］.［2019–09–01］. http://www.szclib.org.cn/hdzx/pphd17/201705/t20170515_20164.htm.

② 小可妈妈伴小时—品牌介绍［EB/OL］.［2019–09–01］. http://www.hzst.net/sixppjs/index.htm.

读宝贝计划"被"阅读起跑线"（Bookstart）英国总部承认，成为中国大陆首家"阅读起跑线"的成员馆。

该计划的核心内容是为全市婴幼儿赠送"阅读大礼包"，并配套开展一系列的亲子阅读品牌活动，包括蹒跚起步来看书、家长沙龙、听故事姐姐讲故事、悦悦姐姐教我念儿歌、悦读妈妈志愿者培训、悦读妈妈讲故事、流动大篷车进幼儿园等，受到广大小朋友及家长的极大欢迎。许多活动不仅在总馆本部开展，同时也在分馆及社区推广。如悦读妈妈讲故事活动借助社区分馆平台，由持有培训合格证的悦读妈妈志愿者为社区小朋友讲故事，使更多的家庭获益。

4. 北京市朝阳区图书馆

北京市朝阳区图书馆于 2016 年 10 月推出了低幼阅读空间，采取了馆中馆的模式，专门为众多低幼儿童设计了符合年龄特点的软硬件服务及设施，配以丰富的阅读服务内容。陈列的图书种类丰富，包含获凯迪克大奖、凯特·格林威奖的众多优质绘本近 5000 种。每期周末活动深受小朋友和家长朋友的欢迎。动听的故事、丰富的绘本、特色的阅读活动和专业的服务人员给每一个到图书馆阅读的小朋友们送来了阅读的温暖，引导他们走入美丽多彩的阅读世界[①]。

第二节　家长服务

一、家长沙龙

亲子阅读是培养低幼儿童阅读习惯的最初、最有效的形式，也是增强家庭成员之间的情感联结、促进亲子关系健康良好发展的重要途径。在儿童没有足够的选书能力时，多数家长扮演着为孩子选书的角色。因此公共图书馆在为儿童读者服务的同时，其实也在为儿童的家长服务。只有提升了儿童抚养人的综合素质，使他们有了正确的育儿观念，并有足够的能力为孩子选书、读书，最终才能使儿童受益。作为具有社会教育职能的公共图书馆，开展对家长的育儿和阅读指导是职责所在，是完全有必要的。这在我国公共图书馆界已经有许多实践，并取得了很好的成效。

---

① 低幼阅读空间——朝阳区图书馆儿童阅读服务新亮点［EB/OL］.［2019-09-01］. http://www.bjwmb.gov.cn/xxgk/wcnrjy/t20170116_808919.htm.

"悦读父母成长沙龙"活动是深圳市南山区图书馆特地为家长打造的汇聚分享、交流、获得自我成长的平台，邀请教育、儿童心理咨询等领域的学者、专家为家长分享孩子生涯规划、关键能力培养等话题，推荐优秀儿童教育书籍，帮助家长掌握正确的引导方法，和孩子一起学习，共同成长[①]。

在武汉图书馆，"武图悦读·市民学堂"也不定期地为家长们举办"家长沙龙"活动，邀请多年从事心理咨询、心理健康和家庭教育知识普及等工作的讲师前来为家长们授课，探讨家庭成员角色和各自对孩子人格发展的影响，家长们在活动中交流育儿经验，取长补短，提升了他们的教育理念[②]。

苏州图书馆在 2008 年就开设了"家长沙龙"，邀请儿童教育专家和心理咨询师，通过讲座与座谈的形式，在家长与讲师之间建立起一个面对面交流的平台，共同面对家庭教育中遇到的困惑与难题，让许多的家庭学习、分享成功的亲子阅读经验和科学的育儿方法。讲师团队伍中既有儿童文学作家、学校校长、心理咨询师、幼儿园老师等馆外的热心志愿者，也有本馆的资深馆员。同时，还建立了家长 QQ 群，方便家长们随时交流育儿心得与亲子阅读的书目、方法和成效等。

除亲子阅读指导方面的内容外，"家长沙龙"还可以尝试更多服务内容，如邀请儿科医生与家长们分享儿保知识、建立亲子阅读档案、跟踪阅读实践效果等。同时，少儿图书馆馆员也要注重自身知识的储备和更新，提高综合素质，加强讲师团队伍建设，不断提高沙龙活动的质量，从而引领更多家庭的孩子热爱阅读、健康成长！

二、亲子阅读讲座

除了小型的沙龙活动之外，很多公共图书馆还积极开设各种亲子阅读讲座，邀请国内的知名作家与高校的儿童文学专业老师与家长面对面，鼓励家长与孩子共读，指导家长如何与孩子共读以及如何提高孩子的阅读与写作水平等。

比如，重庆图书馆开设专门的亲子阅读系列讲座，邀请全民阅读推广人、

---

① 南山图书馆. 悦读父母成长沙龙第 15 期［EB/OL］.［2019-03-13］. https://www.nslib.cn/node/1199 以及同网站《悦读父母成长沙龙第 17 期》《悦读父母成长沙龙第 19 期》。

② 武图悦读·市民学堂举办家长沙龙系列活动［EB/OL］.［2019-09-29］. http://www.whlib.org.cn/info/71630.jspx.

资深图书编辑等专家，给家长和小朋友们讲授如何共读图画书、文字书以及亲子阅读的诀窍、核心及方法等，让家长们了解到亲子阅读不仅可以增强孩子的语言能力、想象能力，还能培养孩子的独立思考能力。

在上海浦东图书馆，彭懿、阿甲、梅子涵等国内童书界的大师也会不定期地做客，向家长们传授如何解读图画书，讲座不只吸引了上海本地热衷于亲子阅读的父母参加，还有不少外地慕名而来的童书爱好者。

2014 年，温州图书馆启动了"亲子阅读推广人公益培训"，邀请国内知名阅读推广人、绘本创作与讲读的专家担任培训讲师，为招募的学员提供全方位、系统化的亲子阅读推广培训。培训结束后学员们加入到故事导读、绘本表演等活动中，为培养儿童阅读兴趣，提高儿童阅读水平出力。

苏州图书馆每年也会不定期地举办各种亲子阅读讲座，向家长们宣传亲子阅读的益处，鼓励家长尽早为孩子开展阅读，并指导他们如何与孩子进行共读。2015 年，苏州图书馆启动了"悦读妈妈"志愿者项目，通过主题讲座和实际操练的形式对招募的志愿者进行培训，培训内容以早期阅读为主，包括讲故事的技巧、图画书的选择和解读以及其他阅读延伸活动。培训后，志愿者被派赴到各社区图书馆开展讲故事之类的阅读推广活动，他们将培训中学到的"法宝"在实践中加以练习提升，帮助更多的孩子爱上阅读，也帮助更多的家长了解孩子的内心世界，增进亲子感情。

第三节　亲子阅读志愿者培训

2015 年，中共中央办公厅、国务院办公厅印发了《关于加快构建现代公共文化服务体系的意见》，其中明确指出要"保障特殊群体基本文化权益，开展学龄前儿童基础阅读促进工作"[①]。学龄前儿童由于年龄小，其活动范围有限，开展亲子阅读，是促进其基础阅读的重要方式。然而现实情况是，中国很多家庭，特别是低幼儿童父母对亲子阅读知之甚少，缺乏亲子阅读的基本方法和技巧。

---

①　中办、国办印发《关于加快构建现代公共文化服务体系的意见》[EB/OL].（2015-04-21）[2019-01-15]. http://www.cssn.cn/zt/zt_xkzt/zt_zzxzt/zcdpd/ggfwyj/201504/t20150421_1595468_1.shtml.

因此，公共图书馆有必要对孩子家长进行直接培训，也需要大量的志愿者对亲子阅读进行推广和示范引导，以便使更多的家长能更好地引导孩子的早期阅读。

一、亲子阅读志愿者培训概述

亲子阅读志愿者主要是由公共图书馆招募的专门为儿童阅读提供服务，并在图书馆或其他机构，组织开展亲子阅读推广活动的志愿者。亲子阅读志愿者培训是公共图书馆开设的专门针对亲子阅读志愿者的培训活动。目前公共图书馆普遍开设的亲子阅读讲座、家长沙龙、家长课堂等，都是针对孩子家长的培训课堂。当然，这些家长也可能成为志愿者。

亲子阅读志愿者培训的直接目的是为图书馆开展亲子阅读活动提供支持，培养活动的主持者、组织者和示范者。图书馆开展亲子阅读志愿者培训，实际上是培养一大批秉持亲子阅读理念，并掌握亲子阅读技巧的志愿者，由他们再向广大的家长推广和示范亲子阅读理念与方法，其最终目的是向家长宣传科学的亲子教育理念，教授科学的亲子阅读方法，扩大亲子阅读社会传播与影响，从而让更多的孩子在亲子阅读中获益。

开展亲子阅读志愿者培训意义重大。首先，它宣传了科学的阅读及教养孩子的理念。与日本、欧美等发达的国家和地区相比，我国专门针对新生儿家长的培训很少，且往往不成体系。中国家长教育孩子的方式，也多是"代代相传"的方式。家长可能会过于娇惯孩子、甚至随意代替孩子做事，并经常用"鬼""大猫""警察叔叔"等吓唬不听话的孩子。有些孩子甚至完全交由祖父母照顾，更毋庸谈科学的教养方式。亲子阅读培训虽然重点关注孩子的阅读能力及阅读兴趣，但课堂中也包含很多儿童教养理念与方法。图书馆对亲子阅读志愿者的培训多是全方位的。如苏州图书馆的悦读妈妈志愿者培训课堂，不仅包含阅读技巧，还包含营养、习惯、心理、健康等多方面的知识。

其次，亲子阅读志愿者培训有助于在全社会传递爱心，发扬志愿精神，所谓"赠人以玫瑰，手留余香"。亲子阅读志愿者培训并不是将目光仅仅局限于自己孩子的阅读及教养，而是通过建立专业的志愿者团队，以奉献爱心的形式传播科学的精神，他们深入到基层图书馆、社区、学校、家庭等，面向更多孩子和家长开展活动，从而使更多家庭和孩子获益，并通过爱心传递行动，在传播科学育儿理念与方法的同时，弘扬社会正能量，其社会意义更大。

最后，对公共图书馆而言，它有助于缓解图书馆人员不足的窘况。目前中国图书馆事业蓬勃发展，举办的活动也日益丰富。但图书馆工作人员有限，力量不足。包括许多国外图书馆都需要常年从社会上招募志愿者。建立专门的亲子阅读志愿者团队，并为之提供专业培训，有助于图书馆亲子阅读活动的开展。

二、亲子阅读志愿者培训的开展

目前，我国公共图书馆普遍开设有专门对低幼儿童家长进行培训的家长课堂。如深圳图书馆、苏州图书馆等开设家长课堂、家长沙龙等，以讲座等形式提升家长为孩子阅读的方法和技巧，解决家长在教育孩子过程中出现的种种困惑。但是在家长中招募志愿者进行培训，并在社会上开展志愿活动的则不多，定期开展活动的则更少。以下便以苏州图书馆的"悦读妈妈"志愿者团队组建及培训活动的开展为例，具体呈现亲子阅读志愿者培训活动的开展过程。

苏州图书馆第一期志愿者培训安排在 2015 年 3 月至 5 月。在培训课堂正式开始之前，图书馆提前发布了《悦读妈妈志愿者招募书》，明确了志愿者的报名方式、权利和义务。为了保证培训效果，还明确了请假制度。通过公开招募，诚挚邀请社会各界有志于亲子教育和亲子阅读的志愿者参与。

2015 年 3 月，第一期悦读妈妈志愿者培训课堂正式开始。课堂邀请苏州著名的儿童文学作家、儿童心理专家、营养师、医师及绘本推广人等参与授课。授课内容涵盖孩子营养、保健、生理、心理、家庭、阅读等各个方面。第一期课程安排如下：

表 7–1　2015 年苏州图书馆"悦读妈妈"培训课堂（第 1 期）课程表

时间	主题	地点
3 月 28 日上午	亲子阅读为什么如此重要	二楼报告厅
3 月 28 日下午	向绘本学习做合格的妈妈	少儿馆 4 楼展厅
4 月 4 日上午	走进孩子的内心世界——绘本阅读启示	一楼多功能厅
4 月 4 日下午	儿童营养膳食及常见营养缺乏症	少儿馆 4 楼展厅
4 月 11 日上午	图画语言与图画书中的文本细读	一楼多功能厅
4 月 11 日下午	绘本应用的多元性	少儿馆 4 楼展厅
4 月 18 日上午	绘本中的游戏精神	一楼多功能厅
4 月 18 日下午	讲故事的 N 种技巧	少儿馆 4 楼展厅

续表

时间	主题	地点
4月25日上午	绘本及绘本中的手偶制作	一楼多功能厅
4月25日下午	春季传染病的防治与家庭护理	少儿馆4楼展厅
5月2日上午	如何给孩子选书，组织一场故事会	一楼多功能厅
5月2日下午	婴幼儿童常见科学烹饪方法解析	石家湾餐厅
5月9日上午	童年秘密——绘本中的情绪管理	一楼多功能厅
5月9日下午	悦读妈妈实操课	少儿馆4楼展厅
5月16日上午	学习成果汇报展示	二楼报告厅

该培训课堂在时间上集中在周六，每周一次，家长及幼儿园老师都是利用自己的业余时间参加培训，历时近两个月。课程分为故事妈妈、营养妈妈、保健妈妈、智慧妈妈、成长妈妈等五大模块，既有理论课，又有实操课，将理论课与实践操作课结合，精讲与泛讲结合，大课与小课结合，课程结束后还有学员的汇报表演。家长和幼儿园老师通过课堂可以全面系统地了解和掌握孩子成长中的各种问题及科学的应对方法，同时还学会了用绘本讲故事、做游戏、做手偶等技能。

为了鼓励幼儿园老师参与培训，图书馆与教育局联系，推动解决了教师们的继续教育积分问题。也就是说教师们参加图书馆的培训，可纳入教育系统继续教育累计积分。这样大大提升了教师们的参与热情，也让早期阅读在幼儿园的课堂上得到推广。

第一期培训的成功，为后续的培训来带了良性影响。仅靠学员间的传播效应，第二期预备成员就增长了一倍。之后，每期培训都有百余名学员报名参加。仅两三年的时间，就有400多位妈妈及教师成为图书馆的亲子阅读志愿者，活跃在苏州的各个区域。

三、亲子阅读志愿者的管理与组织

亲子阅读志愿者如何组织管理，公共图书馆要结合自身的情况进行，关键是要建立长效管理机制，包括亲子阅读志愿者的招募、培训及服务等。

首先是亲子阅读志愿者的招募。亲子阅读志愿者是致力于宣传和开展亲子活动的志愿者，他们与一般到馆内整理书架、外借图书的志愿者不同，图书馆对其在语言表达能力及活动组织能力上是有要求的，同时也需要他们具备一定的儿童文学知识。因此，招募到合适、优秀的志愿者并非易事。图书馆想要达成所愿也必须提供足以吸引人的条件，如邀请名师授课；培训内容设计上要有吸引力；能为志愿者提供一展所长、实践所学的舞台等。图书馆在志愿者招募书中，应当明确相应的权利及义务。

其次是亲子阅读志愿者的工作安排。图书馆安排志愿者活动也并非是随意的，不仅要结合自身的需求，同时要照顾到志愿者的居所、交通，结合志愿者的主观意愿等。苏州图书馆的做法是提前通过互联网（QQ 群、微信群等）发布活动需求，邀请志愿者自主报名，然后根据具体情况，单独联系合适的志愿者到相关分馆或社区、学校服务。志愿者也可自主安排活动，自主联系相关图书馆、社区、绘本馆、文体中心等进行活动，并将活动动态及相关图片资料等上传给图书馆，作为图书馆服务拓展的重要内容，归档管理。

再次是亲子阅读志愿者的激励政策。公共图书馆应该出台相应的激励政策，支持和鼓励亲子阅读志愿者的志愿行为。常见的有将志愿者服务时长纳入城市志愿者的积分系统进行积分累加及积分转移并享受相关政策。如首都图书馆工作人员每月都会将志愿者的服务时长上传北京志愿者网站数据平台进行公示，志愿者的积分可以实现累加，志愿者转移到其他城市，其积分也能跟着转移。苏州图书馆与教育局联合，明确教师参与亲子阅读课程培训能作为教育系统继续教育的积分。

最后，图书馆还可以适当对志愿者进行物质补助。如苏州图书馆对悦读妈妈志愿者发放相应的交通及餐饮补贴，这也是吸引志愿者积极参与的重要方法。总之，对志愿者充分尊重、适当鼓励、合理安排，这样才能建立起志愿服务的长效机制。

第四节　亲子阅读服务的社会合作

随着亲子阅读理念的逐步推广，越来越多的低幼儿童家庭走进公共图书馆寻求高质量的亲子阅读服务。但由于我国公共图书馆开展低幼儿童阅读服务的历史不长，服务理论滞后，低幼儿童服务效果不佳的现象比较普遍[①]。特别是

---

① 范并思，吕梅，胡海荣．公共图书馆未成年人服务［M］．北京：北京师范大学出版社，2012：183.

0—3 岁婴幼儿这一群体更是长期以来被挡在公共图书馆的大门之外，亲子阅读服务的理论研究、资源配置以及服务能力等方面还远远跟不上读者的需求。因此，公共图书馆需要向社会寻求合作，借助多方力量来提升亲子阅读服务的能力。参与合作的对象可以是机构和团体，也可以是个人，他们虽然来自社会的不同领域，但一个共同的特点就是从事或关注儿童早期教育。

一、社会合作的目的

（一）提升亲子阅读服务能力

图书馆寻求亲子阅读服务社会合作的主要目的是为了提升亲子阅读服务能力。图书馆虽然在场地、文献资源等方面具有优势，但在低幼儿童护理及早期教育方面，其他一些机构如儿童医院、幼儿园等则更加专业。再者，我国公共图书馆馆员普遍缺少儿童教育的相关专业背景，而馆员的能力和水平是决定亲子阅读服务质量的关键因素，因此，吸引与儿童教育相关的社会力量参与亲子阅读活动，可以弥补馆员相关知识的不足，使亲子阅读服务更符合婴幼儿的生理、心理特点，更具有针对性。同时，社会合作的过程也是馆员学习、进步的过程，随着合作参与各方思维的不断碰撞、创意的不断萌发，馆员知识储备得到丰富，协作协调能力不断提高，从而带动整个团队服务能力的逐步提升。

（二）提高亲子阅读宣传推广效果

依靠公共图书馆自身的力量"单打独斗"进行亲子阅读宣传推广，显然力量单薄。而联合社会力量一起开展亲子阅读宣传推广，则效果会更好。特别是通过与报纸、电台、电视台等媒体进行合作，可以增强宣传的力度，获得极佳的宣传效果。同时，与其他一些机构团体的合作也可以通过合作方自身的宣传渠道将图书馆的亲子阅读服务广泛传播，起到一传十、十传百的口碑效果，有利于阅读宣传的多渠道传播。

（三）获得更多资金支持

政府的财政支持是公共图书馆最重要的资金来源，同时，一些政府相关部门也能为亲子阅读活动提供专项活动资金，如苏州图书馆"悦读宝贝计划"最初就是在市文明办未成年人专项资金的支持下启动的。此外，一些企业会以冠名或赞助的形式向阅读活动提供资金支持，这方面的例子非常多，与这些部门和企业的合作可以扩充公共图书馆的资金来源。

二、亲子阅读服务的主要社会合作对象

社会合作的本质是资源的优势互补，因此，公共图书馆可从影响亲子阅读服务的相关因素出发，考察社会机构和个人在资源、能力等方面的优势，根据阅读服务的内容和形式要求选择合作对象，以获得亲子阅读服务所需的政策支持、经费支持、专业支持、宣传支持、受众支持等援助。常见的社会合作对象有以下机构、团体或个人。

（一）政府的相关职能部门

政府职能部门是主导本地区全民阅读活动的关键力量，在主导和推动儿童阅读方面有着得天独厚的优势。一方面，政府相关部门通过制定一系列政策和指导性文件在全社会倡导"阅读从 0 岁开始"的社会风气；另一方面，财政部门的经费投入又是阅读服务的必要保障，直接影响着公共图书馆阅读服务的规模与水平。

此外，在公共图书馆与其他单位进行跨系统合作时，政府主管部门之间的沟通协调甚至直接参与，对阅读活动的立项与组织也可以起到非常关键的作用，有利于消除行业壁垒，促进资源融合。

（二）幼儿园

国际图联和联合国教科文组织联合颁布的《公共图书馆服务发展指南》提到，公共图书馆最重要的机构关系之一就是与当地社区的学校和教育系统的关系。幼儿园的早期阅读教育在实施对象和实施方法上与公共图书馆的低幼儿童阅读服务高度契合，二者是天然的合作对象。

站在幼儿园的角度，公共图书馆有专业的、可信任的阅读平台，可以为幼儿园提供丰富的阅读资源和专业的阅读指导，是幼儿园开展早期阅读教育的重要支持；而对于公共图书馆来说，幼儿园是幼儿的聚集地，是开展图书馆教育、培养图书馆终身读者的极佳场所，通过"迎进来"——参观图书馆、开展"图书馆日"活动和"走出去"——合作办馆、送书上门等方式，可以让更多的幼儿和家长更方便地利用图书馆的资源和服务。特别是与幼儿园合作办馆和利用流动图书车送书进园的方式，更是突破了公共图书馆传统的阵地服务边界，延伸了服务触角，提高了阅读资源的使用效益。

在亲子阅读推广中，公共图书馆经常通过举办一些大型的读书活动来进行阅读宣传或成果展示，这就需要一定的读者参与量来保障读书活动的顺利进行。而公共图书馆的读者队伍是松散的、自由的，缺乏严谨的组织管理，读者对阅读活动的参与度受宣传方式、宣传力度以及读者兴趣、时间、天气等多种因素的影响，因此公共图书馆在组织大型阅读活动时往往会在前期宣传准备中花费大量的精力，好的活动策划经常达不到预期的效果。而幼儿园的儿童数量多，易组织管理，图书馆和幼儿园合作开展阅读活动，在宣传方面就可以很有效地落实到每一位家长和幼儿，这样，图书馆就可以将有限的精力投入到活动的其他方面，活动的质量和规模也更容易得到保障。对幼儿园来说，与公共图书馆合作开展阅读活动为展示其阅读教育成果也提供了广阔的舞台，有利于提升幼儿园的文化品位和办园水平。

☞ **相关链接：德国不莱梅哈芬"图书—幼儿园"活动**

"图书—幼儿园"活动由不莱梅哈芬的公共图书馆、青少年福利局联合资助。作为不莱梅哈芬当地的儿童阅读推广活动，该项目自 2009 年 8 月开始实施起就深受当地居民的支持。据统计，在 2015 至 2016 这一学年中，有 18 家日托班或幼儿园积极参与到该项目中来，其中，6 家日托机构在当地颇有声望。自项目开始实施至今，不莱梅哈芬已有 34 家日托班或幼儿园加入到该项目中，并且参与该项目的机构都会被授予牌匾。"图书—幼儿园"活动的主要目的是培养学龄前儿童的阅读兴趣，使他们喜欢与文献为伴。参与该项目的日托班或幼儿园会得到一个包含 15—20 本图书的礼包，并在儿童活动的地方设置图书角。幼儿园会组织在校儿童观看木偶戏，拜访图书的作者，也会定期组织跟图书馆有关的各种活动。参与项目的老师会接受专门的培训，并且各项活动的开展有专人指导，以更好地为儿童提供服务。

资料来源：张庆，束漫.德国公共图书馆儿童阅读推广活动发展现状研究［J］.图书馆建设，2016（11）：40.

（三）幼儿师范学校或开设学前教育专业的高等院校

幼儿师范学校和设有学前教育专业的高等院校是培养幼儿教育专业人才的

摇篮，是开展学前教育研究、了解国内外学前教育最新动态的重要机构，它们的最终受益人群是学龄前儿童，这与公共图书馆开展儿童阅读服务的目标是基本一致的，是公共图书馆需要联合的一支重要的社会力量。

随着公共图书馆事业的发展，它的主要职能已悄然发生改变，图书馆不再仅是一个文献存储和借阅的场所，更像是一个开放的公共文化空间。图书馆员，尤其是从事低幼儿童阅读服务的馆员，除了传统的图书借阅服务，更多的时间和精力需要投入到阅读活动的策划和组织中去。由于低幼儿童读者的特殊性，要求为他们服务的馆员不但要具有爱心和耐心，还应具有儿童文学和儿童心理、生理健康方面的知识；不但要熟练掌握传统的图书馆服务技能，还要善于策划、组织读书活动。但由于历史的原因，很多从事低幼儿童阅读服务的馆员并不具备或较少具备儿童心理学、儿童文学和儿童教育学等方面的专业知识，儿童早期阅读服务仍处在一个较低的水平。因此，幼儿早期教育专业学校的"加盟"无疑会极大地充实公共图书馆的教育力量。一方面通过邀请专业老师来馆授课或安排馆员去学校听课的方式来对馆员普及儿童心理、生理方面的知识，开展讲故事、阅读延伸游戏方面的技能培训，提高馆员的儿童教育素养等；另一方面，公共图书馆还可以和院校合作开展针对家长的亲子阅读培训，培训的内容不仅包含亲子阅读的方法与技巧，还可涉及儿童的健康、行为习惯和亲子陪伴等领域，向家长提供全方位的立体指导，提高公共图书馆亲子阅读服务的能力和水平。

幼儿师范等高等院校不但有强大的教学资源，也有庞大的学生群体，这些学生是未来的幼教从业者，公共图书馆可以成为这些院校的社会实践基地，为学生提供近距离接触儿童的机会，让他们将课堂知识付诸实践，提高理论联系实际的能力，增加对儿童教育的感性认知。同时，学校长期制度化地参与亲子阅读服务，也能为公共图书馆的志愿者团队提供源源不断的新生力量。

（四）媒体

媒体是公共图书馆长期的合作伙伴，是连接图书馆和社会大众的桥梁，也是宣传亲子阅读理念、展示亲子阅读成果的重要平台。亲子阅读服务要在图书馆以外更广阔的范围传播，让更多的家长了解并带领孩子走进图书馆接受服务，媒体就是一条重要的传播渠道，媒体的社会舆论导向作用使公共图书馆的亲子阅读服务更容易获得全社会的广泛认同、支持和参与。

除了通过媒体进行宣传外，公共图书馆也可以凭借自身的资源优势，和媒体一起打造新颖的、有吸引力的文化节目，在鼓励更多的民众参与阅读活动的同时，也提高了媒体的传播度，提升了媒体参与社会公益活动的良好形象，这也是吸引媒体参与亲子阅读合作的重要因素。

☞ **相关链接：河南省少年儿童图书馆与《河南青年报》合作共创《悦绘季亲子周刊》**

2013年7月，为了满足青少年读者的阅读需要，河南省少年儿童图书馆在三楼以上尚未完全竣工的情况下，在一、二楼开始试运营，暑假期间开展了各项主题活动。除了场馆活动外，为了更好地宣传图书馆，更好地推动儿童阅读，河南省少年儿童图书馆创新性地与传统纸媒《河南青年报》，共同创办亲子阅读周刊《悦绘季亲子周刊》，这在全国还是首创。

《河南青年报》隶属共青团河南省委，是一家老牌机关报，创刊于1949年，已经有65年的历史，主要面向青少年群体发行，这与河南省少年儿童图书馆所面向的读者群是重合的。图书馆与报社联合主办阅读周刊，这在全国开了先河。

《悦绘季亲子周刊》每周三出版，以亲子阅读为主，面向0—12岁的孩子及其家长，将阅读的概念与兴趣，通过媒体传达到千家万户。特别是每周固定的图书馆专版，悦绘季亲子阅读论坛（www.yuehuiji.com），微信公众平台（微信公众号：yuehuiji），都会将图书馆主题活动、场馆动态、好书推介等及时而快速地播报给读者。

特别是双方共同打造的睡前故事品牌"童悦电台"，通过微信平台，将动听的故事传播给更多的小听众，让他们每天晚上伴随着温馨的故事入眠。这种做法改善了以往公共图书馆呆板的服务形象，打破了必须要在场馆内参与活动的局限性，使更多不能到达现场参加活动的孩子，通过电台声波享受到少儿馆的服务。目前"童悦电台"的小听众已经将近一万人了。

与《河南青年报》合作以来，通过双向的自身形象宣传、资源共享、共同开展亲子阅读与公益活动、信息速递、联谊互动等形式，双方在许多交叉领域进行了深入、有效的合作，就公共图书馆与平面媒体的合作途径进行了有益的探索，取得了一定的成果。双方的文化传播机构的形象都得到了巩固和提高，同时，可利用资源覆盖面大大延伸，各种活动的社会效应也得到了有效提升，品牌影响力与日俱增。

资料来源：崔喜梅.公共图书馆与社会公共资源合作初探［J］.美与时代（上），2014（8）：109.

（五）出版发行机构

图书出版和发行机构是公共图书馆获取图书出版信息的主要来源，是图书馆建设馆藏资源，满足读者需求的重要渠道。当下，低幼读物质量不高，且同质化现象较为严重，这为家长挑选图书带来了一定的困难。公共图书馆与出版社、发行机构等企业合作可以有针对性地获得符合馆藏需要的图书信息，提高藏书的品质。图书馆也可以为不同年龄段甚至月龄段的幼儿制定分级阅读书目并及时反馈给出版发行机构，为出版发行机构了解市场需求，更好地组织阅读产品提供依据。

由公共图书馆与出版发行机构联合开展的作家和新书推介活动则架起了作家与读者之间沟通的桥梁，一方面通过作家的影响力吸引更多的孩子和家长参与阅读活动、激发起孩子对作家和作品的兴趣，另一方面作家也可通过与孩子和家长的互动获得更多的灵感，有利于作家创作出更多贴合中国孩子需要的原创作品，对出版发行机构的图书营销也能起到积极的促进作用。

（六）医疗机构

亲子阅读倡导"阅读从0岁开始"，婚育课堂、新生儿降生以及产后检查和婴幼儿接种、就医等环节都是宣传亲子阅读的好机会。公共图书馆可以走进医疗机构，通过开办讲座、发放宣传材料、赠送阅读礼包的方式向婴幼儿家长宣传亲子阅读，吸引他们尽早尽快地带孩子来接受图书馆的服务，也可以邀请医护人员来馆给家长开设母乳喂养、儿童健康方面的讲座，现场解答家长的咨询，指导家长如何科学育儿。

☞ 相关链接：城市书屋：全民共享的阅读新空间

北京朝阳区图书馆不拘泥于传统，以"医院＋图书馆""艺术园区＋图书馆""文创园区＋图书馆""24小时阅读服务"等城市书屋模式，打造千屋千面不一样的阅读空间，为人们在喧嚣的城市开辟一方心灵的净土。

北京朝阳区东区儿童医院的诊室外，图书角的《小猪佩奇》绘本舒缓着孩子候诊不安的情绪；节奏飞快的中央商务区内，古朴与现代结合的宸冰书坊给了都市白领宁静的空间；左家庄的"梦工坊馆"里，视障专用电脑设备实现了盲人朋友的"阅读"与视听。当城市的灯光逐渐熄灭时，一座座书屋依然彻夜明亮，照亮城市的夜晚，让城市弥漫书香……

为了有效弥补城市公共阅读空间的不充分和不均衡，自2017年4月起，北京市朝阳区陆续建成12座城市书屋，坐落于城市的各个角落，宸冰书坊馆、梦工坊馆、798尤伦斯馆、良阅书房馆、东亿产业园馆、三里屯馆、东区儿童医院馆、读聚时光馆等，在不同区域满足不同人群的文化需求，可谓"多源供给"服务"多元需求"。这12家书屋面积超过4300平方米，投入图书4万余册，书屋均配备数字化阅读设备，并接入北京市公共图书馆"一卡通"服务系统，实现免费借阅，通借通还。

与传统公共图书馆不同的是，城市书屋多具有较强的都市时尚气息和优雅氛围，配备有咖啡、茶点等增值服务，融入特色讲座、读书会、文化沙龙、艺术科目培训等文化活动，将阅读与休闲结合起来。据统计，2018年城市书屋利用场地与线上开展活动128场次，参与人数246万余人。

其中，由北京朝阳区图书馆与宸冰阅读文化传媒共同打造的宸冰书坊馆位于中央商务区内，通过"线上线下结合"的方式开展阅读服务。线上活动《宸冰读书》音频聚焦人文、历史和艺术；线下活动"中国读书声"等，引导居民朗读经典、体会语言艺术的魅力。目前，线上活动单次参与人数40余万人次。宸冰书坊获得2017年北京市"十佳优读空间"荣誉。

与郎园文化创意园共同打造的良阅书房位于长安街畔的黄金位置。良阅书房馆的特色是"阅读空间1+1"，即设有两个阅读空间：一个位于郎园北门临街的小空间，为下班候车族提供了一个休憩的阅读空间；另一个在郎园虞社演艺空间玻璃房处，里面有书屋、有剧场。剧场定期举办戏剧、音乐欣赏等，良阅书房与出版机构合作定期举办思想对谈和读书沙龙，建立线上公众社群，线下大师公开课、书友会、文化沙龙，还有大量的音乐、文学、生活雅集等，书房以交互式运营的形式打造24小时城市阅读空间，满足读者不同的文化需求。开馆仅5个月的良阅书房馆，举办活动已达55场，直接参与人数达3300人。

与东区儿童医院共同打造的东区儿童医院馆特色为"1个图书馆+7个图书角"的阅读空间布局，主打经典儿童、绘本和亲子类图书，让候诊的小朋友有书可读，患儿和家长都能感受到阅读传递的温暖力量和人文情怀。在"1个图书馆+7个图书角"的阅读空间里，实现了把阅读带进病房，医疗因为有了图书而变得更加温暖。这种引入多元主体的社会化服务模式，不仅拓展了公共文化服务内容的思路和边界，让公共阅读与不同业态相互支持、共赢发展，同时，也产生了极大的聚合效应，为公共阅读带来了更多读者，精准吸附更多阅读群体。

朝阳城市书屋起到的是影响人、聚拢人的作用。朝阳城市书屋在充分借助社会力量发展的同时，始终坚持公益底线，采用免费、错峰向社会开放的方式，服务、融入社区和园区，让市民就近有书可看，享受品质化的阅读服务，感受阅读产生满足感，营造良好的城市文化和社会氛围。

资料来源：仇宏文.城市书屋：全民共享的阅读新空间［N］.中国出版传媒商报，2018-11-27（11）.

（七）民间阅读力量

民间阅读力量主要包括热心和积极推动阅读的非政府组织（NGO）、民间读书会和沙龙、民间基金会、志愿者团体、独立阅读推广人等[1]。他们由民间自发形成，成员来自各个行业，热心公益，经常活跃于社区基层，贴近大众的文化生活，是促进全民阅读、提升社会阅读风气的一股正能量。公共图书馆可以充分依托自身在经费、资源、场地、人员、宣传等方面的优势与民

---

① 参考：高小军.发挥民间阅读组织在公共图书馆阅读推广中的作用［J］.图书馆界，2011（4）：28，但高小军此文把他们统称为"民间阅读组织"。

间阅读力量开展合作，一方面为公益阅读推广活动提供支持与帮助，促进其提升与发展；另一方面，图书馆借助民间阅读力量在活动创意、策划以及执行力方面的优势来提高亲子阅读活动在民众中的参与度和社会影响力，使亲子阅读活动更具活力和生命力。公共图书馆与民间阅读组织的主要合作形式有公益讲座、家长读书会、故事会、童话剧表演等。

表 7-2 深圳地区公共图书馆与民间公益儿童阅读组织合作形式 [①]

图书馆名称	合作组织	主要合作形式
深圳图书馆	彩虹花公益小书房、三叶草故事家族	精读故事会、故事小讲堂、绘本剧表演、公益讲座、读书会、阅读文化展
深圳少年儿童图书馆	三叶草故事家族、蒲公英读书会	喜阅故事会、绘本故事及延伸活动、故事讲述人研习班、公益讲座
罗湖区图书馆	三叶草故事家族、彩虹花公益小书房	主题故事会、绘本剧表演
福田区图书馆	三叶草故事家族、彩虹花公益小书房	故事会、读书会、绘本文化节
南山区图书馆	三叶草故事家族、彩虹花公益小书房	读书会、故事会及延伸活动、绘本故事表演
宝安区图书馆	彩虹花公益小书房	读书会、故事会
龙岗区图书馆	彩虹花公益小书房	故事会
横岗街道图书馆	三叶草故事家族	故事会
观澜街道图书馆	彩虹花公益小书房	读书会
龙岗街道图书馆	彩虹花公益小书房	故事会
桃源村图书馆	彩虹花公益小书房	公益培训

从表中可以看出，针对儿童的故事会和读书会是最常用的形式，故事会和读书会通过讲、演、听的方式激发儿童的阅读兴趣。同时，针对家长和志愿者的培训和讲座也比较多，旨在从理论上提高大众的儿童阅读指导水平。

① 杨婧.公共图书馆与民间公益儿童阅读组织合作模式探析［J］.图书馆工作与研究，2015（4）:100.

（八）企业

亲子阅读事关儿童成长、国家未来，相比成人阅读，更能吸引全社会的关注。随着公共图书馆社会影响力的不断上升，一些重视企业文化建设或热心公益事业、关注儿童成长的企业乐于参与公共图书馆的阅读推广活动，以提升企业的公益形象和产品的社会认知度。公共图书馆可以利用亲子阅读活动的品牌资源与企业合作，接受企业的物质和经费赞助或给予企业对阅读活动的"冠名权"，与企业一起实现共赢。当然，图书馆对企业的赞助行为也要有所选择和约束，对热心公益事业的企业给予欢迎和鼓励，对以赞助为名从事商业活动、损害公共图书馆形象的企业予以坚决抵制，避免在"赞助公益事业"的幌子下被商业性利用。

（九）家长

亲子阅读始于家庭，家长是孩子的第一任老师，他们既是亲子阅读的实施者，也是图书馆亲子阅读服务的接受者。家长读者不同于一般的成人读者，由于低幼儿童无法自主完成阅读，图书馆的阅读服务需要通过家长的桥梁作用传递给低幼儿童，孩子的阅读需求又通过家长反馈给图书馆。同时，家长通过营造良好的家庭阅读环境以及与孩子开展积极的互动交流也有助于提高亲子阅读服务的效果。从这些角度来看，家长是公共图书馆开展亲子阅读服务的天然的合作者。

目前，很多公共图书馆都涌现出了一批热心公益事业的家长，他们自愿协助图书馆的阅读推广活动，如在家长沙龙活动中以身说法，向其他家长传授育儿经验，分享亲子阅读的成果，或者经过必要的上岗培训后以"故事妈妈"志愿者的身份为更多的孩子讲故事。可喜的是，这样的家长群体正在不断壮大，强化了公共图书馆的服务力量。

☞ 相关链接：俄罗斯儿童图书馆注重同每一个家庭保持密切的联系

俄罗斯图书馆还以家庭为单位为妈妈和准妈妈们开设妈妈学校，大力宣传婴幼儿及少年儿童早期阅读的益处，并且将儿童早期阅读内容的彩色广告粘贴画张贴到妇幼保健院及幼儿园等地，使家庭阅读的理念深入人心。俄罗斯家庭阅读最早始于11—12世纪，当时在斯莫林斯克和弗拉基米尔地区都出现了私人家庭图书馆。家庭成为俄罗斯人阅读的第一场所，家庭成员通过阅读加强交流沟通感情。在俄罗斯的众多公共图书馆和儿童图书馆都设有指导阅读的家庭阅读研究机构、家庭阅读服务中心。从1990年起家庭阅读已经成为俄罗斯人文类大学一门独立的大学课程。俄罗斯图书馆制定了各个年龄阶段读者适合家庭阅读的大纲，使阅读活动走进家庭，形成了馆员积极进行阅读辅导，家庭成员积极进行阅读实践的局面。

资料来源：孙姝慧.俄罗斯图书馆阅读活动特点及启示［J］.哈尔滨职业技术学院学报，2012（4）：111

（十）志愿者

据《中国青年志愿者注册管理办法（试行）》的定义："志愿者是指不为物质报酬，基于良知、信念和责任，自愿为社会和他人提供服务和帮助的人。"[1] 参与公共图书馆亲子阅读服务的志愿者通常来自于跟儿童成长有关的行业，如幼儿师范专业的师生、幼儿园教师、儿童文学作家、儿科医生、营养师、心理咨询师等，这些具有一技之长的志愿者在图书馆通常是参与开展讲故事、做游戏，或者是针对婴幼儿家长的阅读培训和儿童健康咨询活动，通过时间、精力和技能的无偿付出体现个人的人生价值，为公共图书馆开展亲子阅读服务提供了重要的协助。

另外，一些热心公益事业的非专业人士，包括孩子的家长，图书馆也要向他们敞开大门，积极吸纳他们参与亲子阅读服务，为他们安排一些力所能及的工作，并通过一些必要的培训增强他们的服务能力。

☞相关链接：河南省少儿图书馆彩虹志愿者"阅读·陪伴"妈妈分队的实践探索

"阅读·陪伴"妈妈分队由一群致力于推广亲子阅读的小读者妈妈志愿者组成，是河南省少年儿童图书馆彩虹志愿者团队的一个分队。她们受益于亲子阅读，同时又成为志愿者，热心践行亲子陪伴，培养阅读习惯，展现家庭亲子阅读、亲子陪伴的美好，为孩子们精彩的未来积蓄精神食粮。

---

① 共青团中央办公厅.关于印发《中国青年志愿者注册管理办法（试行）》的通知［EB/OL］.（2002-03-14）［2019-09-01］. http://www.gqt.org.cn/search/zuzhi/documents/2002/zqbf/tbf3.htm.

"阅读·陪伴"妈妈分队的组建和发展，源于一次亲子阅读公益活动中一名志愿者教师的倡议。两年来，分队经过了"感受、分享、倡导、升华"四个阶段，完成了华丽的蜕变，逐渐成长为一支优秀的志愿团队。最初，在河南省少儿图书馆举办的"一书一世界·最美亲子阅读时光"系列读书活动中，志愿者王琦参与了活动的策划和组织。之后，王琦主讲的"亲子阅读·妈妈手账"公益课堂每周五准时开课，以手绘"妈妈手账"的形式记录亲子阅读，吸引了一批小读者妈妈坚持参加，定期分享。其后的第三阶段，妈妈们由最初的对自己孩子阅读的关注，转变为亲子阅读的践行者和宣传者，大家举办亲子手账展览、亲子讲堂等公益活动，共同倡导和弘扬"亲子阅读·共同成长"的理念。在第四阶段，妈妈们除了参加馆内活动，还到儿童医院为肿瘤患儿举办读书会，为儿科病区手绘大型壁画，走进乡村小学参加公益活动等。她们由小爱变大爱，完成了华丽的蜕变，第一批分队成员被授予"优秀彩虹志愿者"称号。

"阅读·陪伴"妈妈分队的成员具有独特性，均是小读者的妈妈。这些妈妈来自社会各界，她们中有全职妈妈，也有社会精英、公务人员等，都富有爱心、童心，热情又富有朝气。分队成员既有读者、学员，又有志愿者，具有角色互换性的特点。她们是图书馆阅读活动的参与者，每周在主讲教师的带领下参加"亲子阅读·妈妈手账"公益活动，是亲子阅读活动的受益者。同时，她们积极志愿参与展览、读书会以及图书馆大型活动的组织实施，又成为了志愿者。作为读者和学员，她们更了解读者的需求，担任志愿者角色的时候优势明显，有利于拉近图书馆与读者之间的距离，提升图书馆的社会功能和影响力。

資料来源：安慧.少儿图书馆志愿者管理模式的创新与实践——以"河南省少年儿童图书馆彩虹志愿者团队'阅读·陪伴'妈妈分队"建设为例［J］.河南图书馆学刊，2017（8）：136.

三、社会合作关系的建立

（一）加强自身建设，树立良好形象

重视全民阅读、倡导社会公平、引领文化风尚的良好公益形象是公共图书

馆吸引社会合作力量的前提和基础。因此，公共图书馆要克服安于现状、墨守成规、求稳怕变的懈怠思想，加强自身的能力建设，重视亲子阅读品牌的打造，提升阅读服务的水平，用心积聚口碑，通过自身形象的不断提升来吸引社会力量的重视与加盟。

（二）确立合作发展的目标

公共图书馆应积极关注国内外婴幼儿早期教育的最新动态，借鉴其他公共图书馆开展亲子阅读服务的经验，结合本馆、本地区婴幼儿阅读的实际水平和需要，根据自身的能力和优势制定切合实际的发展目标，分析实现目标过程中可能需要获得的帮助及克服的障碍，为寻找社会合作资源确定方向。

（三）选择最佳合作方

一方面，公共图书馆要主动出击，从亲子阅读服务的上下游机构、相关利益团体和个人中寻求政策、资金、智力、物力等全方位的支持；另一方面，公共图书馆也要广纳群贤，对热心亲子阅读、有意参与亲子阅读服务、符合合作要求的社会力量敞开大门，加强沟通与交流，在相互信任与理解的基础上选择最佳合作方。

（四）建立最佳合作方式

不同的合作对象，合作方式是不同的。公共图书馆要善于站在合作方的立场上思考问题，从资源共享、优势互补的前提出发，从合作双方各自的优势和强项中寻找结合点；与合作方深入探讨合作过程中可能出现的问题或障碍，寻找合理的解决方法，在尽可能满足双方共同利益的基础上确定最佳合作方式，并制定合同或协议来明确双方的责任、权利和义务，保证合作的合法与规范。

四、社会合作的实施、管理与拓展

（一）社会合作项目的实施

根据公共图书馆在亲子阅读合作中发挥的作用，合作项目的实施有以下几种情形：

1. 合作双方不分主次，共同实施。图书馆与合作方在合作过程中发挥的作用虽然不同，但在活动方案的制定、资源的投入、拥有的权利义务等方面，双方的付出与责任旗鼓相当，合作贯穿项目的全过程。

2. 以图书馆为主，合作方辅佐实施。合作方不参与项目方案的制定，仅以人力资源或物质资源参与项目的部分环节，图书馆在项目的实施中发挥主要的作用，并承担主要的责任。

3. 以合作方为主，图书馆在项目的实施中仅提供少量的支持，如配合合作项目开展相关的阅读服务、为合作方的图书资料管理提供业务指导，或为合作项目提供活动场地等。

（二）社会合作项目的管理

1. 合作项目的跟踪

公共图书馆亲子阅读服务的社会合作基本以创造社会效益为主，通常不涉及经济效益。但社会效益风险却是公共图书馆最为重视的，一旦出现问题容易对政府和公共图书馆的社会形象产生负面影响，甚至影响政府的公信力。因此公共图书馆在社会合作过程中必须对合作项目密切跟踪，及时解决出现的问题，有效地规避风险。

2. 合作项目的评估

建立和完善亲子阅读社会合作项目的成效评估机制，通过问卷调查、深度访谈、数据分析等手段及时向读者、馆员以及社会合作方征集对合作项目的评价，考察项目对亲子阅读服务产生的实际效果，这样做既有利于提升服务的针对性和有效性，也是评价合作项目成功与否、向合作方表达尊重与感谢的重要环节。

（三）社会合作资源的拓展

社会合作资源的拓展需要开发挖掘和逐渐积累。一个合作项目的结束并不意味着合作关系的结束。对于每一项社会资源，无论合作是否成功，图书馆都要对其进行分类、整理和归档，为亲子阅读服务向高质量、纵深化发展建立合作的资源库。同时，公共图书馆应经常性地与社会力量进行沟通、切磋与磨合，将简单的、初级的合作关系发展为密切相关的、重要的伙伴关系，为越来越多的社会力量参与亲子阅读服务建立优质的合作平台。

第八章　低幼儿童服务的管理与人员

第一节　低幼儿童阅读服务的管理原则

低幼儿童阅读服务属于未成年人阅读服务的一部分，其管理应当遵循未成年人阅读服务的基本原则，在此基础上充分考虑低幼儿童的生理、心理特点和特殊需求。根据《公共图书馆少年儿童服务规范（征求意见稿）》（2016），以及范并思、吕梅、胡海荣和陶兴华等人的研究，低幼儿童阅读服务的原则概括如下：

一、儿童优先原则

"儿童优先"首先是一种人权理念，较早见于 1959 年的《儿童权利公约》，并在 1990 年的《儿童权利公约》里得以重申，其主张"关于儿童的一切行动，不论是由公私社会福利机构、法院、行政当局或立法机构执行，均应以儿童的最大利益为一种首要考虑。"我国是《儿童权利公约》的签约国，在后来颁布的《中国儿童发展纲要（2011—2020）》中把"儿童优先原则"列为五大基本原则，主张"在制定法律法规、政策规划和配置公共资源等方面优先考虑儿童的利益和需求。"

其次，"儿童优先"是国内外公共图书馆界的基本共识。联合国教科文组织与国际图联共同发布的《公共图书馆宣言》把"尽早培育并加强儿童的阅读习惯"列为公共图书馆的首条使命。国际图联从 20 世纪 90 年代起陆续发布了《儿童图书馆服务指南》《青少年图书馆服务指南》和《婴幼儿图书馆服务指南》，针对不同年龄阶段的儿童，详细制定了公共图书馆面向未成年人服务的规范。我国公共图书馆界对"儿童优先"理念的接受要稍稍滞后些，2012年出台的《公共图书馆服务规范》（GB/T 28220—2011）提出"应当注重培养少年儿童的阅读习惯"，侧重于把少年儿童服务包含于图书馆的读者服务当中，体现的是"平等开放"理念。2018年1月1日，《中华人民共和国公共图书馆法》（以下简称《公共图书馆法》）正式施行，第三十四条规定："政府设立的公共图书馆应当设置少年儿童阅览区域，根据少年儿童的特点配备相应的专业人员，开展面向少年儿童的阅读指导和社会教育活动，并为学校开展有关课外活动提供支持。有条件的地区可以单独设立少年儿童图书馆。"从行业规范到法律法规，儿童服务在公共图书馆读者服务工作中的重要性愈加凸显。另外，由国家图书馆等单位起草的《公共图书馆少年儿童服务规范》正在制订当中，在征求意见稿中把"优先原则"列为六大服务原则之一。总体说来，儿童优先原则越来越被我国公共图书馆界所接受并重视起来，也越来越在公共图书馆的服务政策、资源配置和服务提供中得到体现。

公共图书馆开展低幼儿童阅读服务是对儿童优先原则的具体落实。公共图书馆应当在服务政策、馆舍布局、场所及设施建设、文献资源配备、服务人员安排等方面对低幼儿童群体有所侧重，比如说设立低幼儿童阅读专区，建设低幼儿童特色馆藏，培养和建设一支富有爱心、耐心和责任心的、专业的馆员队伍为他们提供优质的服务，在服务馆员与读者比率方面应当保证不多于8个低幼儿童即配备1个工作人员[1]。

二、平等原则

平等服务是一种现代图书馆理念，向民众提供平等服务是公共图书馆的社会义务，也是法律责任。《公共图书馆法》第33条明确规定："公共图书馆应当按照平等、开放、共享的要求向社会公众提供服务。"按照《公共图书馆宣言》，平等原则是指读者享受公共图书馆的服务不受年龄、种族、性别、宗教信仰、国籍、语言或社会地位的限制，那么低幼儿童就不应因为年龄问题被公共图书馆拒之门外。我们应该清醒地认识到，这一美好的理念还没能成为所有公共图书馆的共识。有些公共图书馆虽然没有明文禁止儿童入馆，但没有为儿童开辟专门的阅读空间，没有开展与儿童生理、心理特点相适应的活动，实际

---

① 范并思.图书馆服务中儿童权利原则研究［J］.中国图书馆学报，2012，38（6）：38–46.

上也是"拒绝"为儿童服务的一种表现。

平等原则要求图书馆员要平等对待低幼儿童。一是要站在低幼儿童的角度，充分了解他们的阅读需求和阅读习惯。儿童有着与成人不同的看待周围世界的方式，特别是处于学龄前阶段的低幼儿童，他们有着自己独特的思考问题的方法，有着一个属于他们自己的完整的世界。成人和低幼儿童由于年龄的悬殊，经历的差距，兴趣爱好、要求需要等心理活动有极大的差别，如只从成人自己的立场观点去看待低幼儿童的阅读需求，就不能真正了解低幼儿童喜欢的书籍和阅读方式。二是保障特殊群体的阅读权利。社会上还有一些特殊的低幼儿童，在心理或生理方面存在着某种缺陷，比如弱视、自闭症、读写困难症等，使得他们无法正常接受公共图书馆的阅读服务。公共图书馆应当在场所布置、馆藏资源和人员等方面做出调整，以保证特殊儿童平等享受图书馆服务的权利。比如为不同程度的视障儿童准备具有强烈色彩对比的、柔软的布料图画书以及可听书籍等，并配套提供朗读、讲故事、手工制作等服务，充分调动视障儿童的阅读兴趣，培养他们的阅读习惯；为他们的家长做专业的培训，以便家长在家中仍然能和他们进行亲子阅读。

三、安全原则

确保低幼儿童的安全是公共图书馆服务中非常重要的原则，在为低幼儿童提供阅读服务时，应当高度重视安全问题。一是因为低幼儿童不具备自理能力，安全意识比较薄弱，更容易受伤害；二是因为部分家长安全意识也很薄弱，带低幼儿童来图书馆参加活动时放任其自由活动，自己沉迷于手机或聊天等，甚至有把幼儿"托管"给图书馆去处理其他事宜的情形发生。为保证低幼儿童的安全，公共图书馆应当制定儿童安全管理措施，并在活动场所公示。

我国公共图书馆在保障低幼儿童的人身安全方面的政策法规目前还很不完善，业界也缺少相应的研究[①]，因此，首要的任务是在国际图联发布的 3 个针对未成年人的指南文件以及我国《公共图书馆法》和《中国儿童发展纲要（2011—2020 年）》等法规和文件的基础上，制定符合我国国情的低幼儿童服务安全保

---

① 罗湘君.关于公共图书馆儿童安全保障问题的思考——从幼托老师带儿童进馆阅读说起［J］.图书馆，2015（4）：107–111.

障措施及管理办法，建立健全儿童安全保障体系。公共图书馆在为低幼儿童提供服务的每一个环节都需要有安全保障，馆员要时刻保持警醒意识，绷紧安全阅读这根弦。

美国马萨诸塞州托马斯·克兰公共图书馆的《儿童安全政策》强调了当儿童在图书馆活动时其监护人的责任，并提供了当儿童失去监护时的解决方案。我国公共图书馆在儿童监护方面大体上分两种情况。一种是强调儿童须由成人陪同并对其负责，比如苏州图书馆"悦读园"服务对象为0—6岁儿童，服务规则要求儿童进入时须由一位并仅能由一位家长陪同和监护，并对其行为及安全负责①。对于低幼儿童要求监护人陪同的还有首都图书馆少年儿童图书馆、广州少年儿童图书馆、深圳少年儿童图书馆等。另外一种情形是在《借阅规则》或者《入馆须知》之类的管理文件里并未提及儿童监护要求。对比中美公共图书馆，我国普遍没有提及的是当低幼儿童在图书馆失去监护（比如监护人去洗手间或做其他事情）时图书馆的应急处理方案。没有处理方案，那就意味着要求监护人陪同只是一句空话。问题的根源在于我国的儿童监护监督制度不完善，公共图书馆在儿童监护管理方面还需进一步完善相关制度。

除儿童监护问题外，公共图书馆还应当采取以下措施确保低幼儿童安全。一是确保活动环境安全。在场所设计规划时，应当根据年龄区分原则、楼层最低原则、（服务）同类相近原则、动静相离原则等进行科学合理的布局②。在微观上注意细节的防护，如桌椅边、角的圆角处理、桌椅和书架的尺寸高度、插座电线的隐藏、合格的玩具、柔和充分的照明等，所有的装饰和设计都应符合低幼儿童生理和心理特点。新建场馆在开放服务之前，应对儿童安全环境进行测评，详尽地排查各类隐患。开放后应当定期进行维护和隐患排查。二是加强宣传和教育，提高低幼儿童及其监护人的安全防范意识，比如在低幼儿童活动区域张贴海报、发放安全手册、举办讲座沙龙等。三是加强人员管理，强化安全方面的继续教育培训，引入志愿者加强监护工作。应当把儿童安全预防与救助知识列入馆员的必备知识清单，定期考核。也可引入家长、

---

① "悦读园"开放规则［EB/OL］.［2018-10-26］. http://www.szlib.com/Reader Service?catId=17&aid=626.

② 程远.公共图书馆少儿多功能服务区布局思考［J］.图书馆论坛，2013，33（1）.

爱心人士等从事志愿者活动，参与低幼儿童的安全管理，缓解馆员人手不足的困境。

☞ **相关链接**：美国马萨诸塞州托马斯·克兰公共图书馆（Thomas Crane Public Library）的《儿童安全政策》（*Safe Child Policy*）[①]：

1. 图书馆的儿童区域仅对儿童、监护人和儿童馆藏研究者开放。青少年区域对青少年和陪同者开放。其他类型读者应该离开儿童区域和青少年区域，或者到图书馆的其他开放区域去。

2. 4 岁以下的儿童在任何时间都必须被一位负责的成年人或 14 岁以上的儿童严密看管（在视线范围内）。

3. 5 岁至 9 岁的儿童必须得到一位负责任的成年人或 14 岁以上的儿童的直接看管（在图书馆内的同一房间或地方）。当儿童参加图书馆内的活动时，看管者须留在图书馆内。

4. 10 岁或以上没有被看管的儿童必须是懂事和能够服从图书馆使用守则的。违反有关守则可导致被要求离开图书馆。一般说来，如家长或监护人认为儿童在没有看管下不能单独留在家里的话，该儿童亦不能在没有陪伴下留在图书馆内。

5. 图书馆员不会特意找出没有被看管的儿童，但若有馆员发现没有被看管的儿童或被 13 岁以下的儿童看管的儿童，图书馆员将会尝试在图书馆内或用电话联络他的成年看管人，并向看管人派发和解释《儿童安全政策》宣传册。若未能联络上看管人，馆员将会通知警察。

6. 12 岁或以下没有被看管的儿童在图书馆关门时将被视为高危儿童。在关门前半个小时，馆员会尝试在图书馆内或用电话联络看管人。如果在关门时仍未能联络上看管人的话，馆员将通知警察。两位馆员陪伴该儿童直至看管人或警察到达。如家长 / 监护人先于警察到达，馆员将向他们派发和解释《儿童安全政策》宣传册。如警察先抵达及接管儿童，馆员将给

---

① Thomas Crane Public Library Safe Child Policy［EB/OL］.（2018-10-26）［2019-08-26］. http://thomascranelibrary.org/sites/default/files/Safe%20Child%20Policy%202017.pdf.

警察一份《儿童安全政策》宣传册转交给儿童的父母/监护人。

7.图书馆可能会在意外情况下提前关门，如因天气转变或停电，馆员将尝试联络无人看管儿童或高危儿童的看管人。如果在关门时仍未能联络上看管人的话，馆员将通知警察。两位馆员陪伴该儿童直至看管人或警察到达。如家长/监护人先于警察到达，馆员将向他们派发和解释《儿童安全政策》宣传册。如警察先抵达及接管儿童，馆员将给警察一份《儿童安全政策》宣传册转交给儿童的父母/监护人。

8.图书馆员在任何情况下均无权接送任何儿童离开图书馆。

9.如无人看管儿童或高危儿童遇到医疗紧急情况，馆员将拨打911要求紧急援助，然后联络家长/监护人。

10.如家长/监护人被告知图书馆《儿童安全政策》后，仍然再三地让儿童单独留在图书馆内，馆员将会通知警方。

11.图书馆所有服务台都提供《儿童安全政策》宣传册，并会派发给无人看管儿童或高危儿童的看管人。

资料来源：译文参考《公共图书馆未成年人服务》[1]，对照托马斯·克兰公共图书馆英文文本有所增删。

四、分级阅读原则

分级阅读原则，或者称阶段性阅读原则，一般认为是公共图书馆儿童阅读服务的基本原则之一。分级阅读概念基于对儿童生理和心理特征的科学分析。儿童在不同成长时期的认知理解能力是不同的，分级阅读就是要按照儿童不同年龄段的智力和心理发育程度提供阶段性的书籍，开展针对性的活动。分级阅读模式起源于发达国家，已成为国际儿童阅读的基本共识。近年来，国内公共图书馆也逐渐开始探索和开展分级阅读服务，取得了良好反响。2016年，张家港市少年儿童图书馆根据分级阅读理念进行功能区域划分，按照0—3岁、3—6岁、小学生、中学生等不同年龄段读者特点，相应设置芽芽园、梦想小

---

① 范并思，吕梅，胡海荣.公共图书馆未成年人服务［M］.北京：北京师范大学出版社，2012：26—27.

舞台、绘本馆、小学生借阅室、中学生借阅室等。

对于0—6岁儿童的分级阅读，我国公共图书馆多采取年龄分级的方式，一般分为0—3岁和3—6岁两个阶段，分别布置活动场所和提供阅读资源，比如上述的张家港少年儿童图书馆。这种分级模式优点是简单明了，易于操作；不过场馆很难再根据年龄进一步细分，书目推荐和阅读指导可以进一步细分，比如说，0—9个月，9个月至1岁，1—2岁，2—3岁，3—4岁，4—5岁，5—6岁，可以细分成七个层次，根据儿童认知能力的发展提供相适应的读物和活动。

另外一种分级方法是按照阅读水平能力细分，比如英美的"牛津阅读树"和蓝思分级法等。"牛津阅读树"（*Oxford Reading Tree*）是一套针对以英语为母语的学龄前儿童及小学生为对象、培养阅读兴趣的寓教于乐的阅读教材，由牛津大学出版社出版。"牛津阅读树"共分16个阶段，儿童根据阅读水平逐级而上阅读对应读物。一般而言，4—5岁的儿童可以阅读1、2级的内容，5—6岁的儿童可以阅读3—5级的内容，其主要特点是具体阅读什么内容是由阅读水平决定而不是年龄决定的。蓝思分级法（Lexile）也是类似的理念，每一本书都有一个阅读能力"分值"，这样儿童的阅读与其实际阅读能力相匹配，而不是与他的年龄或年级匹配。蓝思分值通过科学的阅读测试项目得出，其分值是一个数字后加"L"，其间隔为"5L"，从最低5L到最高2000L。一位读者的蓝思分值如果在5L或低于5L，则为入门读者，一般人的蓝思分值在200L至1700L之间。蓝思分级法在欧美国家广泛使用，蓝思分值可以跟阅读年龄或图书级一起标在书后，为儿童和家长选书提供更多的、更精细的信息。

我国基于阅读能力的分级阅读体系还处于起步阶段，先后出现了南方分级研究中心、儿童分级阅读研究中心、中国分级阅读研究院等机构探索适合中国人的分级阅读体系，研发了《中国儿童青少年分级阅读内容选择标准》《儿童心智发展与分级阅读建议》和《中国儿童分级阅读参考书目（200种）》等等。公共图书馆在开展低幼儿童阅读服务时应当理性对待各种分级标准，利用自己的专业优势和服务经验，在分级阅读实践中进一步发展和完善我国的分级阅读理论。

五、多元化原则

多元化是指特性不同的对象组合。现代社会是一个多元化的社会，信息丰富多彩，服务群体多种多样，作为社会重要文化机构的公共图书馆为读者提供多元化的服务势在必行。公共图书馆低幼儿童阅读服务的多元化包含三个方面：服务对象的多元化、阅读材料的多元化和阅读活动的多元化。

　　公共图书馆应该根据低幼儿童的年龄差异、阅读能力差异、智力和能力差异、兴趣爱好差异、家庭背景差异等等选择形式多样的阅读活动，提供相适应的文献资源，以满足不同群体、不同个体的阅读需求。根据儿童的年龄大小、阅读水平高低开展不同的服务，上文介绍分级阅读原则时已有提及，为智力和行动能力略有缺陷的特殊儿童提供常规服务，则是平等原则的要求，此处不再展开。除此之外，考虑到我国社会发展的不平衡、不充分，公共图书馆应当注意要特别为两类低幼儿童提供服务。一类是家庭困难儿童。这一类家庭的父母忙于生计，很难有时间带孩子来图书馆参加活动，可以考虑和社区、幼儿园合作，定期邀请家庭困难儿童来图书馆。另外，可以通过发起公益捐赠的方式为他们赠送绘本、卡片书等，在做书目推荐时应该充分考虑其经济承受能力等。另一类是城市新移民家庭儿童。随着我国城市化进程的发展，城市的外来人口越来越多，相对于原城市居民而言，新移民家庭在构建社交关系、适应当地文化上往往存在困难。公共图书馆可以考虑和社区合作，为新移民家庭儿童学习当地语言文化提供帮助。

　　公共图书馆应当为低幼儿童提供多元化的阅读材料，不断丰富阅读内容，以帮助他们更好地认识这个丰富多彩的世界。一方面是要坚持文化多样性。既要弘扬优秀传统文化，也要广为介绍国外文化中有价值的内容；既要传承本土文化，让小读者从小感受到家乡的美好，也要宣传我国河山壮丽，风景习俗处处不同。另一方面是要坚持知识多样性。既要有生活类阅读材料，如食品、玩具、衣服等，也要有认知类、社会类阅读材料，如动植物、季节变化、自然现象等，还要有一些抽象化、符号化、动作类的阅读材料，如标志、广告、小实验等。

　　多元化原则的第三个要求是活动的多元化。公共图书馆低幼儿童阅读活动具有以读图为主、视听元素丰富、动作性较强等特点，常见的活动形式有学唱儿歌、看绘本、听讲故事、手工活动等，由于低幼儿童自理能力弱，这时期的活动往往又以亲子活动为主。活动要注意以下几点：一是要充分发挥"听"的作用。除常见的少儿馆员讲故事以外，还可以邀请作者、电台主持人、幼儿园老师、志愿者等来给儿童讲故事，丰富孩子的体验，同时可培训家长讲述技巧等。在讲述时注意变化，可以把儿歌或故事错读、漏读，甚至颠倒着读，引起儿童纠正，加深其"听"的印象。二是加强游戏在阅读活动中的比例。低幼儿童活泼好动，以游戏的形式开展阅读活动可以让儿童在自由的空间和温馨的氛围里阅读。特别是角色扮演活动，在指导儿童阅读时，利用故事中的角色，进行角色模仿，一方面可以提高儿童参与阅读的兴趣，另一方面也能提高其学习语言、学会表达的能力，更进一步促进儿童对阅读材料的理解。三是注意引导和发挥"爸爸"在亲子阅读中的作用。目前公共图书馆开展的亲子阅读活动多数是妈妈带着宝宝来参加，针对父母的培训也主要是以妈妈为主。国外学者研究认为，父亲参与亲子阅读对儿童发展的影响主要有三个方面：一是有助于促进儿童语言的发展，比如说父亲会比母亲更多地使用特殊疑问句，在交流中促使儿童使用更丰富的词汇，组织更完整的语句；二是对儿童学业成绩有正面影响，父亲参与程度高的儿童对待学校的态度更积极；三是有助于促进儿童情绪调控能力的发展，提高了儿童的阅读兴趣[①]。不管怎样，爸爸参与亲子阅读，对于给儿童树立阅读榜样，构建家庭阅读氛围都是很有好处的。爸爸较少参与亲子阅读既有传统观念的影响，比如说认为带娃是妈妈的责任，也有缺少阅读方法的无奈，很多爸爸不知道怎么陪孩子读书。因此公共图书馆一方面应当加强宣传爸爸参与亲子阅读的必要性和重要性，另一方面应当加强对爸爸的阅读指导，开展专门的培训。

第二节 低幼儿童阅读服务的管理人员

馆员在整个图书馆服务过程中担当着非常重要的角色，他们是服务活动的组织者和实施者，而作为公共图书馆的儿童馆员，其责任尤其重大。本节的主要讨论对象为从事低幼儿童阅读服务的儿童馆员，由于他们的服务对象是独立性和自理能力还十分薄弱的低幼儿童，馆员除了要提供阅读服务外，还要关注孩子的安全，留意孩子行为和心理上的变化，对孩子的阅读行为进行指导，在

---

① 李星.父亲参与亲子分享阅读及其影响因素的研究综述［J］.教育观察（上旬刊），2014，3（9）：16-17，20.

某种程度上他们扮演着老师、家长和看护人的多重角色。同时，儿童馆员还需要服务家长等成人群体，与他们进行有效沟通，并帮助他们从事亲子阅读。因此，从某种程度上说，儿童馆员相对普通馆员而言，需要有更加全面的素质要求。

一、低幼儿童馆员的要求

我国著名的图书馆学家刘国钧先生在 20 世纪 20 年代在《儿童图书馆和儿童文学》一文中对儿童馆员提出了三点要求：第一要性情和平；第二要熟悉图书馆书籍的内容；第三应当知道心理学，尤其是儿童心理学[①]。《国际图联 0—18 岁儿童图书馆服务指南》中规定："儿童图书馆员需要具备一系列的技能和素质，包括人际交往技能、社会意识、团队协作和领导才能，以及对于所在组织实践和流程的掌握。配备具备儿童服务专门技能（如儿童发展和心理理论方面的专业知识和增强意识）的员工是重要的。儿童图书馆的有效和专业运转，需要训练有素且尽心尽力的儿童图书馆员，他们设计、策划、组织、实施、管理和评估服务及活动，以满足所服务社群内儿童及其家人的需求。此外，他们将通过移除社会经济环境、文化、特权、语言、性别认同、性取向、能力和其他多样性等方面的障碍从而支持儿童。"国际图联《婴幼儿图书馆服务指南》中认为，面向婴幼儿服务的图书馆员除了需要具备广博的知识之外，还应该接受婴幼儿心理发展的专业培训。他们应该对低龄阶段（0—3 岁）儿童的读写认知知识、育儿理念有深入的了解，熟悉儿童经典读物，并且能够通过一些创新的举措来帮助婴幼儿参与交流、规划和社交等，从而为这个年龄群体及他们的父母和看护人提供科学的教育指导。概括而言，低幼儿童馆员需要具备以下素质和技能。

（一）足够的爱心与耐心

从事低幼儿童阅读服务的馆员，首先要有足够的爱心与耐心，这是做好低幼儿童阅读服务的前提。因为只有心中充满爱的馆员才能善待读者，而低幼儿童更是需要悉心呵护的弱势群体。由于低幼儿童心智尚未发育成熟，很难准确地表达出自己的需要，馆员在服务过程中需要有足够的耐心去揣摩这些孩子的想法。此外，0—6 岁的低幼儿童正处于感官的敏感期，他们的眼睛、耳朵、

---

① 刘国钧.儿童图书馆和儿童文学［G］//史永元，张树华编辑.刘国钧图书馆学论文选集.北京：书目文献出版社，1983：4—10.

鼻子、嘴以及身体的触觉都非常敏锐，但是其专注能力差，好动、淘气是他们非常明显的特点。他们喜欢模仿周围发生的一切，然后以自己的方式表现出来，有时候表现出来的行为有点奇怪甚至不可理喻，这个时候馆员必须要有足够的耐心去引导。大声吼叫，不适当的管制都有可能扼杀孩子探求世界的欲望，甚至有可能伤害到孩子的心灵。要知道馆员任何一个细微的动作和神情语言都有可能影响到孩子，稍不留神就有可能给服务对象带来负面影响。馆员一个微笑和一个充满爱的眼神，对于低幼儿童来说是最珍贵的服务产品[①]。由此可见，具有足够的爱心和耐心，是从事低幼儿童阅读服务人员必备的服务素养。

（二）专业化的基本知识

为低幼儿童提供服务的馆员除了需要具备图书馆学专业的基本知识外，还需要具备儿童文学、儿童心理学、教育学等多方面的知识。

在英美等国家对于儿童馆员有明确的准入制度，专业的少儿馆员首先需要在图书馆协会认可的相关图书馆学情报学院校中进行专业学习，获取图书馆学硕士学位。在校学习期间，除了需要学习图书馆学的一般课程外，还需要辅修关于儿童文学和儿童图书馆学方面的相关内容。我国目前的图书馆学教育中还没有设立关于儿童图书馆学的专业教育，这也是导致专业的儿童馆员稀缺的直接原因。尽管目前不少的图书馆情报学院在相关的专业课程如公共图书馆、用户行为研究中也会涉及未成年人服务，但都没有作为一个专门的方向被独立出来。其他与儿童图书馆学密切相关的课程如儿童心理学和儿童文学等，主要作为教育学、心理学和文学等专业领域下的一个研究方向，并没有成为图书馆学专业的选修内容[②]。因此在我国公共图书馆儿童服务中即使拥有图情专业背景的馆员，依然缺少与儿童服务相关的专业知识；而既非图情专业，也不具备儿童教育、心理、文学等相关专业背景的馆员，则与儿童馆员的专业知识要求相距更大。总体而言，我国公共图书馆儿童阅读服务中，专业馆员不足的现象普遍存在。

在这样的情况下，我们的儿童馆员只能走岗位成才的道路，边实践，边学

---

① 胡莹.我国公共图书馆开展0—3岁婴幼儿服务方式探究［J］.图书馆学研究，2013（18）：66-68，65.

② 潘兵，张丽，李燕博.公共图书馆的未成年人服务研究［M］.北京：书目文献出版社，2011：4.

习，明确目标，朝着专业少儿馆员的目标迈进。要成为一名专业的儿童馆员需要拥有儿童图书馆学、儿童发展心理学、教育学、儿童文学等方面的专业理论知识，懂得如何促进孩子的读写能力和语言能力的发展，为他们日后的学习打下基础；懂得如何培养孩子的阅读习惯，使他们成为终身读者；懂得如何将图书和孩子联系在一起，在合适的时间将合适的图书介绍给适合的孩子；懂得如何指导低幼儿童的家长及看护者，提高他们对低幼儿童阅读的认识和亲子阅读能力。

（三）多方位的服务技能

1. 讲故事和组织开展阅读活动的技能

对于低幼儿童来说，听故事是一种重要的阅读方式。讲故事是诱使儿童阅读的触媒，儿童馆员必须要具备这项技能，通过讲故事吸引众多的小读者到图书馆来，让他们学会阅读，提高阅读兴趣和阅读能力。

馆员在讲故事时所用的语言、思维方式和阅读环境都会对孩子的行为习惯有极大影响。讲故事绝不是一字一句简单的文字复述行为，而是要以生动的口头语言和肢体语言，帮助幼儿逐步建立图画、文字和口语之间的对应关系，带领幼儿从听故事开始走进广袤的阅读世界。一位专业的儿童馆员应该在讲故事的过程中，努力引导儿童从看见到洞见、从读图到解字，培养儿童的语感，透过听故事学习阅读、学习思考、学习想象[1]。

馆员面向0—6岁的低幼儿童开展讲故事活动，不同于家庭亲子阅读，服务的其实是0—6岁幼儿、家长（父母、祖父母或监护人）这一群体，服务对象往往是一个家庭，而不是单个儿童，馆员讲故事时孩子在听，父母或其他监护人也在听，监护人可以从中学习讲故事的技巧。在选择故事的内容时，馆员始终要考虑到处于生长发育之中的幼儿，在不同阶段的能力和关注点都不一样。馆员必须充分了解不同年龄层幼儿的生理、心理特征，挖掘其阶段性阅读需求。同时，在讲故事的活动中，馆员要善于穿插图书推荐、手指操、唱歌、舞蹈、手工等内容，以迎合幼儿注意力集中时间短的特点，尽量使活动丰富有趣。此外，馆员还应该在活动中向家长示范如何给孩子读故事、讲故事，培养孩子的阅读兴趣；也可以邀请孕期的准妈妈来馆听故事，让宝宝在妈妈肚子里

---

① 贺晖. 为少儿提供更专业图书馆服务的思考［J］. 河南图书馆学刊，2017，37（10）：118-119.

提前接受图书馆的熏陶^①。

当然少儿馆员除了具备讲故事的技能外，还要具有一定的活动组织能力。首先是组织策划能力，阅读活动的组织与安排一定要符合低幼儿童的个性特点，通过吸引他们的注意力来培养他们的阅读习惯和阅读兴趣。其次是创新能力，活动要围绕低幼儿童的需求来开展，由于低幼儿童的需求是不断变化的，这就要求儿童馆员在活动的开展方面不断创新，这样才能满足幼儿不断变化的需求，使幼儿保持对图书馆感兴趣，对图书馆活动有期待^②。

2. 阅读咨询与指导的技能

相比于成年人，未成年人的辨别能力还比较差，尤其是低幼儿童，他们基本上还不具备自主选择图书的能力，需要家长等成年人的帮助。而有些低幼儿童的家长或看护者由于不熟悉童书，在为孩子选择书籍时也常常带有一定的盲目性和随意性，这就要求馆员能够根据不同年龄段儿童的特点为他们推荐图书。也有的家长育儿理念和阅读理念存在着偏差，主观地从培养孩子的某一兴趣或专长出发，从而忽略了孩子自己的兴趣和需求。馆员可以通过阅读咨询与指导等形式帮助他们为孩子制定合适的阅读计划。

为做好阅读咨询与指导工作，馆员一定要注重平时的积累，熟悉馆藏资源，掌握儿童读物的相关知识，了解儿童文学方面的著名作家及其作品与写作特色，了解儿童文学出版社及其出版方向，了解童书及儿童文学奖项，这样才能有针对性地为家长、看护者及低幼儿童做好阅读推荐，提高阅读推荐工作的实效。平时需经常关注一些知名的少儿图书出版社的最新动态，阅读相关的儿童文学评论，关注网上的儿童读物排行榜，到大型书店实地浏览，与同行进行交流学习等。

在指导低幼儿童阅读时，应注重适合、适时和适量。首先是选择适合的读物，即读物要适合低幼儿童的年龄特点和认知水平。幼儿读物有其特殊性，文字描述宜简短，字体宜大不宜小；要有色彩鲜明、活泼生动的图画；内容要积

---

① 黄新彩. 海外图书馆为 0—6 岁婴幼儿服务的经验及启示［J］. 图书馆界，2012（4）：53—55.

② 王翠琪. 论图书馆员的专业化与儿童的特色服务［G］// 福建省图书馆学会 2014 年学术年会暨著名图书馆学家金云铭先生诞辰 110 周年学术研讨会论文集. 福州：福建省图书馆学会，2014.

极健康，语言要尽量口语化、有美感；印刷质量要好，清晰和鲜艳。其次是阅读要适时。①内容适时应景：即创造良好的阅读环境，激发幼儿阅读的兴趣。例如春天来了，可以开展以春天为主题的活动，在醒目的地方放置一些和春天有关的故事书、儿歌、图片等；过年了，可以指导孩子阅读一些有关"年"的传统故事。②馆员适时介入：即馆员根据各年龄段低幼儿童的阅读特点，采用多种阅读形式，激发幼儿阅读兴趣。如采用讲故事表演、手指谣游戏、模仿秀活动等形式。最后是阅读要适量。低幼儿童的语言学习需要相应的社会经验支持，应通过多种活动扩展他们的生活经验，丰富语言的内容，增强理解和表达能力。应在生活情境和阅读活动中引导低幼儿童自然而然地产生对文字的兴趣，用机械记忆和强化训练的方式让低幼儿童过早识字不符合其学习特点和接受能力。孩子爱阅读了，那是件值得高兴的事，但是，不要因此要求孩子阅读太长时间，或者逼他们读不适合其阅读能力或目前不喜欢的书。

3. 安全防范及管理能力

开展低幼儿童阅读服务需要时刻关注安全问题。图书馆除了在服务设施及安全管理制度上加以控制，馆员的安全防范意识及管理能力也至关重要。

首先，要强化安全防范意识。面对突发的安全事故，低幼儿童无法自主地做出反应。馆员的观念与行为是幼儿安全的重要基础。因此，馆员要树立正确的安全意识，把安全防范放在工作的首位，为幼儿创设安全、和谐、温馨的物质环境和心理精神环境，确保幼儿得到身体及心理上的安全。例如定期查看书架、桌椅等家具的边角防护装置是否有破损；电源线、电源开关是否处于内隐或加盖安全保护状态；适合婴幼儿爬行的地毯是否定期清理、消毒；保证室内环境的空气流通及良好采光等。

其次，要将安全管理规范化、制度化。图书馆应形成有效的应急预案和制度，明确事件发生时图书馆法人、馆员和监护人应该承担的责任。馆员要熟练掌握安全设备的使用方法，通过定期演练，增强安全意识，提高面对安全事故的心理承受能力和应对能力。

最后，馆员应加强对幼儿及监护人的安全教育。首先要对幼儿的监护者进行必要的安全防范知识的普及，除平时多提醒和强调外，还可以通过发放宣传手册、开展家长讲座等方式进行。还可以通过安全图片、视频、诗歌、讲故事等方式，让幼儿了解安全常识，学习自救及逃离躲避危险的技能，还可组织幼儿通过游戏学习了解正确拨打特殊电话号码：110、119、120 等。

4.合作及有效沟通的能力

合作是低幼儿童阅读服务顺利开展的一个重要因素，在国际图联以及一些国家制定的政策中都有明确的规定。国际图联《婴幼儿图书馆服务指南》中指出公共图书馆与幼儿园、日托所、社区中心、儿童保健中心、门诊部等服务于低幼儿童的机构进行合作，将图书馆的宣传单、活动日历、书签和其他的宣传推广资料放到这些地方。与家长、看护人进行配合，鼓励他们带孩子来图书馆，参加图书馆的活动，使用图书馆的资源，辅导他们开展家庭阅读。《国际图联 0—18 岁儿童图书馆服务指南》中认为："公共图书馆因其广泛分布、友好易用的基础设施成为当地社群的重要合作伙伴。建立有效和可持续的伙伴关系有助于保障社群内各种能力的儿童获得最佳设施、服务和机会。儿童图书馆员应在终身学习和教育领域与社群内其他机构和利益相关者协作并发展牢固的合作伙伴关系，以实现最好的社群参与和交融。当组织或机构具备指向合作的政策以实现共享的议程时，或可建立战略层面的伙伴关系。图书馆员具有相互合作、与其他行业人员合作，以及参与社群发展的传统。"

所有合作的开展，都需要馆员去沟通、去落实。由此可见，儿童馆员的日常工作时时刻刻都在与读者和社会上相关的单位或个人发生关系。他们以"组织者""中介人"等多重身份参与社会活动，这就需要他们具有以传播和沟通为主要特征的公共关系和人际关系的处理能力，具有良好的沟通协调能力。例如要善用亲和力的语言和"体语"，懂得耐心倾听，提高自控能力，转变观念，提升自身的综合素质，注重接谈艺术，改善沟通氛围，学会换位思考，掌握读者心理特点和需求规律等。

二、低幼儿童馆员的继续教育

馆员的个人素质及服务能力决定了所提供服务的质量和水平。从事业发展角度来看，每个馆员都应该拥有在职培训和专业化发展的机会，以不断提高自己的专业技能，更好地为读者提供服务。

（一）低幼儿童馆员继续教育的内容

1.职业道德培训

加强对儿童馆员的职业道德培训是儿童馆员更好地履行自身职责的前提。

由于低幼儿童具有较强的可塑性和模仿性，馆员的所作所为都会对他们起到耳濡目染、潜移默化的作用。因此，馆员要有正确的人生观、高尚的道德情操、崇高的敬业精神和无私的奉献精神。对孩子要包容有爱，有足够的耐心和高度的责任心，在思想意识上树立为儿童服务的意识，从而真正做到干一行，爱一行，钻一行，切实承担起自己工作的责任和义务。

2. 业务知识培训

在我国，公共图书馆儿童馆员普遍缺乏专业知识背景，很多从事儿童服务的馆员并没有受过系统的图书馆学专业教育，且不具备儿童心理学、教育学、社会学等相关专业的学科知识，因此在服务理念、阅读活动策划、组织实施管理能力上相对薄弱。针对这一现状，加强对儿童馆员业务知识的培训显得十分必要。首先是图书馆学情报学专业知识的培训，包括阅读推广理论方面的知识培训。对儿童馆员进行图书馆学专业基础理论知识的培训和教育，能使馆员更好地适应信息时代对图书馆事业提出的全新要求。其次是相关专业学科知识的培训。由于儿童馆员服务对象的特殊性，馆员除了要有过硬的图书馆学专业知识和管理技能外，还需要加强儿童心理学、教育学、儿童文学等相关的知识，以及公关社交知识的培训，这样才能根据不同年龄段儿童的生理、心理特点及兴趣爱好，开展丰富多彩的阅读服务。最后是信息化技术的培训。在信息化的今天，社会日新月异，资讯发达，信息技术不断应用到低幼儿童阅读的管理和服务环节中，因此，有必要对儿童馆员进行现代信息技术技能培训。

（二）低幼儿童馆员继续教育的形式

1. 岗位教育

立足岗位，边实践边学习是最基本和有效的学习方式。这里很重要的是向资深馆员学习，注意多观察、多请教、多体会。资深馆员要充分发挥传、帮、带的作用，积极指导、帮助新馆员熟悉业务。在此过程中，新馆员要主动了解、熟悉馆藏，学习沟通技巧，积极组织开展活动，从而不断积累工作经验。与此同时，馆员自身还需要主动学习相关知识，浏览专业文献，长此以往，必有心得，工作也将更加得心应手。

2. 集中培训

即由行业协会或本馆确定培训目标和培训教材，组织馆员集中学习的一种形式。一般采用短期培训的方式，即根据工作需要和发展情况，让馆员参加各种针对性强的专题短期培训班，使他们能够学习各种新知识、新技术、新理论。短期培训的优点是投资少、见效快，简单易行。

3. 馆际交流

图书馆的业务工作有许多相通之处，馆与馆之间可以通过选择业务骨干在馆际间交流见习，实现馆际人才资源的培训和共享。例如图书馆可以定期或不定期地组织馆员到其他省市图书馆进行交流学习，在条件允许的情况下，也可以互派馆员驻馆学习，以取长补短，相互促进。组织馆员有目的地到国内外考察，到一些先进的或某些方面有特色的图书馆学习，开阔视野，吸取经验。

4. 参加专业研讨会

这是一种与同行进行交流的有效途径。参加专业研讨会能获取本领域最新动态，从知名学者那里学习到新理论、新理念，与其他图书馆的专业人员交流，观看到会议期间展示的新资源和新设备，发表公共演讲，与本领域的其他人员相互交流，与有共同职业背景、兴趣爱好的馆员交朋友。

5. 搭建网络交流平台

在信息社会，网络技术为馆员提供了非常多的交流渠道，讨论组、邮件、博客、即时通信工具等既方便又快捷，打破了时空的限制，可以让不同地方的馆员没有阻碍地自由沟通。

第三节　低幼儿童阅读服务的志愿者管理

一、志愿者阅读服务内容

图书馆的人力资源除了读者、馆员外，还有一个重要的组成部分即志愿者。志愿者，也称义务工作者、义工、志工。图书馆低幼儿童阅读服务志愿者是指不为任何物质报酬的情况下，出于自愿奉献个人时间和力量，从事低幼儿童阅读服务公益事业的个人或群体。新世纪以来，我国公共图书馆界开始引入志愿者服务。开展低幼儿童志愿者服务不仅有利于缓解图书馆的人力资源不充裕现状，也能为图书馆发展注入活力、提升服务质量。于志愿者而言，图书馆也为他们提供了一个平台，有助于他们实现自我价值。在国内、国外，从事低幼儿童阅读服务的志愿者工作内容一般包括以下几个方面。

（一）引导

引导工作是指志愿者充当引导员角色，协助低幼儿童读者及其看护人熟悉图书馆特别是少儿馆或少儿阅览室的布局、藏书结构以及低幼儿童设施的使用，指导幼儿及其家长充分利用图书馆的资源。这项工作要求志愿者了解并熟悉图书馆的馆藏特色、设施布局、各个服务窗口的特点、书目检索系统、图书馆基本业务流程，熟练掌握文明用语等。

（二）流通

流通岗位的日常工作包括上书排架、图书剔旧、书库整理、图书借还、低幼儿阅览室秩序管理、环境卫生清洁等。这项工作要求志愿者了解中图法基本分类排架知识、熟练操作图书馆借还系统、善于和低幼儿童读者及其看护人打交道及沟通协调。同时还需注意的是，这项工作由于和阅览室图书管理员的工作重叠度高，所以要求图书馆员协调好与志愿者之间的关系，明确分工，互相配合。

（三）活动开展

志愿者参与活动开展可以大致分成两类：第一类是协助低幼儿童活动开展的志愿者，主要负责活动秩序维护、引导、场地布置、电影的放映等。第二类是作为活动的主持者及实施者，志愿者利用自己的专业特长面向低幼儿童开展讲故事、做游戏、做手工、组织读书会等活动，为低幼儿童的看护者提供亲子沙龙、辅导讲座等。第二类志愿者要求其具有一定的相关专业背景和才艺，热爱儿童读物，有良好的沟通和协调能力。

（四）教育与社区建设

我国在这个领域的志愿服务开展得不多，但是在国外已经相当成熟。主要包括：专长辅导服务（具有电脑、英语、书画、朗诵诗歌、写作等专长）、法律援助、帮助母语为非英语的移民家庭低幼儿童学习英语等，种类繁多且服务内容偏向高端化[①]。

二、志愿者的构成

公共图书馆在组建低幼儿童阅读服务志愿者队伍的时候，除了要考虑志愿者

---

① 薛静.美国公共图书馆志愿者服务项目的分析及思考——以美国纽约、西雅图、洛杉矶公共图书馆为例［J］.图书馆学研究，2016（15）：97–101.

本身的特长能力外，也需要考虑人员组成的合理性和多样性。公共图书馆的志愿者队伍多由未成年人志愿者、家长志愿者、大学生志愿者和其他社会力量构成。

（一）未成年人志愿者

图书馆接纳未成年人志愿者，主要目的是为他们提供参与社会实践活动的机会。未成年人相较于成年人而言，无论在体力、社会经验方面都是不足的，但他们也有优势，接受和学习能力强，精力充沛，因此，一般可以让他们从事一些辅助性的工作，如协助流通岗位服务。一方面，流通岗灵活度高、流动性强、符合未成年人好动的天性；另一方面，他们在少儿图书馆或者少儿阅览室内进行志愿服务时，接触的都是与自己年龄层次相仿的读者，有利于进行沟通交流，在做好志愿工作的同时，给其他小读者树立起爱护书籍、文明阅读、讲求秩序、友爱合作的榜样。苏州图书馆少儿馆就有这样一批被称作"雏鹰志愿者"的未成年人志愿者，他们利用自己的课余时间来少儿馆进行志愿服务，内容包括协助阅览室管理（要求在小学四年级以上）、为学龄前小朋友讲故事的"缤纷故事会"（要求在小学一年级以上）以及开展创意手工制作的"小手大创想"（要求在小学一年级以上）活动。每学期期末，苏州图书馆会向每一位志愿者所在的班级和学校发放表扬信并对他们的志愿工作进行鼓励和表彰。

（二）专业学生志愿者

这里的学生志愿者专指具有一定专业特长的志愿者群体，主要来自于大中专院校的幼儿教育专业、心理学专业、美术音乐专业、英语专业的学生。所以，学生志愿者大多集中服务于给低幼儿童讲故事、做游戏手工等活动性质的岗位。苏州图书馆的"故事姐姐"志愿者来自苏州幼儿师范高等专科学校，他们将自己所学的专业知识和图书馆的幼儿阅读有效地结合起来，每周日为到馆的小读者们通过讲故事和游戏阅读的形式开展儿童文学启蒙教育。来自苏州市农业职业技术学院的志愿者们定期为苏州图书馆姑苏分馆举办"植物书香伴你行"活动，向小读者们科普植物小知识。美国卡梅尔瓦利公共图书馆每周五上午十点都有大学生志愿者们为两岁以下婴幼儿举办故事会。

（三）家长、教师志愿者

幼儿家长和幼儿园教师，这两类群体每天都会接触到低幼儿童，所以他们能更好地根据低幼儿童的生理、心理发育特点来开展志愿服务。苏州图书馆于2015年组建了一支"悦读妈妈"志愿者团队，其主要成员就是由家长和幼儿园教师组成。"悦读妈妈"们每周都会走进各个社区进行讲故事活动。德国、英国和美国等国家的社区图书馆，经常有来自各个国家的移民妈妈志愿者为社区的低幼儿童开展双语故事阅读活动。

（四）其他社会力量

单位职员、退休人员、专家学者、外籍人士、教育机构、爱心企业、社会志愿者团队等个人或集体都可以作为低幼儿童阅读服务志愿者队伍的社会补充力量。比如来自绘本馆的志愿者团队为苏州图书馆高新片区的 8 个分馆开展了"阅读点亮高新"的绘本故事分享活动；美国西雅图中央图书馆有来自绘画艺术、建筑等领域的专业志愿者为图书馆的小读者们进行免费培训；等等。

三、志愿者的招募与管理

志愿者的招募工作应该遵循简单、明确、规范的原则。国内、国外公共图书馆目前采用的招募方式基本集中在通过馆内海报宣传、官方网页、新媒体推送（微信、微博、Facebook、Twitter、社区论坛等）、传统媒体（电视、广播、报纸等）等渠道进行招募信息的发布，再辅以团体招募和单位共建等形式增强招募力度。为了提高招募效率，志愿者岗位描述应该具体、到位、详尽。招募时间截止后，需进一步筛选有效报名信息并通知符合要求的志愿者进入面试环节。在面试过程中，图书馆工作人员通过与报名者面对面地观察、交谈等双向沟通方式，可以更加直观地判断其能力素质、个性品质等要素，甄选出符合条件的低幼儿童阅读服务志愿者。

初步确定志愿者人选范围后，下一步工作就是进入志愿者培训流程。除了基础培训课程外，应该有针对性地对某些要求较高或者较特殊的志愿者岗位增加培训内容、时长。以苏州图书馆"悦读妈妈"培训课堂为例，其培训对象为"悦读妈妈"志愿者（包括幼儿园老师和家长）。培训时间安排在每周六或周日，主讲老师邀请的都是本地区知名的儿童文学专业的老师、早教专家、营养和保健专家以及经验丰富的阅读推广人员[①]。培训课程也是既专业实用又富有趣味。表 8-1 是 2017 年"悦读妈妈"培训课堂的课程列表。

---

① 陈力勤，白帅敏.图书馆婴幼服务志愿者队伍建设研究［J］.图书馆建设，2015（11）：38-41.

表 8-1　2017 年苏州图书馆"悦读妈妈"培训课堂课程表

日期	培训内容
3 月 5 日 （周日）	图画书的语言及应用
	图画书的叙事
	画故事，做绘本
	做手偶，讲绘本
3 月 12 日 （周日）	图画书的解读方式
	绘本阅读启示：做专业父母
	绘本阅读启示：做专业绘本指导教师
	婴幼儿童食物大揭秘：食品标签解读
3 月 19 日 （周日）	如何给孩子选择合适的绘本
	怎样讲故事孩子更乐意听
	做道具，演绘本
	绘本阅读启示：走进孩子的童心世界
3 月 26 日 （周日）	婴幼儿童营养和食物搭配制作
	婴幼儿童春夏季日常健康保健
	如何为低龄儿童开展故事会
	汇报演出、结业

　　而上海市杨浦区图书馆"上师大（上海师范大学）故事屋"志愿者培训课程则采用了以馆内实时培训为主，网络培训为辅的方式进行。培训方式包括讲课、小组讨论、实地参观等[①]。每个公共图书馆可以根据自己的招募需求，对低幼儿童阅读服务志愿者队伍进行个性化的培训。培训结束后，有些公共图书馆会设置一段时间的实习期，以考察志愿者在实际服务过程中的具体表现，有些公共图书馆则直接在培训后就让志愿者正式上岗进行服务。一般情况下，图书馆会在志愿者招募公告中标明志愿者的最低服务时间以及是否每周都需要有固定的时间参与服务。图 8-1 为一般情况下公共图书馆低幼儿童阅读服务志愿者招募流程图。

---

　　①　高雯静. 积极拓展少儿志愿服务与社会合作——以杨浦区图书馆上师大故事屋志愿者为例［G］// 王小明. 分享成果　共铸未来：2012 年全国少年儿童图书馆青年馆员论坛获奖论文集. 上海：华东理工大学出版社，2012.

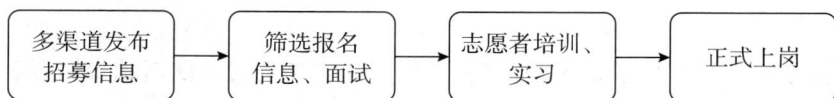

图 8-1 公共图书馆低幼儿童阅读服务志愿者招募流程图

由于志愿服务具有自愿性、无偿性和公益性等特点，这些性质决定了志愿者的行为带有个人的主观倾向和多元动机，所以一方面设立科学系统且人性化的志愿者管理机制是必不可少的，另一方面也要给志愿者提供相应的组织和制度保障。这对引导和规范志愿者的服务，保障低幼儿童阅读工作开展，保持志愿者队伍的专业性和稳定性都能起到促进作用。完善有效的志愿者管理机制应该包括以下几方面。

（一）专人管理机制

低幼儿童阅读志愿服务是一项长期开展的并具有专业性的工作，所以公共图书馆需要安排专门的馆员来对志愿者队伍进行专业化管理，确保各项规章制度落到实处。①根据志愿服务的实际开展情况和需求制定岗位要求，组织志愿者的招聘、培训、岗位安排、日常管理考评、志愿者数据库的维护等工作；②由专人对志愿者进行对接，也能让志愿者们有归属感。

（二）准入和退出机制

为了更好地管理志愿者资源，公共图书馆可以独立开发专门的数据库、OA 系统或者借助一些专业平台来进行志愿者的注册和信息维护工作、建立志愿者电子档案，保证志愿服务的可持续开展。志愿者数据库中除了年龄、性别、特长、学历等个人基本信息外，还应包括一些重要功能模块，如：志愿服务时间记录、志愿活动信息发布、志愿服务质量评估等。志愿者准入和退出机制都可以借助于数据库平台来进行跟踪管理。对服务时间达标且表现良好的志愿者进行下一年注册登记；对服务时间不够且表现不好的志愿者进行劝退；当然，志愿者也可出于某些原因通过平台主动办理退出手续。如上海图书馆就建立了志愿者 OA 办公管理系统，系统功能涵盖了志愿者的基本信息、工作岗位、出勤情况、服务效果等①。

---

① 马春.公共图书馆志愿者服务工作探析——以上海图书馆为例［J］.农业图书情报学刊，2015（1）：190-192.

（三）互动交流机制

志愿者在为他人提供公益服务的同时，也希望通过志愿活动来拓展自己的社交圈、增长见识，提升相关技能，所以公共图书馆要为志愿者之间搭建沟通交流的平台。通过建立 QQ 群组、微信群、不定期组织志愿者外出参观学习等形式多样的志愿者活动来增强队伍之间的黏合度和凝聚力。

（四）考评激励机制

为了更好地提高志愿者工作效率、保证志愿者服务的质量和积极性，对志愿者进行考评和激励是必不可少的。绩效考核主要包括：出勤率、服务时长、服务态度、服务技能、部门反馈等。公共图书馆可以根据考核结果，对志愿者进行激励。激励的方式也有很多种，根据志愿工作原则，基本体现在精神层面的奖励，包括年终评优表彰、志愿者先进人物榜样宣传、提供展示志愿服务工作成就的渠道阵地以及推荐到上一级参评星级志愿者等。也有一些国外图书馆采取了一定的物质层面的小奖励，如美国部分公共图书馆对志愿者的奖励包括免费 T 恤、比萨聚会、零食等[1]。

（五）保障机制

公共图书馆在强调对志愿者管理的同时，也应该重视对志愿者权益的维护和保障。图书馆视情况可以为志愿者购买意外伤害保险、给予一定的交通和餐费补贴或报销志愿活动过程中产生的一些额外开销等。特别是低幼儿童阅读服务志愿者队伍中的未成年人志愿者群体，图书馆应更关注他们的安全，在出行、服务内容和服务环境方面都要考虑安全因素。要与未成年人志愿者的监护人签订《安全责任书》，为他们提供安全防范措施以创造安全的服务环境[2]。

---

① 白兴勇.美国图书馆志愿者研究述略［J］.图书馆，2015（5）：46-52.

② 吴小蕊.少年儿童图书馆对未成年人志愿者的岗位设置和培育模式研究［J］.图书馆理论与实践，2015（2）：26-28.

第九章　公共图书馆低幼儿童服务案例

第一节　低幼儿童读者培育案例

案例一　婴幼儿的礼物——阅读大礼包

> 一句话点评：该案例的亮点在于通过向婴幼儿家庭免费赠送阅读大礼包，帮助并指导婴幼儿家庭尽早开展亲子阅读。

一、缘起

苏州图书馆向全市 0—3 岁婴幼儿发放阅读大礼包的活动始于 2011 年，它的创意与一场阅读讲座相关。2009 年 10 月 19 日，由中国图书馆学会、歌德学院（中国大区）主办，苏州市图书馆学会、苏州图书馆承办的"儿童阅读在德国的推广"报告会在苏州图书馆多功能报告厅举行。苏州图书馆及各区县图书馆工作人员、苏州市幼儿师范学校的老师和学生们参加了此次报告会。主讲人分别为德国布里隆市图书馆馆长、德国图书馆协会"少儿图书馆"专家组主席乌特·哈赫曼女士和德国汉堡青少年图书馆负责人詹尼特·阿伯格女士。乌特·哈赫曼女士向苏州同

图 9–1　"阅读大礼包"发放现场

行介绍了 Bookstart 运动在德国实施的情况，尤其是通过医疗机构向 16 个月大的幼儿发放阅读大礼包的做法，并展示了她自行设计的阅读测量尺。由此，苏州图书馆对 Bookstart 实践有了初步和直接的了解，也萌生了为 0—3 岁婴幼儿开展阅读服务的想法。2011 年初，苏州图书馆组建专门的团队，研究策划针对 0—3 岁婴幼儿的服务方案，并将活动名称定为"悦读宝贝计划"，该项目获得了苏州市未成年人专项资金的支持。

2011 年 4 月 23 日世界读书日，"悦读宝贝计划"正式启动，首次发放 1000 份阅读大礼包。在启动仪式上，苏州图书馆呼吁全社会关注婴幼儿阅读，并承诺每年向 1000 位苏州户籍的 0—3 岁婴幼儿赠送"阅读大礼包"。包内有婴幼儿读物、亲子阅读指导书、阅读测量尺和阅读宣传册等，意在鼓励家长尽早开展亲子阅读，从小培养孩子的阅读习惯。

二、可爱的礼包

首款阅读大礼包袋采用无纺布面料制作，并精心设计了卡通图案的 Logo。从使用功能上看，第一代大礼包更多地考虑了家长的提携方便。2014 年，经过改良的第二代大礼包问世，包袋面料改为纯白亚麻布，质地更柔软，配以双肩背绳和手提拎带，可背可提，式样上多了不少童趣，既方便家长提携，也可以充当婴幼儿的出行背包，比第一代大礼包更环保实用。白色的亚麻布上印着色彩鲜艳的 Logo，并配以 4 个卡通体的"悦读宝贝"大字，令大礼包分外引人注目。2016 年，苏州图书馆采纳家长的反馈意见，对包袋的尺寸进行了调整，宽度放大了五厘米，采用的面料也提高了级别，更为精细，外观和容量都得到了改善。

三、惠及全市婴幼儿家庭

受经费所限，2011 年至 2013 年，大礼包的年发放量仅为 1000 份，这对于每年新生儿达 2 万多人的苏州市（不包括所辖县级市）来讲，远不能满足新生儿家庭的需求。为尽可能保证公平公正，大礼包申领最先采用网上报名、现场发放的方式，家长在苏图网站的申领页面输入宝宝的相关信息后就能获取一个申领号，然后在规定时间到苏州图书馆领取。这种类似"抢红包"的发放方式虽然避免了排了长队还领不到的尴尬，但也存在一定的弊端，对一些没有上网条件或不会上网的家长来说，网上申领方式制造了新的不公平，特别是一些爷爷奶奶意见更大。以 2011 年为例，1000 份大礼包的网上申领过程仅用了 2 个多小时。

2013 年，苏州图书馆"悦读宝贝计划"正式加入英国 Bookstart 大家庭，市财政对"悦读宝贝计划"给予了支持，同时，图书馆也争取到像"苏明装饰"等企业的资金支持。从 2014 年起，大礼包的发放覆盖到全市 0—3 岁婴幼儿，凡苏州户籍的婴幼儿家庭都可免费申领。并通过报纸、网站、海报等渠道广为宣传，还利用微博、微信、QQ 群等新媒体为活动造势，让尽可能多的人知晓发放大礼包的信息，"抢红包"变成了"领红包"。家长申领大礼包的过程由繁至简，申领方式也逐步便利化。

四、申领办法

1. 网站申请，就近领取

刚开始时，"阅读大礼包"的发放点只有苏州图书馆总馆。2013 年起，"阅读大礼包"新增 5 家区级分馆发放点，家长在苏图网站上提交申请时，可就近选择领取大礼包的地点。每月初，少儿部根据上个月网上申领情况向 5 家分馆配送大礼包，家长可到总馆或所选分馆领取，更加省时、便利。

2. 社区工作站现场申领

在一些大型的住宅区，图书馆依托社区工作站设立申领点。图书馆事先对社区工作人员进行培训，并根据该社区新生儿的出生情况预先配送一部分大礼包。新生儿家长来社区办理医保手续时即可登记领取，省去了网上申领的环节。街道社区将此作为一项惠民服务加以推广，图书馆无须向社区支付任何费用。当然，这样的合作也需要图书馆积极耐心地走访和宣传，取得街道社区的支持后才可以实施。

3. 举办大型户外活动，现场发放大礼包

在一些尚不具备现场申领条件或无法长期合作的社区，图书馆主动联系社区开展推广活动，现场向符合条件的婴幼儿发放大礼包。此种发放方式过程均由图书馆操作，社区仅负责提供场地。这种合作尽管是临时性的，但对"悦读宝贝计划"也起到了一定的宣传作用。

4. APP 申请，社区投递

2016 年 9 月，苏州图书馆结合网上借阅、社区投递"书香苏州"APP 推出"阅读大礼包"智能终端申领方式。家长可通过手机、平板电脑等设备访问"书香苏州"客户端，进入"阅读大礼包"免费申领平台，完成资料上传后就可在自己指定的社区分馆或投递点领取"阅读大礼包"，整个过程不收取任何费用，而且可供选择的领取地点较之前大量增加。这种全新的申请和配送方式大大方便了家长，逐渐成为"阅读大礼包"发放的主要方式。

（苏州图书馆陈力勤提供）

案例二　蹒跚起步来看书

> 一句点评：该案例的亮点在于设法将孩子们吸引到图书馆来，培养孩子们的阅读兴趣，逐步养成良好的阅读习惯。

今天是周一，早晨一上班，苏州图书馆少儿部的小何老师就从一大盒印章里挑出一枚放在幼儿阅览室的盖章台上。这枚印章上刻着一只调皮的小兔子，边上还有"逃家小兔"四个字。原来，这是专为绘本《逃家小兔》刻制的印章，参加"悦读宝贝计划"盖章游戏的小朋友可以选择这周的周一至周日任何开放时间来图书馆，拿出苏州图书馆免费发放的《蹒跚起步来看书》阅读推荐手册，在《逃家小兔》那一页的空白处盖上印章。错过了这一周，要补上《逃家小兔》这枚印章可就要等到第二年的这个时候了，因为全年共推出五十枚印章，对应五十本精选的绘本，每周的印章都不一样。

"蹒跚起步来看书"是苏州图书馆为配合"悦读宝贝计划"专门设计推出的针对0—6岁低幼儿童的一项阅读促进活动。2014年，苏州图书馆在修订"悦读宝贝计划"指导手册时，借鉴了英国Bookstart的做法，吸收了Bookstart中鼓励幼儿"收集标签以换取阅读证书"活动的游戏元素，结合分级推荐书目精心编制了一本《蹒跚起步来看书》阅读推荐手册。考虑到手册面向低幼儿童及家长使用的便利性，手册设计成10cm×18cm尺寸的口袋书，携带方便。该手册集书目推荐、经典导读、盖章游戏于一体，令家长和小朋友爱不释手。

手册共搜集了272种适合0—6岁儿童阅读的绘本，按0—2岁、2—4岁、4—6岁3个级别分别推荐。不仅如此，馆员们又从272种绘本中精选出50种经典儿童绘本，将每本书的封面、内容简介等信息印制在手册左页进行推荐。除了该书的简介外，还专门列出了该作者或绘者的其他作品，以方便开展因此书而引发的扩展、延伸阅读。右边的空白页，供家长随手记录宝宝阅读中的每一点进步。该手册作为"阅读大礼包"中的"礼物"之一随大礼包送给每个低幼儿童家庭。与此同时，作为"悦读宝贝计划"的配套活动，苏州图书馆为这50本经典绘本分别刻制了50枚独一无二的卡通印章，每周推出一本绘本，并将该绘本的封面图片发布在游戏公告栏里，小朋友可对照着图片在《蹒跚起步来看书》阅读推荐手册中找到对应的绘本简介，在读完该绘本后可在旁边的空白处盖上专门为这本绘本设计的印章。50枚印章分50个周逐一推出，要集齐所有印章必须每周都来一次图书馆并阅读完一本绘本。对集满一定数量印章的小朋友，苏州图书馆还准备了相应的礼物，目的就是要激励小朋友多来图书馆，多看书，这跟Bookstart用阅读证书来吸引幼儿具有异曲同工之处。

今年四岁的李奕彬小朋友是苏州图书馆的"老"读者了，自从领了"阅读大礼包"之后，《蹒跚起步来看书》就成了他与图书馆之间联系的纽带。他坚持每个星期都来图书馆，看书、借书、参加听故事活动，顺便盖个章，一年中风雨无阻，从未间断。去年，他完成了所有的盖章任务，获得了2辆可爱的卡通小汽车和1套图画书，还有沙画套装、水彩笔等奖励。和很多小朋友一样，小奕彬现在已养成了经常来图书馆看书的习惯，妈妈说，他不但喜欢缠着大人讲故事，听完故事后还会跟弟弟复述呢！李奕彬小朋友的案例在苏州图书馆并不是个例，很多孩子已经把到图书馆看书当成生活的一种常态。这样的习惯一旦养成，会让这些孩子终身受益。

一本小小的手册能带火一项经久不衰的活动，原因就在于这本手册将阅读推荐和盖章游戏巧妙地结合在了一起。通过这本册子，家长不仅可以获得相关的书目信息，了解适合自己孩子的图书，还可以为"带孩子到图书馆"增添一份小小的动力，毕竟，完成50次盖章任务就意味着必须坚持来图书馆50次，而且一周内图书馆只推出一个章，也就是说要完成所有盖章

图9-2　小朋友在《蹒跚起步来看书》手册上盖印章

任务、拿到所有的奖品，时间跨度超过 350 天！一本手册让孩子收获的不仅是小小的成就感，还有一份对图书馆的向往和依恋。

因此，幼儿读书活动的设计不仅要重视内容的实用性，还要注重过程的趣味性，使其符合幼儿的心理特点和娱乐需求，想方设法点燃幼儿的参与激情，引导他们在不经意间喜欢上阅读，喜欢上图书馆，并由此养成阅读习惯。

（苏州图书馆陈力勤提供）

案例三 "悦读点亮童年"低幼儿童阅读培养计划

一句话点评：该案例的亮点在于针对低幼儿童群体，系统性地策划了阅读培养计划，有效开展了低幼儿童阅读促进活动。

一、总体思路

为培养 0—6 岁低幼儿童的阅读兴趣和阅读习惯，在他们心灵深处播下一颗读书的种子，张家港市少年儿童图书馆开展"悦读点亮童年"低幼儿童阅读培养计划，意在给低幼儿童带来体验阅读的乐趣，养成自主阅读的学习行为，让爱读书、乐读书、好读书的种子生根发芽茁壮成长。

图 9-3 张家港市少年儿童图书馆的小朋友和爸爸妈妈一起动手制作的"图画书故事衣"

二、主要内容

（一）0—3 岁婴幼儿"宝贝启蒙"阅读计划

1. "手指谣亲子读书会"，通过做手指操游戏、讲述亲子绘本故事、开展亲子互动游戏等，促进婴幼儿动作发育、语言发展。

2. 推出布书阅读，让婴幼儿认识图书。

3. 数字有声阅读，让婴幼儿在家长的辅导下，用眼睛看画、用耳朵听电子书，加强对书功能的认知。

4. 推出婴幼儿"阅读大礼包"，包括一幅宝宝成长测量尺、1 本亲子阅读辅导读物《阅读种下一棵幸福树》、1 本宝宝成长记录册、2 本小布书、一封给家长的信和一个多用途包，免费赠送给 6 个月以下宝宝家庭。

5. 制定并推出"0—3 岁婴幼儿阅读能力测评"标准，根据 0—3 岁婴幼儿生长发育特点，选取 6 个月、12 个月、24 个月和 36 个月 4 个关键年龄段，从阅读兴趣、阅读习惯、阅读能力 3 个维度进行考量。由婴幼儿家长等非专业人士，根据婴幼儿日常行为进行测评，不需要做经验性或者专业性的判断。测评结果可指导家长正确开展婴幼儿早期阅读。

6. "晒晒宝贝小书房"征集活动，倡导家庭设立小书房或读书角。

7. "晒晒宝宝阅读照"征集活动，鼓励家长每天陪伴宝宝阅读半小时。

（二）3—6 岁"幼儿启智"阅读计划

1. 指纹借阅。面向 8 周岁以下小读者，率先在全国少年儿童图书馆系统推出指纹外借，培养阅读兴趣。

2. "彩虹姐姐"读绘本活动。以"玩"故事为重点，注重互动性，有听一听、读一读、讲一讲、玩一玩 4 个步骤。

3. 亲子手工坊活动。由家长和小朋友共同完成各种手工制作，在简便的剪、折、粘、贴过程中有效地激励孩子动手操作，让孩子们"心随手动，学在乐中"。

4. "图画书故事衣"制作活动。让孩子在快乐阅读中喜欢绘本故事，在快乐创意中健康成长。

5. "我是童话故事大王"童话故事比赛（低幼组）。营造孩子们读童话书籍、讲童话故事的良好氛围，每月评出月冠军，最终 PK 决出年度总冠军。

6. "绘声绘色"绘本故事比赛（低幼组）。推广绘本阅读，让绘本阅读走进每一个孩子的生活，从小培养孩子的口才与勇气，每月评出月冠军，最终 PK 决出年度总冠军。

三、项目特色

1. 进一步强化品牌深度开发，有效解决以往阅读活动品牌单一、活动方式不够灵活的问题。

2. 进一步注重对服务对象进行细分，开展分级阅读，有效解决了广大读者阅读盲从的困境，推动了服务提升。

3. 进一步引进培育发展民间阅读力量，"小手牵大手"，鼓励全民参与，有效解决少儿图书馆单打独斗的办馆局面。

（张家港市少年儿童图书馆叶倩提供）

第二节　讲故事活动案例

案例一　"我给孩子讲故事"比赛

一句话点评：该案例的亮点在于通过倡导给孩子讲故事及提高成人讲故事的能力，推动低幼儿童阅读的广泛开展。

故事是孩子认识世界的眼睛，是开启孩子心灵的窗户。比如，听了《猜猜我有多爱你》，孩子们会发现原来爸爸妈妈是最爱自己的那个人；而《鳄鱼怕怕牙医怕怕》则让孩子们懂得要好好爱护自己的牙齿，养成早晚刷牙的好习惯；当我们给孩子们讲《我爸爸》时，相信他们都会乐得哈哈大笑，然后争先恐后地炫耀自己的爸爸。有的故事告诉孩子们要遵守规则；有的故事教育孩子们要学会关爱和帮助弱小的人……当然，讲故事也是门"技术活"，它考验着讲述者的功力。作为幼儿阅读的主要实施者，家长和幼儿园老师对故事的理解和解读和对故事的表述能力会直接

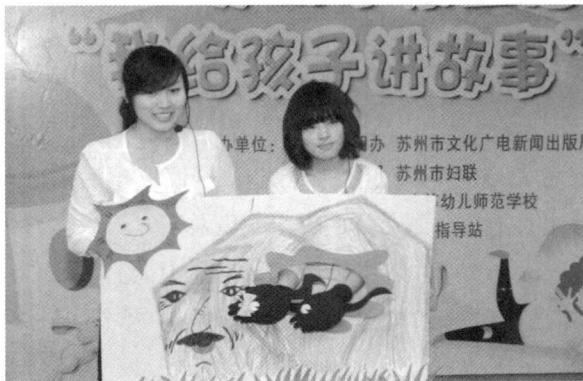
图9-4　讲故事比赛的选手们制作的简单道具

影响到孩子对阅读的兴趣和阅读的质量，可以说，会讲故事的爸爸妈妈和老师能给孩子带来更多的欢乐和笑声，更容易走进孩子的心灵，成为他们的朋友。

为鼓励更多的孩子父母和幼儿园老师参与儿童的早期阅读指导，提升亲子阅读的质量和水平，开拓成年人阅读儿童文学作品的眼界，提高成年人对儿童文学的鉴赏能力和语言艺术表现能力，引领家庭和课堂开展生动有趣的文学阅读，自2010年起，苏州图书馆每年在全市范围内举办"我给孩子讲故事"比赛，至2019年已举办了十届。比赛专为广大家长和幼儿园老师量身打造，一经推出就得到了老师和家长的积极响应，一些"悦读妈妈"志愿者和幼儿师范学校的"故事姐姐"们也踊跃报名、认真备赛。

参赛选手们从故事内容、道具制作方面做了充分准备，有的直接选取经典绘本，有的则进行故事创编。选手们仔细琢磨故事内容，精心把握故事的节奏，反复拿捏角色的表情、动作和语气，并通过背景音乐、PPT和手偶道具等来渲染故事，使故事讲述生动有趣。

比赛中，"故事妈妈"的讲述亲切动人，灵秀生动，"故事爸爸"则幽默有趣，绘声绘色，一定程度上展现了苏州市家庭亲子阅读的实际水平；"故事姐姐"的讲述活泼而新颖，体现了未来教师的口才和表演才能；"故事老师"声情并茂，自然流畅，展示了幼儿园教师的风采。选手们丰富有趣的表情与优美准确的肢体语言，将一个个故事演绎得趣味盎然。

比赛分初赛和决赛两部分。在初赛阶段，高新区、园区、相城区、姑苏区、吴中区等区图书馆分别负责本区选手的选拔，最后每区晋级选手将参加全市的总决赛。通过推荐、初赛和决赛的层层选拔，优秀的故事得到传播，选手们讲故事的技能得到锻炼与提高，讲述者的风采得以展示。

"我给孩子讲故事"比赛引发了社会对儿童阅读的更多关注。比

图9-5　选手在讲故事《袋鼠妈妈小羊羔》

赛也为苏州市的亲子阅读活动搭建了一个相互学习和交流的平台，引领着家庭和幼儿园开展更加生动有趣的文学阅读，为孩子们点亮幸福和诗意的童年，也为公共图书馆创新低幼儿童阅读推广方式找到了一个有效的途径。

（苏州图书馆提供）

案例二 "Fly in the story 绘本历险记"活动

一句话点评：该案例的亮点在于探索了帮助低幼儿童进行英语阅读的有效方式

科学研究发现，孩子越早学语言越好。为帮助儿童学习英语，太仓图书馆在 2016 年推出了"Fly in the story 绘本历险记"活动，这是针对低幼年龄段儿童进行全英文绘本拓展的一个项目。每月固定在第四周的周日上午，由外教老师主导开展，每场活动控制在 30 组家庭，对象为 3 至 8 周岁儿童，每月统一在图书馆官方微信公众平台进行活动报名。项目一经推出受到了家长读者的广泛关注，活动点击率相当之高。截至 2019 年 6 月共开展活动 30 余场，吸引了 1500 余位家长和小朋友的热情参与。

"Fly in the story 绘本历险记"项目由图书馆聘请专业外籍教师采用全英文讲故事的形式来演绎一个个经典外文绘本，使小朋友在听故事的过程当中逐渐产生对英文的兴趣。因为年龄的低幼性，小朋友们一开始对全英文的活动并不能完全适应，所以老师们会把活动的整个过程用说故事的情景式教学方法带入，并通过角色扮演以及道具运用让小朋友们更容易理解。在课程中结合游戏的形式让孩子们运用所学单词，在游戏的过程中得以复习，进一步培养孩子的专注力及英语语感。

以《大卫上学去》（*David Goes to School*）主题活动为例：

《大卫上学去》主要描述了大卫在学校学习规矩的状况。与《大卫，不可以》最大的不同是，在《大卫，不可以》里，大卫唯我独尊、一个人胡闹；而在《大卫上学去》里，大卫的身边有了其他的小朋友，他必须得学会与别人相处，并且尊重学校里的规则。

图 9-6　太仓图书馆"Fly in the story 绘本历险记"活动中老师和孩子们一起模仿故事中的人物动作

David's teacher always said，"NO，DAVID！"

（大卫的老师总是说："不！大卫！"）

"No yelling！"

（"不许乱叫!"）

"No pushing！"

（"不要推搡!"）

"NO running in the halls！"

（"别在大厅里乱跑!"）

　　活动当天我们两位老师将自己化身为绘本故事中的主人公 David 以及他所遇到的各色人物，使小朋友在对应 PPT 上画面中会更有情节代入感，大家跟着老师的演绎进入了大卫在校学习的一天。过程中，通过情景剧表演这种方式自然地教会小朋友一些常用的单词与句型，如："No yelling！""No pushing！""NO running in the halls！"同时老师也会邀请在座的小朋友们跟着自己一同附诵，通过不断的重复来加深印象。老师还在故事中穿插了英文童谣"Hockey pockey"，带领小朋友边唱边跳，从传统的课堂模式中跳脱出来，让小朋友真正放松，融入课堂。歌曲韵文过后则到了检验复习环节，老师将整个故事让小朋友们再回温一遍，通过抢答模式让小朋友们开动小脑筋，既巩固了之前所学单词，也起到融会贯通的作用。整场活动，内容设计十分丰富饱满，从看、听、说、玩四个方面调动了孩子们的积极性，实现了"让故事走出书本，让孩子走入故事"。

图 9-7　太仓图书馆"Fly in the story 绘本历险记"活动中老师带领孩子们边唱边跳

"Fly in the story 绘本历险记"的每场主题都会结合故事本身的情境由小到大，由浅到深地去设计，不仅仅是泛泛地讲述故事那么简单。老师们在各项环节中都会从小朋友的角度去思考，千方百计让小朋友们产生兴趣，调动他们的眼睛和耳朵一起探索，就像案例展示的《大卫上学去》（David Goes to School）一样，从书中的教室出发，到公共区域，到食堂……通过情景剧的演绎将小朋友的视野不断扩大，在故事不断进行的过程中，透过大卫的一天的生活，小朋友们仿佛看到了自己，所以说贴近生活的故事绘本总是能特别吸引孩子。与此同时，孩子们也透过每期的故事主题接受了潜移默化的品格教育。

"Fly in the story 绘本历险记"提供给了孩子们更多元化的语言环境，帮助孩子们搭建起一个英语的思维平台，活动刺激了孩子的观察力、求知欲，使得他们逐渐提高了英语学习能力，并在日常生活塑造了品格。同时图书馆这样的公益平台也给孩子提供了一个勇于表达自我的机会，锻炼了孩子们的胆量和勇气，增强了自信。在外教老师的带领下，活动通过看、听、说、玩扩大了儿童的视野，为他们将来的英语学习打下良好的基础。

（太仓市图书馆提供）

第三节　儿童阅读延伸活动案例

案例一　幼儿童话剧表演比赛

> 一句话点评：该案例的亮点在于通过童话剧表演的方式，培养幼儿对阅读的兴趣，提高其语言表达能力与合作能力。

作为 2006 年苏州市少儿艺术节的重头戏，"首届苏州市幼儿童话剧表演比赛"于六一国际儿童节期间在苏州图书馆成功举办。孩子们活泼可爱的表演将现场的观众带入如梦似幻的童话世界里，也为苏州图书馆的儿童阅读服务开启了一种新的方式。

图 9-8　童话剧《暖暖的抱抱》（第七届苏州市幼儿童话剧表演比赛）

童话剧根据童话故事改编而成，配合道具、音乐、舞蹈等艺术形式，是小朋友们非常喜爱的一种综合表演形式。它将阅读搬到舞台上，让儿童用艺术表演的形式展现文学的魅力，这既是对文学作品更深入的解读，也能让孩子们在演绎故事的过程中将自己置身于童话故事的世界，体会阅读的乐趣，寓教于乐。苏州图书馆在儿童阅读推广中不断尝试新的方式，鼓励在家庭和幼儿园中开展快乐的儿童文学阅读，用讲述、表演、游戏等形式，引导孩子们在"玩中学，学中乐"，用优秀的儿童文学作品浸润孩子的心灵，奠定童年生命的高度。

"苏州市幼儿童话剧表演比赛"由苏州市文明办、苏州市文化广电新闻出版局、苏州市教育局和苏州市妇联联合发起，苏州市各幼儿园踊跃参与，每两年举办一次，至2018年，幼儿童话剧表演比赛已成功举办了七届。从历届参赛剧目中我们可以看出，幼儿园比较关注多元化的语言教育，选取了表达关爱、快乐、认识自我等开放性主题的儿童剧目。对于一些经典的童话故事，老师们已经不再满足于将故事原封不动地搬上舞台，而是加入了许多创造性的情节，甚至加入了一些时尚元素。小演员们的表演也十分投入到位，时而快乐活泼，时而引发深思，令人感悟，让所有观看演出的孩子和成人都深切地感受到了文学阅读的快乐和艺术表演的魅力。

苏州图书馆作为承办方，每一届比赛，从前期的策划、宣传到接受报名、安排走台，再到落实评委、主持人和引导员、准备串词、联系媒体等赛务准备，直至比赛的完美落幕，每一环节都是对少儿部工作人员组织能力的考验。为方便与参赛幼儿园和学校老师联系，少儿部建立了"童话剧比赛QQ群"，任何通知和安排都借助QQ群这个平台传达到各幼儿园的负责老师。少儿部的同志虽然缺乏大赛的组织经验，但赛前他们做了充分细致的调查和准备工作，活动过程中又不断地调整和完善方案，各个环节都具体落实到个人。从"小蜜蜂"随身麦克风的使用要点到道具出入门框的尺寸大小，从走台时间的合理调度到送演大巴车的停车位安排，从领奖老师的座位到现场医生和急救药品的准备，事无巨细，少儿部工作人员都尽量考虑周全，杜绝任何安全隐患。为避免道具碰伤小演员，工作人员不仅专门设计了道具和演员的上下场路径，还安排了单、双号候场室，演员和道具的候场和上下场都安排了专门的引导员引导。馆员们细致、认真的工作态度得到了幼儿园老师和家长的认可，很多参与过比赛工作的老师至今还与馆员们保持着联系，为进一步推进馆园合作打下了良好基础。

图 9-9　童话剧《青蛙的池塘》（第六届苏州市幼儿童话剧表演比赛）

多年来，"苏州市幼儿童话剧表演比赛"得到了苏州市各幼儿园的认同和支持，参加该赛事成为各幼儿园重要的工作内容，带动了他们平时绘本表演活动的开展。有过多届比赛经验的苏州工业园区跨塘中心幼儿园的老师们说，童话剧比赛让孩子们在愉快的表演交流中体会到故事中所表现的真善美，使孩子们徜徉在童话世界里，分享童话的乐趣。教师通过创编剧本，指导幼儿表演，增强了创编能力及指导童话剧的能力，并通过相互学习借鉴，提高了老师们的多方面素养。相城区北桥中心幼儿园的尤蓉琴老师说："优秀的童话剧不断以艺术的优雅形式影响着孩子未来的价值观、未来的梦想，同时，它也是一把钥匙，让孩子放飞自己的想象和思维，开启未来属于自己的那部人生话剧。"对于从事儿童阅读推广的馆员们来说，童话剧表演增添了大家继续带领孩子们快乐阅读的动力，同时也凸显了幼儿园作为公共图书馆幼儿阅读天然合作伙伴的地位，对建立和健全馆园合作机制有着重要意义。

（苏州图书馆陈力勤提供）

案例二 "一书·一绘·一世界"

——苏州工业园区图书馆儿童绘本阅创平台

> 一句话点评：该案例的亮点在于通过搭建绘本阅创平台，探索了从"选、读、演、绘"到原创出版及收藏"一条龙"的绘本阅读推广，图书馆变成一个激发孩子创作灵感、培育"小小作家"的梦想空间，进一步激发孩子的阅读兴趣、想象力和创造力。

图 9-10 苏州工业园区图书馆儿童原创绘本集

"你来创作，我来馆藏"，作为 2018 绘本阅读年的重头戏，"苏州工业园区图书馆绘本阅创平台"正式与广大读者见面，从"选、读、演、绘"到"原创出版"，图书馆变成了一个激发创作灵感、培育"小小作家"的梦想空间。2017 年绘本创作大赛的部分优秀作品已经出版发行，园区孩子的精彩原创作品将以"专属馆藏"的方式进入园区公共图书馆的借阅网络，使更多的孩子看到这些源自园区生活点滴的原创绘本作品，留下园区独有的城市记忆。图书馆期望以这样的方式，激发孩子的想象力和创造力，激励更多的家庭养成亲子共读、终身阅读的好习惯。

一、原创绘本加工平台

通过"原创绘本加工平台"，小作者可以先通过高拍仪将自己的手稿作品原汁原味地拍摄成为高清晰度的图像并进行编辑调整，再利用绘本加工平台实现电子手稿和音频视频地上传，配合每一次逼真的电子书翻页效果，以及小作者的旁白，生动地展现出一本原创绘本的立意构思和故事情节。

二、原创绘本出版

通过苏州工业园区图书馆与高校出版社的合作，2017 年绘本创作大赛的首套优秀作品集（一套 6 册）正式出版发行，这是历届大赛的结晶和果实。对于那些难以正式出版但仍然渴望拥有一本"我自己的绘本"愿望的小朋友和家庭，通过绘本阅创平台，小作者可以便捷的实现电子原创绘本的编辑、加工、分享。不仅如此，小作者还可以申请拥有一本"实体书"，它通过虚拟的"阅创梦工厂"出版发行，呈现出一本绘本的完整结构：封面、环衬、扉页、正文和封底，还有来自图书馆馆长的寄语和推荐。这份看似简单的礼物得到了来自家长和小朋友的良好反响，精心的扉页设计和元素提炼实现了创作者的自我期待，小朋友骄傲地分享这份作品带来的喜悦：我像吃到了世界上最甜的糖果。

三、原创绘本收藏与宣传

"苏州工业园区儿童原创绘本馆"（纸质＋电子化）的开辟，促进了原创绘本的展示及共享。图书馆对大赛遴选出的每一本优秀绘本（包括外籍小作者的绘本）进行标准的数字化处理，依据国际商品编码、ISO2108 国际标准书号、中国标准书号（GB/T 5795—2006）取号规则，遵循《国际标准书目著录》（简称 ISBD）标准（由 IFLA 制定），参照以用户为中心的《资源描述与检索》（简称 RDA）编目规则，执行 CNMARC 格式，采用《中国图书馆分类法》分类对每一本绘本进行编目，从而对其进行有效持续的标准化收藏。

依托阅创梦工厂绘本收集和数字加工平台以及儿童原创绘本大赛展示平台，图书馆现有儿童原创绘本电子馆藏 2000 余本、绘本表演视频资源 100 余个。每年大赛期间，通过各类网站、图书馆微信公众号等媒介平台滚动展出优秀绘本剧及儿童原创绘本。在纸媒、苏州广电（《我是 TV 星》）、电台广播（FM95.7）、看苏州 APP、喜马拉雅 APP 等媒体的鼎力支持下，多场活动实现了现场直播，更多精彩的绘本剧目搬上了大银幕，更多的原创绘本小作者陆续走进直播间，与广大听众分享绘本创作历程，引发社会关注，平均每年现场观众及线上点击超 30 万人次。

激发孩子的阅读兴趣是图书馆的使命，让绘本阅读

图 9-11　苏州工业园区图书馆原创绘本小作家家庭走进电台直播间

成为家庭教育、儿童自我成长的方式之一，是图书馆的良苦用心。通过各类活动及大赛，通过学校、电台、出版机构等众多资源平台，通过每一个孩子和每一个家庭的参与，阅创平台不仅让孩子亲近阅读，同时培养了孩子创作、欣赏、表演的能力，成为一条鼓励阅读的"捷径"，让阅读种子从此在孩子的心里生根发芽。

（苏州工业园区图书馆提供）

案例三　"悦读宝贝大篷车"开进幼儿园

一句话点评：该案例的亮点在于寻找阅读推广最为合适的场所和方式。

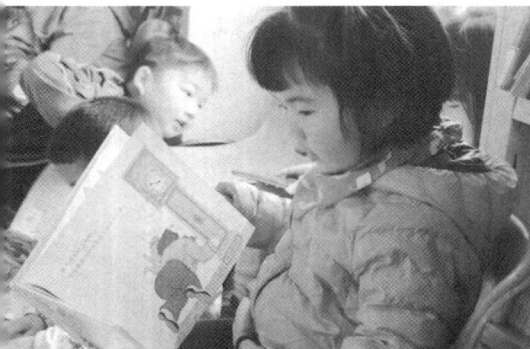

图 9-12　小朋友看得好认真啊

2017 年 3 月 22 日，随着一辆色彩斑斓的图书大篷车缓缓驶进香堤澜湾幼儿园，苏州图书馆"悦读宝贝计划"走进幼儿园活动正式启动。这是"苏州市未成年人流动图书大篷车""送书上门"流动服务向低幼儿童阅读领域的延伸，也是"悦读宝贝计划"深化低幼儿童阅读活动的又一次创新举措。

随着早期阅读在全社会越来越得到重视，苏州图书馆加大了学龄前儿童的阅读服务力度，开展了 3 年的"悦读宝贝计划"于 2013 年底加入英国"阅读起跑线"（Bookstart），苏州图书馆因此成为 Bookstart 在中国大陆地区的首个成员馆。"悦读宝贝计划"以向苏州全市 0—3 岁婴幼儿免费发放"阅读大礼包"，并举办一系列阅读活动使无数个家庭受益。为持续引导低幼儿童阅读，针对 3—6 岁年龄段的学龄前儿童开展有效的阅读推广活动，苏州图书馆将目光投向了 3—6 岁儿童的聚集地——幼儿园，策划以"流动图书大篷车"搭建起图书馆和幼儿园的桥梁。

大篷车进幼儿园之前，馆员们首先认真开展了可行性调研。她们深入幼儿园勘查环境和场地，向幼儿园老师和幼儿家长了解需求。她们发现，不管是幼儿园老师还是家长，对亲子阅读、绘本阅读的认可度都比较高，但绘本昂贵的价格又限制了孩子们的阅读深度与规模。一些幼儿园虽然也有图书室，但品种数量有限，仅能满足课堂阅读，并不向家庭提供外借。幼儿园也希望图书馆能够带去更多的阅读资源和先进的阅读理念，带领孩子们更便利、更自由地畅游书海。因此，馆员们认为流动图书大篷车到幼儿园服务将会受到师生和家长的欢迎。

图 9-13　苏州图书馆的老师在大篷车上给小朋友讲绘本故事

在接下来的选址过程中，苏州图书馆以"幼儿园具备一定规模""所在区域社区分馆密度低""道路行驶便利"等几个条件对全市幼儿园进行筛选。经过实地考察，最后将"悦读宝贝大篷车"首批固定服务点确定为香堤澜湾幼儿园等 9 所幼儿园和 4 家社区。

苏州图书馆专门为"悦读宝贝大篷车"采购了 1 万多册优秀图画书，还为家长们配置了亲子阅读指导书，以及幼儿园教师的教学用书，总馆的图画书资源也随时做好准备为大篷车补充图书。合理的图书类别搭配，不仅有利于提升孩子们的文学和美学素养，还能帮助老师更科学地设计教学课程，为家长更好地了解和教育孩子提供指导。

经过改装的大篷车上，15 米长的专用书架、转角工作台、柔和的照明系统、空调、专用发电机、刷卡机、条码阅读器、手提电脑及无线网络等设施一应俱全。车身上还专门印上了"悦读宝贝计划"的 Logo，鲜艳活泼，充满着朝气。

2017 年 3 月 22 日，崭新的"悦读宝贝大篷车"缓缓驶出苏州图书馆，踏上了为低幼儿童服务的新旅程，这是苏州图书馆深化"悦读宝贝计划"服务内容的新举措，也是"未成年人流动图书大篷车"项目自 2006 年启动以来在服务空间上的一大拓展。

在把图书送到孩子和家长身边的同时，馆员还为幼儿园的孩子们开展讲故事、念儿歌活动。上午，小朋友们在老师的带领下来到大篷车上，由馆员老师为他们上阅读课，绘声绘色的图画书讲读拉近了孩子们和大篷车的心理距离。从中午开始，家长们陆续来到大篷车上为孩子们选书、借书。工作人员一边为家长办理借书和还书手续，一边不厌其烦地解答家长的咨询。为方便老师们查找学术期刊数据，随车馆员还耐心地指导幼儿园老师如何使用苏州图书馆的网络数字平台，免费访问海量的教育学术信息。此外，大篷车还充当了"阅读大礼包"的"送递员"，幼儿家长只需在手机 APP"书香苏州"上申请"阅读大礼包"，大篷车就能把大礼包送到家长手里。

"悦读宝贝大篷车"每天奔波于不同的幼儿园和社区之间，每两周为一个服务周期，也就是说，小朋友在大篷车上借书以后，不用担心无处还书，两周以后的同一时间，大篷车又会开至同一幼儿园或社区，就像一个流动的图书馆。

"悦读宝贝大篷车"自 2017 年 3 月试运行以来，受到了孩子、家长和老师们的热烈欢迎和大力支持。由于大篷车在幼儿园的服务时间为周一至周五，很多父母无法亲自到场为孩子选书，对有些不知该如何为孩子选书的祖父母，工作人员也热情地为他们提供了帮助。在斜塘中心幼儿园的一次家长开放日中，家长们在一个小时内就借走了千余本图书。截至 2018 年 6 月，大篷车累计出车 188 次，借阅量达到了 45000 多册，接待读者约 21000 人次，形成了以流动图书借阅为主，多样化创新活动为辅的幼儿阅读服务新模式。"在大篷车上看书、选书"这种新鲜的阅读方式也受到孩子们的喜欢，好奇心驱使他们想上车一探究竟。家长们也方便多了，接送孩子的同时就能享受到专业的图书馆服务。老师们也告诉馆员，自从大篷车开进幼儿园，喜欢阅读的孩子越来越多了！

在苏州图书馆与各幼儿园合作的过程中，我们看到了读书活动品牌化建设的重要性。在"悦读宝贝大篷车"项目推出前，"悦读宝贝计划"和"苏州市未成年人流动图书大篷车"这两个项目已经为苏州市的未成年人带来了实实在在的益处，在社会上建立了良好的口碑，并分别获得了江苏省第四届、第六届公共图书馆优秀服务成果奖。"悦读宝贝大篷车"开进幼儿园，将两个活动品牌有机融合，互为补充，既延伸了各自的服务触角，又丰富了活动内涵，为孩子、家长及教师带来了实实在在的实惠，取得了良好的社会效益。

（苏州图书馆提供）

第四节 志愿者培训案例

案例一 听故事姐姐讲故事

> 一句话点评：该案例的亮点在于引入社会力量长期开展低幼儿童阅读推广的专业志愿服务，通过建立稳定的合作机制，实现了合作多赢的社会效果。

图 9-14 听故事姐姐讲故事——《大海的起点》

在苏州图书馆的"悦读园"里，经常能看到这样的场景：小朋友们沿着低矮的台阶围成一圈，认真地听大姐姐给他们讲故事。大姐姐很会吸引小朋友，她们或蹲着，或坐在小椅子上，手拿绘本，后面还有漂亮的 PPT 背景，这些背景随着故事情节的进展不断变换，大姐姐还不时地从衣兜里变出可爱的玩偶来带入角色。大姐姐讲得绘声绘色，小朋友们听得津津有味。讲完故事，大姐姐还会带着小朋友们做各种游戏……经常来图书馆的小朋友都知道，每个周末，"故事姐姐"都会来图书馆跟小朋友们讲故事，小朋友非常盼望这一天。这些"故事姐姐"来自苏州幼儿师范高等专科学校，接受过幼教专业的训练，作为未来的幼儿园老师，她们来图书馆开展"听故事姐姐讲故事"活动，既是一种爱心付出，也是一种职业演练。

2005年初，苏州图书馆为弥补馆员力量的不足，考虑引入社会力量，开展低幼儿童阅读推广工作通过多次走访苏州幼儿师范高等专科学校，观摩学生的公开课、童话剧表演和讲故事比赛，图书馆认为，两家完全可以展开合作，优势互补。苏州图书馆向学校师生介绍自身开展阅读推广活动的情况，并商讨如何把该校的优势品牌学科——"儿童文学"和"早期教育"与图书馆的阅读推广活动有机地结合起来，在促进学生专业技能提高的同时，也提升图书馆幼儿阅读活动的质量，达到双赢的目的。图书馆的建议得到了苏州高等幼儿师范专科学校领导的大力支持，经过几个月的准备，2005年"六一"前夕，"听故事姐姐讲故事"活动在苏州图书馆少儿部正式拉开序幕。从此，每个周末，在苏州图书馆少儿馆里就活跃着"故事姐姐"们的身影，她们一般2—4人一组，通过集体阅读、游戏阅读、讨论阅读、图画阅读等形式给学龄前儿童开展文学启蒙教育，并围绕故事主题开展亲子手工制作等阅读延伸活动，这项活动受到了孩子和家长们的热烈欢迎。苏州图书馆少儿部也成了幼教专业师范生的实习基地，只有专业好的学生才能获得这样的机会。这一合作机制从2005年开始一直延续下来，成为苏州图书馆常态化的服务品牌。

当然，这一机制也经历了一个逐步完善的过程。起初，"故事姐姐"们带领孩子和家长们讲故事、玩游戏、做手工，但这些活动在内容上缺少一定的内在联系，对孩子缺少足够和持久的吸引力。同时，学生们在故事的选择和表述上也存在着一些问题，这与"故事姐姐"的选拔机制不无关系。在活动的初始阶段，参与活动的学生志愿者采用轮流制度，按班级学号摊派，学生的水平良莠不齐，组织松散，又缺乏必要的培训，活动质量自然难以保障。于是，苏州图书馆一方面请学校团委选派高年级中文阅读素养较高的学生来担任"故事姐姐"，同时建立完备的总结考核制度；另一方面图书馆也求助于市文联的少儿文学分会，请有幼教经验的儿童文学作家给选拔出来的学生志愿者进行上岗前的培训。现在，"故事姐姐"的选拔机制有了明显的改善，图书馆对志愿者设立了名额限制和资格要求，班级志愿者由班主任推优产生，校级志愿者队伍则通过比赛产生。

图 9-15　"故事姐姐"在和小朋友做互动游戏

目前，"故事姐姐"需符合如下资格要求：①儿童文学知识基础好，接受过相关课程的学习，具有良好的儿童文学素养，获专业教师的推荐。②普通话标准，具有良好的语言表达能力，在年级讲故事比赛中获过奖。③志愿奉献精神佳，并具备志愿者服务经验，由其所在团支部鉴定证明。所有志愿者按照特长、服务意向、服务内容等进行分类，做到信息真实、分类合理、便于组织、服务便捷。一些热心于少儿文学阅读推广的作家、儿童文学专业老师，如王一梅、徐辉、韩梅等也加入到对"故事姐姐"的义务培训中来，为学生作文学辅导和阅读示范。这样，一支文学素养高、讲述能力强并热心公益事业的学生组成的"故事姐姐"队伍逐渐形成了。图书馆有了这支队伍的加入，低幼儿童阅读推广的质量就有了可靠保障。

在提供志愿服务的同时，"故事姐姐"们的专业能力也得到了锻炼和提高。为了推荐优秀的儿童文学作品，学生们要查阅资料、分析作品；为了使每个环节环环相扣，学生们需要反复修改教案；为了把故事演绎得生动有趣，她们还要多次排练并制作道具。图书馆的馆员们也经常与小朋友和家长交流，观察小朋友的表现，了解家长们对活动的看法和要求，并将意见及时反馈给学生。这些认真细致的工作既保证了活动的质量，也促进了学生相关知识技能的提高。

"听故事姐姐讲故事"活动是苏州图书馆引进社会优质资源、开展亲子阅读社会合作的一次成功实践，它将苏州高等幼儿师范学校的优势品牌学科与公共图书馆的社会阅读巧妙地结合起来，通过游戏阅读的形式开展儿童文学启蒙教育，让孩子们在快乐阅读过程中逐渐培养起对阅读的兴趣和热爱。"听故事姐姐讲故事"活动，引领着图书馆的孩子们走进了快乐的童话世界，提升了苏州图书馆低幼儿童阅读服务的质量，取得了良好的社会效果，实现了合作多赢。

（苏州图书馆提供）

案例二 "悦读妈妈"志愿者培训

> 一句话点评：该案例的亮点在于通过提升孩子养育者和教育者的知识储备及素养，并以志愿服务的形式开展阅读推广，使无数孩子受益。

在苏州图书馆少儿部和各分馆，活跃着一群"悦读妈妈"志愿者，她们给小朋友讲故事，带他们做游戏，风雨无阻、不计报酬，把书中的故事绘声绘色地讲给孩子们听，让孩子们在自由、快乐中亲近阅读是她们共同的心愿。"悦读妈妈"来自各行各业，爱孩子、爱讲故事是图书馆接纳她们成为志愿者的首要前提。

2014年下半年，苏州图书馆开始筹建"悦读妈妈"志愿者团队，多次邀请相关领域的专家就志愿者团队的组建、培训及后续管理等问题进行磋商，听取专家们的意见和建议。之后面向社会的志愿者招募活动也随即展开，一些有志于为孩子讲故事的家长、幼儿园教师纷纷报名。2015年3月初，"悦读妈妈"志愿者队伍正式组建并开展了首期培训。

"悦读妈妈"培训课程分为五大模块：故事妈妈课堂、营养妈妈课堂、保健妈妈课堂、智慧妈妈课堂、成长妈妈课堂，涵盖儿童成长的多个方面。学员们不仅要掌握开展阅读活动的技巧，还能学到儿童生理、心理以及卫生、营养健康等方面的知识。在培训方式上，"悦读妈妈"培训将理论课与实际操作课结合，精讲与泛讲结合，不仅教学员如何为孩子阅读，还要求学员学会如何开展阅读延伸游戏，并且在课程最后安排了汇报演出和专家现场点评的环节。在课时安排上，苏州图书馆将培训时间集中在周六，每周一次，这样既能保证学员们利用业余时间前来上课，也保证了学员们一周一天的休息时间，易于为大家接受。经过培训的志愿者会被就近分配到苏州图书馆各分馆、社区或者书城等，为小朋友们带去好听有趣的故事、儿歌、童谣等，并配合一些阅读延伸活动来激发小朋友们对阅读的兴趣，加深他们对故事或者儿歌内容的理解。

图 9-16　"悦读妈妈"志愿者来到苏州图书馆姑苏分馆，给孩子们讲故事《子儿，吐吐》

要吸引学员们自愿利用业余的时间来接受培训，配备的讲师必须足够优秀、专业，具有权威性。"悦读妈妈"培训课堂的主讲老师都是苏州知名的专家，如王一梅老师是苏州著名的儿童文学作家；韩梅老师是苏州高等幼儿师范学校儿童文学专业的老师；盘海鹰老师是苏州著名的早教专家；张宇老师则是苏州著名的营养和保健专家。此外，图书馆的经验丰富的阅读推广人员也加入其中，为大家讲解阅读理念。

"悦读妈妈"培训在学员中引起了强烈的反响，他们都表示受益良多。一位家长志愿者表示，他印象最深的是高等幼儿师范学校的周明刚老师关于"图画语言与图画文本细读"的课程。其从图画的色相、明度、彩度、留白、框线、文字排列、方向性、视点等角度解析了绘本绘画的细节。这些细节与绘本的情节、人物情绪息息相关，却都是平常在绘本阅读中家长没有注意到的。例如，曾获美国凯迪克大奖的绘本——《菲菲生气了——非常、非常的生气》，以前家长和老师在解读时即便注意到绘本的浓烈色彩，也很难注意到人物轮廓、物体轮廓的着

图 9-17　在苏州市凤凰书城，"悦读妈妈"志愿者在给孩子们讲故事《我想变成彩色鱼》

色及猫浑身的毛给人带刺的感觉，而这些都是菲菲糟糕情绪的表现。了解这些专业知识，学员们在为孩子解读绘本时就会留意到许多细节，既丰富了讲述内容，也能够锻炼孩子们观察事物的能力。

"悦读妈妈"培训课堂周期近两个月，占用的都是学员们的业余时间。为鼓励学员们学习，除了专业的教师配备、系统的课程设计外，图书馆还与教育局协商，将培训课程纳入幼儿园教师再教育系统，教师学员在图书馆参加培训可以得到继续教育积分，此举大大提高了教师学员的学习积极性。

"悦读妈妈"志愿者培训虽然没有直接针对孩子这一群体，但它提升了孩子养育者和教育者的知识储备和素养，有效地解决了目前图书馆总分馆体系内人员不足的状况，最终让无数个孩子受益。

（苏州图书馆提供）

第五节　家长课堂案例

案例一　家长沙龙

一句话点评：该案例的亮点在于公共图书馆为传播亲子阅读理念与方法、交流亲子阅读经验搭建了一个平台，抓住了低幼儿童阅读推广的关键人群——家长。

亲子阅读看似简单，实际并不容易，它是孩子和父母合力完成的一个过程。对于低幼儿童的阅读来说，父母不但是参与者，更是引领者。父母的阅读心理，对图书的选择，家庭阅读氛围的营造等都会直接影响到亲子阅读的效果。对于亲子阅读，有些父母游刃有余，挥洒自如，也有很多父母显得"心有余而力不足"。如何给孩子选书？选什么书？我的孩子专注力不够怎么办？还有些父母为不能与孩子有效沟通而焦虑……拥有良好阅读习惯的孩子必定有深谙教育之道的父母，想要孩子好好阅读，父母必须天天向上！因此，公共图书馆开展高质量的儿童阅读服务，其中很重要的一个环节就是开展对儿童家长的阅读指导。

2008年3月，以培养儿童阅读兴趣、提升亲子阅读质量为目的的少儿读者"家长沙龙"在苏州图书馆成立，它通过讲座与座谈、线上与线下互动等形式，在馆员、家长和专家之间建立起面对面交流的平台，多方合力，共同解决家庭阅读中遇到的困惑和难题，共享亲子阅读的经验与方法，以最终提升亲子阅读的水平。

图9-18 苏州图书馆的小何老师在向家长解读图画书中的文字排列方式

"家长沙龙"的活动内容包括亲子阅读指导讲座、亲子阅读座谈、儿童健康咨询等。如开设快乐亲子系列课堂，邀请苏州阳光家庭顾问中心的心理咨询师为家长们传授建立良好亲子关系的方法和技巧，帮助家长根据孩子心理发展的特点，有针对性地对孩子进行教育和培养；推出以亲子阅读为主题的"共读一本书"活动，请《亲子阅读：送给0—12岁孩子的父母》书中的多位作者与家长面对面，就书中的内容及家长关心的问题展开讨论；请市儿童医院的医生开设儿童健康讲座，解答家长的困惑……除了孩子的家长，苏州图书馆也鼓励新婚夫妇、育龄夫妇积极参与沙龙的活动，让他们从组建家庭的那天起，就能科学地指导自己孩子的孕、生、育、教。

"家长沙龙"每周活动一次，一般安排在周末，时间约为1.5—2小时。在交流的方式上，除了定期定点的现场活动外，"家长沙龙"还建立了家长QQ群，方便馆员和家长们随时沟通。活动前，馆员通过发送手机短信和群消息等方式让家长了解活动的具体时间、地点及主题。参与沙龙活动的专家中既有儿童文学作家、心理咨询师、幼儿园老师等馆外的热心志愿者，也有本馆的阅读指导老师。活动中，专家、馆员与家长们分享相关的知识、经验与方法，并围绕主题进行交流与讨论。每场活动后，馆员会及时总结、归纳，整理出相关课件发布到论坛，让更多的家长分享。除了线上和线下的探讨与交流，苏州图书馆还组织家长参与"我给孩子讲故事比赛""悦读妈妈进社区"等活动，鼓励家长参与志愿者活动，为亲子阅读推广发挥更多的力量。

刘亦华是苏州科技城实验幼儿园的一名老师，曾多次参加"家长沙龙"的活动。在一次分享活动中，刘老师分别从讲故事时的配乐、多角色故事的演绎等方面为大家进行了详细讲解。刘老师告诉大家，一个故事加上好的配乐会更加打动人的内心，孩子在听故事的时候，不仅能听到故事内容，还能得到音乐的熏陶。在给孩子讲故事的时候，一定要注意不同角色在性别、性格、年龄等方面的特点，为不同的角色演绎不同的声音，同时也要注意角色之间的关系，从多方面把握故事的语气、节奏等等。除了理论知识外，刘老师还以《小黑鱼》《老鼠娶新娘》《我和我的疯姐姐》等故事为例为大家进行了示范。她生动逼真的演绎博得了家长们的阵阵掌声，也展示了一名幼儿园老师的优秀语言功底。

图 9-19　心理老师在和家长讨论：如何搞定孩子的拖拉磨蹭

截至 2019 年 6 月，"家长沙龙"已开设主题活动 350 多场，参与的家长超过 1.2 万人次，为公共图书馆推广亲子阅读理念与方法提供了新的渠道与思路，在图书馆与家庭之间建立起了相互信任的感情纽带。

（苏州图书馆提供）

案例二 "妈妈课堂"家庭成长项目

> 一句话点评：该案例的亮点在于通过提升低幼儿童的主要带养者——妈妈们的自身素养，帮助更多的低幼儿童健康成长。

一、总体思路

孩子成长过程中的大部分时间是在家庭中度过的，低幼儿童更是如此，因此家庭教育对孩子的健康成长至关重要。吴江图书馆履行公共图书馆开展社会教育的职责，针对女性读者们比较关心的一系列问题，开设"妈妈课堂"家庭成长项目系列活动，每期都有不同的主题，涵盖健康、教育、心理等各个方面。

图 9-20 吴江图书馆"妈妈课堂"开展未成年人网络成瘾问题辅导与健康休闲生活指导

2017 年 1 月 7 号，吴江图书馆开办了首场"妈妈课堂"活动。活动由专业的志愿者老师为女性读者解读如何让孩子安度换季敏感期等问题，指导家长在不同的季节气候变化下，根据幼儿免疫系统和身体素质的特征，进行预防和护理。首场活动的成功举办为活动后续的发展打开了局面。"妈妈课堂"内容丰富，且为公益性质，贴合家长们的需求，成为吴江市科学、理性育儿的学习、交流平台，吸引了许多的家长朋友前来参与。

二、主要做法

每期活动根据实时热点挑选主题，为家长们提供最新最实用的育儿经验，普及家庭教育的新知识、新理念；根据每场不同的主题邀请专家志愿者，为家长们作独到且专业的报告，并与家长学员现场互动；提供多媒体场馆作为讲课基地，内设投影仪、播放屏幕等，可连接电脑，用以播放课件、音视频等，为活动开展提供场地保证。

图 9-21　吴江图书馆"妈妈课堂"举办小型沙龙活动

自 2017 年 1 月至 2018 年 11 月，"妈妈课堂"共举办了十六场讲座，每次活动均吸引三十几组家庭的参与。2017 年 5 月 13 日上午，常州市语文学科带头人张春明老师应邀来到吴江图书馆做题为"如何让孩子爱上学习——语文作文与阅读写作"公益专题讲座，该讲座吸引100多位家长参与。活动开展一年来，参与活动的家长达600多人次，活动大受欢迎，普遍反响较好，形成了以"妈妈课堂"品牌栏目为中心，家长读者们育儿交流、探讨、分享的主要阵地。

三、主要特点

1. 从家长的角度出发，科学地研究和探索家庭教育的有效方法，满足家长群体的阅读需求，提高家长对家庭教育重要性的认识。

2. 深化社会团体与机关单位的合作交流，开展以社会志愿者服务为主要形式的，全面、系统化的亲子文化活动。

3. 进一步打造吴江图书馆阅读推广志愿者"彩虹使者"的活动品牌。

"妈妈课堂"是吴江图书馆妈妈俱乐部品牌活动推出的一个新系列。"妈妈课堂"的老师们讲解形象生动，具有较强的科学性、启发性和实用性，提出的关于家庭教育的新知识、新理念，引起大家对注重家庭、注重家教、注重家风的理念的共鸣，让家长们都受益匪浅。这一项新服务致力于打造全公益、内容丰富、贴合家长需求、帮助科学育儿的成长工程。

（吴江区图书馆提供）

主要参考文献

［1］范并思，吕梅，胡海荣 . 公共图书馆未成年人服务［M］. 北京：北京师范大学出版社，2012.

［2］范并思 . 图书馆服务中儿童权利原则研究［J］. 中国图书馆学报，2012（6）：38-46.

［3］范并思 . 拓展图书馆未成年人阅读服务［J］. 图书与情报，2013（2）：2-5.

［4］方素珍 . 绘本阅读时代［M］. 杭州：浙江少年儿童出版社，2013.

［5］菲利普吉尔领导的工作小组代表公共图书馆专业委员会 . 公共图书馆服务发展指南［M］. 林祖藻，译 . 上海：上海科学技术文献出版社，2002.

［6］盖迅达 . 学龄前儿童色彩心理研究［D］. 天津：天津工业大学，2009.

［7］国际图联 0—18 岁儿童图书馆服务指南（2018 年修订版）［EB/OL］.［2019-09-10］. https://www.ifla.org/files/assets/libraries-for-children-and-ya/publications/ifla-guidelines-for-library-services-to-children_aged-0-18-zh.pdf.

［8］教育部 . 幼儿园教育指导纲要（试行）［EB/OL］.（2001-07-02）［2019-02-19］. http://www.moe.gov.cn/jyb_sjzl/moe_364/moe_302/moe_309/tnull_1506.html.

［9］李超平 . 公共图书馆宣传推广与阅读促进［M］. 北京：北京师范大学出版社，2013.

［10］彭懿 . 世界图画书：阅读与经典［M］. 南宁：接力出版社，2011.

［11］齐建芳 . 儿童发展心理学［M］.2 版 . 北京：中国人民大学出版社，2018.

［12］童万菊 . 中美公共图书馆未成年人服务比较研究［D］. 合肥：安徽大学，2014.

［13］王惠萍，孙宏伟 . 儿童发展心理学［M］.2 版 . 北京：科学出版社，2018.

［14］伊斯特，斯特里切维奇 . 婴幼儿图书馆服务指南［M/OL］. 海牙：国际图书馆协会和机构联合会，2011［2019-09-10］. https://www.ifla.org/files/assets/hq/publications/professional-report/132.pdf.

［15］张慧丽 . 公共图书馆儿童早期阅读服务基本理论问题探讨［J］. 图书馆，2012（6）：87-89.

［16］张慧丽 . 中美图书馆儿童早期阅读研究综述［J］. 图书与情报，2011（2）：2-6，25.

〔17〕周玉含.美国公共图书馆 0—3 岁婴幼儿服务研究〔J〕.图书馆建设，2016（11）：32-36.

〔18〕朱淑华.从战略高度推进儿童阅读〔J〕.图书馆理论与实践，2010（2）：75-78.

〔19〕朱淑华.儿童阅读推广研究〔J〕.新世纪图书馆，2012（3）：88-90，21.

〔20〕朱智贤.朱智贤全集（卷四）：儿童发展心理学〔M〕.北京：北京师范大学出版社，2002.

附录1 国际图联 0—18 岁儿童图书馆服务指南

（2018 年修订版）

张靖　杨乃一　汪超敏　译 [①]

引　言

国际图联儿童与青少年图书馆部（Libraries for Children and Young Adults Section）承接了 2003 年版《儿童图书馆服务指南》[②] 的修订工作，以展示儿童图书馆服务中的优秀实践。国际图联标准是经由国际评阅、出版并定期更新的文件，每份标准均反映了关于某一专门活动或服务的原则、指南、最佳实践或模型的当前共识。

众所周知，世界各地公共图书馆的发展现状存在显著差异。对许多儿童图书馆员而言，这些国际图联指南条款将鼓励他们努力（为儿童和青少年）提供基本的书籍和支持阅读。儿童的能力各不相同，因此，这些指南条款并不是一套通用的理想图书馆设计准则。认识到发展中国家、中等收入国家和工业化国家在社会、文化和经济环境方面存在着巨大差异，这些指南条款仅就可行的方法提出建议。每个公共图书馆有其服务社群，优先级别和用户需求均不尽相同。因此，《国际图联 0—18 岁儿童图书馆服务指南》仅用于支持世界各地儿童图书馆服务的发展和改善。

本指南通过指引与信息、读写能力和阅读有关的儿童信息和儿童权利，促进和鼓励国际图书馆界为不同能力的儿童提供有效的图书馆服务。旨在帮助公

---

① 由杨乃一、汪超敏参与初译，张靖译定全文。

② http://www.ifla.org/files/libraries-for-children-and-ya/publications/guidelines-for-childrens-libraries-services-zh.pdf.

共图书馆在数字时代实施高质量的儿童服务并认识到现代社会中图书馆角色的不断变化。国际图联关于《全球愿景》的讨论，展现了图书馆致力于支持读写能力、学习和阅读，在其中扮演重要角色，并关注所服务社群。教育质量与识字普及是《联合国2030年可持续发展议程》中的愿景。

本修订版指南为从事儿童图书馆服务和活动战略性规划或提供儿童图书馆服务与活动的人士提供最新知识和专业见解。主要目标受众包括：图书馆员、图书馆工作人员、图书馆管理者以及图情院系的学生和教师。本指南可以为决策者和政策制定者提供帮助。相关信息还将使支持为儿童及其家人提供读写能力和阅读活动的非政府组织获益。

指南所涵盖的年龄范围

《联合国儿童权利公约》[①] 将儿童定义为18周岁以下的人，本指南的目标年龄范围恰恰对应了0至18岁。由此涵盖了面向婴儿和幼童、儿童以及青少年的服务与资源。本指南所使用的"儿童图书馆员"这一术语，也涵盖了婴幼儿图书馆员（early years librarians）和青少年图书馆员（young adult librarians）。

儿童图书馆在非商业性公共空间中为当地社群的所有成员提供服务和活动。这其中应包括所有儿童，不论其种族、宗教、性别、文化背景、社会经济地位、智力或身体能力。由于本指南涵盖的年龄范围较广，因此与"青少年"这一目标群体有所重叠，而"青少年"群体可能被界定在童年期和成年期之间。12至18岁通常被视为青少年图书馆服务范围，此范围也有可能会延长至18岁以后。每个图书馆将设定其青少年年龄范围，这一范围可能因文化背景和国情而各不相同。

需特别指出，儿童图书馆与学校图书馆不同，二者具有不同的使命和目标。公共图书馆和学校图书馆在为儿童提供图书馆服务和培养终生学习者方面有着共同的目的，但二者面向不同的社群需求。有关学校图书馆的更多信息，请参阅《国际图联学校图书馆指南（2015）》[②]。

---

① http://www.un.org/zh/documents/treaty/files/A–RES–44–25.shtml.

② https://www.ifla.org/files/assets/school–libraries–resource–centers/publications/ifla–school–library–guidelines–zh.pdf.

第一部分　儿童图书馆的使命与目的

儿童图书馆的使命

儿童图书馆的使命是成为一个信息、学习和文化中心，为多元文化社区的儿童及他们的家人和照顾者提供相关语言的、适合其年龄和能力的信息、活动和服务的有效获取途径。支持读写、学习和阅读被公认为是实现这一使命的关键。

儿童图书馆的目的

儿童图书馆的目的是向所有年龄和能力的儿童提供多种媒介形式的资源和服务，以满足他们教育、信息和个人发展方面的需求。包括娱乐和休闲，也包括支持儿童的健康和福祉。通过向儿童提供广泛多元的知识、思想和观点的获取途径，儿童图书馆服务在民主社会的发展和维护中扮演重要角色。《联合国儿童权利公约》为儿童和青少年相关图书馆政策的制定和实践提供支持。该公约中有 54 条涉及了儿童生活的方方面面，并陈述了世界各地所有儿童所享有的公民权利、政治权利、经济权利、社会权利和文化权利。儿童应能够依靠图书馆享受他们的信息和教育权利，同时，儿童图书馆员是儿童权利保障的先锋，他们在儿童读写能力发展、读写能力及阅读之重要性信息传播方面发挥着重要作用。读写能力普及是《联合国 2030 年可持续发展议程》[①]"变革我们的世界"所承认的愿景。

发展语言、读写能力和阅读的机会至关重要。通过促进儿童及其家人有效地获取资源和服务，儿童图书馆在协助发展上述技能方面扮演着重要合作伙伴的角色。

目标：

● 促成每一位儿童在闲暇时间得以享受信息权利、读写权利、文化发展权利、终身学习权利以及参与创意活动的权利；

● 为儿童提供范围广泛的合适资源和媒介；

● 帮助儿童发展数字媒介信息素养技能；

[①]　http://www.un.org/ga/search/view_doc.asp?symbol=A/RES/70/1&referer=http://www.un.org/sustainabledevelopment/development−agenda/&Lang=C.

- 提供面向阅读和读写能力的文化及娱乐活动；
- 为儿童及其家长和照顾者提供各种活动；
- 为儿童消除障碍，倡导儿童的自由和安全；
- 鼓励儿童成为自信且具有能力的个人和公民；
- 推进社群合作，共同为社群中的所有儿童及其家人提供活动和服务，

包括那些可能在经济上处于不利地位的边缘群体。

儿童图书馆的治理

治理的含义是制定政策、监督政策的实施。它涉及愿景、涉及对于儿童图书馆目的的确认，涉及它所预期取得的变化。好的治理还涉及自律，一个组织应遵循公开透明的标准，诚信行事，诚意行事。

为保持履行其职能所需的服务水平，儿童图书馆应有法律和持续经费的支持。儿童图书馆的管理者需要知道影响图书馆运营的所有法律，包括财务管理、数据保护、健康和安全以及儿童保护和保卫等。为促成有关服务提供的政策制定和最有效地利用可获取资源，充足的经费支持对于儿童图书馆的成功至关重要。这涉及治理的另一方面，即对于资源的良好管理。制定的政策必须实施，以对儿童及其家人的生活产生切实影响。

第二部分　人力资源—能力与知识

儿童图书馆员需要具备一系列的技能和素质，包括人际交往技能、社会意识、团队协作和领导才能，以及对于所在组织实践和流程的掌握。配备具备儿童服务专门技能（如儿童发展和心理理论方面的专业知识和增强意识）的员工是重要的。儿童图书馆的有效和专业运转，需要训练有素且尽心尽力的儿童图书馆员，他们设计、策划、组织、实施、管理、评估服务及活动，以满足所服务社群内儿童及其家人的需求。此外，他们将通过移除社会经济环境、文化、特权、语言、性别认同、性取向、能力和其他多样性等方面的障碍从而支持儿童。

国际图联儿童与青少年图书馆部认为，有效率和有能力的儿童图书馆员应能够：

- 理解儿童发展和心理，包括沟通、语言和读写能力以及上述对于图书馆服务的影响；

- 使用现有技术发现当地社群中所有儿童及其家人的需求；

- 设计、有效提供和评估各类有趣和有吸引力的项目和活动，以满足当地社群中所有儿童的需求；

- 示范有关当前儿童文化的知识和管理：文献、游戏、音乐和电影、儿童对于数字内容和媒介的使用，以及有助于儿童馆藏多元性、包容性和相关性建设的其他资源；

- 紧跟前沿的新兴技术、数字世界和社交媒体，以及上述对于儿童图书馆服务的影响；

- 为儿童及其家人营造一个舒适而支持的环境，确保他们能够轻松地获取图书馆资源和参与图书馆项目及活动；

- 促进社群参与和伙伴关系建立；

- 与社群内其他为儿童及其家人服务的组织进行交流与合作，以实现共同的目标；

- 与儿童及其家人有效沟通；

- 为儿童图书馆服务设定目标、制定规划和确定优先事项；

- 与同事一起创造性地和高效率地开展工作，以实现儿童图书馆的上述目标和优先事项；

- 对儿童图书馆可获得的预算经费进行规划、管理、控制和评估，以促成服务目的的实现；

- 进行自我评估，在不断变化的基础上，保持适应性，并抓住继续教育的发展机会。

更多能力方面的案例可参考：美国图书馆协会（American Library Association，ALA）分支机构儿童图书馆服务协会（Association for Library Service to Children，ALSC）:《公共图书馆儿童服务馆员资质要求》[1]（该建议适用于服务 0—14 岁儿童）。美国图书馆协会（ALA）分支机构青少年图书馆服务协会（Young Adult Library Services Association，YALSA）:《青少年图书馆服务馆员资质要求》[2]

---

[1]　http://www.ala.org/yalsa/guidelines/yacompetencies.

[2]　http://www.ala.org/alsc/edcareeers/alsccorecomps.

儿童图书馆员的教育、发展和培训

儿童图书馆服务的质量和效能取决于服务人员的专业性，他们应持续发展自身的专业知识并升级技能。正如《联合国教科文组织／国际图联公共图书馆宣言（1994）》[①]中所述："图书馆员是用户和资源之间的能动中介。为确保充分的服务，图书馆员的专业培训和继续教育必不可少"。

国际图联《继续教育发展指南：原则和最佳实践》[②]写道，图书馆员和信息从业人员个体对坚持持续学习以不断提高知识和技能负主要责任。然而，雇主也负责为工作人员提供发展项目并支持他们的继续教育。这需要组织承诺以及到位的有效人事政策和程序，并为员工学习预留足够的预算资源和时间。为了拥有训练有素且尽心尽力的儿童图书馆员，教育和培训应覆盖所有领域的服务。其中也包括面向所有群体提供具有文化敏感性的公平服务方面的培训。儿童图书馆管理应成为所有公共图书馆教育项目课程体系的一部分。

道德标准和价值观

儿童图书馆员在从事与儿童及其家人、同事，以及社群内伙伴组织相关工作时，应践行高道德标准。应在平等的基础上对待社群内的所有儿童和青少年，不论其能力和背景如何。儿童图书馆员致力于信息、知识和服务的平等及免费获取。这一点可参阅《国际图联全球愿景报告摘要》[③]。儿童图书馆员应具备文化能力，不以个人态度和观点区分服务对象、提供服务活动以及选择、展示和利用服务资源。

由国际图联管理委员会（Governing Board）2012年签署的《国际图联道德规范与职业操守》[④]，为个体图书馆员和其他信息工作者提供了一系列道德命题的指南。该指南当然也适用于儿童图书馆员，涵盖以下领域：

- 信息获取；
- 面向个人和社会的责任；
- 隐私、保密和透明；
- 开放获取和知识产权；

---

① 　https://www.ifla.org/node/91700.

② 　https://www.ifla.org/node/11885.

③ 　https://www.ifla.org/node/11905.

④ 　https://www.ifla.org/faife/professional-codes-of-ethics-for-librarians.

- 中立、个人诚信和专业技能；

- 同事关系和雇主 / 雇员间关系；

- 案例和更多信息请参阅该文件。

国际图联信息获取自由与表达自由（The IFLA Freedom of Access to Information and Freedom of Expression，FAIFE）咨询委员会收集了 60 多份来自世界各地的图书馆员职业道德规范[①]。这些指南通常由相关国家的图书馆/图书馆员协会通过，在某些情况下或由政府机构实施。关于记录性知识和信息的平等获取以及智识自由等核心价值现已写入《世界人权宣言》第 19 条[②] 以及国际图联核心价值[③] 当中。

预算和财政资源的筹集及管理

正如《国际图联全球愿景》[④] 所指出，筹资是图书馆面临的最大挑战之一，儿童图书馆需要确保决策者明白（儿童图书馆）的价值和影响。儿童图书馆需要一份合理的预算分配方案以提供满足社群需求的服务和活动。这需要将当地情况纳入考量，同时儿童图书馆员需能够面向其主管部门和外部机构编制筹资提案。不论是在建馆时期还是在后续的持续日常运转时期，充足的经费支持对于儿童图书馆的成功均至关重要。如果长期没有适当水平的经费，便不可能制定服务提供的政策并最大效用地使用可获得的资源。任何活动或计划的实施都可能归结为"这是一个很棒的主意但我们如何支付？"理想状态下，儿童图书馆工作人员应与高层管理人员共同编制预算，探索为当地社群儿童提供优质资源和服务的可能方式。

儿童图书馆员应知道如何识别儿童图书馆的需求，并制定预算计划。为此，他们应该：

- 理解所属组织的预算编制流程；

- 知道预算周期的时间表，包括通常以资助现有运作的年度经费为基础拟定的业务预算或岁入预算；

- 了解预算问责流程；

---

① https://www.ifla.org/faife/professional-codes-of-ethics-for-librarians.

② http://www.un.org/zh/universal-declaration-human-rights/.

③ https://www.ifla.org/about/more.

④ https://www.ifla.org/globalvision.

- 认识参与预算编制的核心人员。

儿童图书馆预算计划应由包括（但不限于）：

- 新资源（例如图书、期刊、玩具和游戏设备、多媒体以及创客空间活动相关的数字资源和设备）；
- 新设备（平板电脑、游戏控制台）；
- （若所属公共图书馆的总体信息通信技术预算中未包括此类支出）与信息通信技术设备、软件和使用许可相关的成本；
- 物料供应及行政用品；
- 宣传推广活动及材料；
- 项目和活动经费；
- 宣传和营销经费；
- 馆员培训与发展；
- 馆员薪酬；
- 间接费用如租金、保洁、供暖和照明；
- 图书馆管理系统开支。

薪酬和馆员培训等人员经费可能涵盖在儿童图书馆预算中，也可能纳入公共图书馆总体人员预算中。儿童图书馆员应参与这一部分的成本估算，因为人员经费问题与儿童图书馆的对外开放小时数、服务质量和服务范围密切相关。

需要对活动、服务和计划进行监督、评价、审阅和报告。这些信息可以在说明预算如何被使用的年度报告中呈现。借此可以表明用于儿童图书馆活动及其资源的总花费是否足以支持其任务的完成和政策目标的实现。年报中应包含图书馆服务和活动质量及其对用户群体的影响的证据。（参见第七部分　评估和影响）

资金来源

公共图书馆有多种资金来源，各种来源的资助比例因不同国家的实际情况而不尽相同。主要来源是地方、区域或中央的各级税收和财政补助。图书馆应为项目资金寻求额外的收入来源，其中可能包括资助机构或私人捐赠、商业活动或用户费用的收益，以及合作伙伴组织的赞助。不由城市、区域或国家提供资金支持的社区图书馆必须确保每年从其他来源获得经费。

伙伴关系与合作

公共图书馆因其广泛分布、友好易用的基础设施成为当地社群的重要合作伙伴。建立有效和可持续的伙伴关系有助于保障社群内各种能力的儿童获得最佳设施、服务和机会。

儿童图书馆员应在终身学习和教育领域与社群内其他机构和利益相关者协作并发展牢固的合作伙伴关系，以实现最好的社群参与和交融。当组织或机构具备指向合作的政策以实现共享的议程时，或可建立战略层面的伙伴关系。图书馆员具有相互合作、与其他行业人员合作，以及参与社群发展的传统。

儿童图书馆员应充分了解他们的客户群体，并致力于支持多元社群的多元需求。以阅读和家庭学习以及社群所表达的需求为基础，儿童图书馆员被公认善长与"难以接触"的群体交流，并成功建立伙伴关系。当地社群的特征可能会随着时间而变化，但建立伙伴关系和维持关系网络的需求是不变的。采用社群导向路径有助于调整图书馆员的参与方式，从而使规划和决策具备协作性和参与性。

图书馆工作人员应具备与社群中其他关注儿童需求的组织建立伙伴关系的能力。研究证据表明，图书馆服务与社群内诸如学校、青年工作、医院（医生和儿科专家）及其他医疗保健中心、社会服务、地方企业、文化和艺术团体、志愿组织以及其他非营利组织在内的机构的工作存在天然的关联。与上述任何机构的合作均可以创造更多价值，尤其是在为儿童及其家人提供阅读推广活动或是在消除社群准入障碍时。

社群合作关系的延伸将扩大图书馆的可达范围，从而与新的受众和更多潜在用户建立联系。进而设计和提供新的和完善的服务以帮助满足社群内儿童及其家人的需求。与当地社群组织的合作为儿童图书馆员提供了以下机会：

- 准确描绘所服务儿童的画像；
- 在地方层面明确具有语言、经济和文化多样性的社群成员需求及优先事项；
- 在图书馆及其合作组织中为新的和原有的活动提供宣传机会；
- 处于共赢的伙伴关系中。

学前班、幼儿园和其他教育机构也是儿童图书馆员的重要合作伙伴。儿童图书馆员应为学校利益提供各种特殊活动，例如：

- 图书馆参访；
- 图书馆导引活动；
- 信息素养课程；
- 阅读推广；
- 借阅服务；
- 文化活动；
- 家庭作业俱乐部和家庭作业辅导；
- 作家 / 故事讲述者见面会；
- 教育实践者的会面空间。

第三部分 馆藏建设和管理

儿童图书馆应提供各种形式的与发展相适用的资料以满足所有年龄群体的需求。儿童图书馆的馆藏规模和内容并无通用标准。馆藏和服务应包括所有类型的合适媒介、现代技术以及传统资料。图书馆的实体和在线资料应反映广泛的意见、价值观和观点。公共图书馆服务的所有社群均应在儿童图书馆资源中有所体现。儿童及其家人应参与资料选择。馆藏应是具有吸引力的、新近出版的、状态良好的，并以儿童直观易懂的方式组织。

资料的内容应具有多元性和地方性，例如：
- 资料语种应包含社群内所有在用当地语言；
- 由当地作家和插图画家创作的资料；
- 支持当地学校需求的资源。

应通过提供以下资料，体现可用资源的多样性：
- 反映包容性，例如性别认同、能力、社会经济背景，性取向和家庭构成的多样性；
- 在性别和种族代表性方面的平衡。

国际图联的《世界绘本》[①] 提供了由图书馆员遴选的来自世界各地的绘本，可供儿童图书馆馆藏建设参考。

持续评估和发展图书馆馆藏以确保社群内所有儿童可以选择反映当地社

---

① https://www.ifla.org/node/6718.

群文化和世界文化的高质量新近资源是重要的。这包括为残障儿童、性少数（LGBTQ+）儿童提供多元文化的资料和资源，帮助他们结交朋友和反抗霸凌。例如，包含残障人士角色的故事可以帮助残障儿童以积极的方式面对自己，并让所有孩子了解他们可能不曾有过的生活经历。

典型的儿童图书馆可提供以下类别的图书馆资料，当然这不是一个详尽的清单：

- 适合所有年龄阶段的小说与非小说；
- 参考工具书；
- 使用社群内主要语言撰写的资源；
- 使用社群内少数群体语言撰写的资源；
- 计算机游戏；
- 玩具；
- 游戏与拼图；
- 乐器；
- 学习资料；
- 有声读物；
- 传感材料；
- 婴儿百宝箱；
- 创客空间项目所需的设备、工具与材料；
- 与其他社群组织合作，图书馆可以流通诸如发展学习资料等资源（如手语光盘或盲文书籍）。

载体形式

资料应以多种形式提供。儿童图书馆馆藏可能包含以下载体形式，这不是一份详尽的清单，并且新的形式在不断出现：

- 物理形式（印刷的和电子的），包括图书、有声读物、漫画、杂志、CD、DVD、电子游戏、盲文材料；
- 数字形式，包括在线流媒体音乐、电影、电子书、教育和娱乐软件、本地和全球教育资源数据库。

馆藏建设和管理政策

每个公共图书馆系统都应拥有一份由图书馆服务管理机构签署的关于儿童

服务的成文的馆藏建设和管理政策。政策应确保为儿童服务的馆藏获得持续发展。政策声明为未来的规划提供了基础，并将有助于确定优先事项，特别是在分配财政资源时。正式的政策声明可以为图书馆在协调其用户与管理者及资助机构利益时提供参考。这些声明支持组织的既定目的，体现对共同目标的责任和承诺。

关于馆藏建设的更多信息，请参阅《公共图书馆服务：国际图联／联合国教科文组织发展指南（2001）》[①]第四章。

实体资源与数字资源

儿童图书馆的实体和数字资源包括设施、设备和馆藏资源。只要可能，资料应提供下载。图书馆网站和数字内容产品应符合《网页内容获取指南》（http://www.w3.org/TR/WCAG20/）。请自适应技术人员对设备和服务的可用性进行测试是好的实践方法。

儿童图书馆员应考虑与专门为阅读障碍人员提供服务的专门图书馆开展合作，以便在图书馆为儿童提供更多资料，或为他们提供送书上门等其他选择。这些专门图书馆可能同时提供专门设计的可完整获取的图书馆目录和数字内容产品。

儿童图书馆中的技术

图书馆员可以辅助培养儿童和青少年的数字素养技能。儿童图书馆积极借助新技术，以支持阅读和学习需求。技术对大多数儿童而言，意味着兴奋、娱乐和乐趣。图书馆应是儿童可以使用技术、获取资源和信息以及学习如何批判性地评估信息的场所。图书馆应向家长、照顾者和教育者提供如何选择和安全使用技术以支持儿童技能发展，以及如何使用图书馆所提供的技术的指导。可能需要相关研究以了解儿童和青少年的数字能力，并实施适当的素养培育活动。

图书馆员应宣传图书馆作为安全场所的角色，并为儿童、青少年及其家长和照顾者安全上网提供指导。图书馆工作人员应掌握数字媒体使用的知识和技能。儿童与青少年图书馆部发布的《图书馆的社交媒体、儿童和青少年声明——安全、隐私和在线行为》[②]提供了相关指导。数字素养活动和教程可以帮助对儿童进行"虚假信息"、在线霸凌、虐待和仇恨活动等问题的教育。

[①]　https://www.ifla.org/publications/node/1029.

[②]　https://www.ifla.org/publications/node/9961.

儿童图书馆的信息技术设施配备应与图书馆的成人部门具有相同的优先级别。应提供联机公共检索目录、多媒体工作站、互联网工作站、平板电脑和各种软件（在图书馆内使用或外借使用）。图书馆常常是高速互联网接入的重要社群枢纽。图书馆员必须考虑其所在国家中涉及儿童上网的法律问题。

计算机、其他数字设备和免费的网络接入可以帮助那些家中没有此类资源的人员缩小重要差距。如果儿童在家中无法上网，可以将资料下载到儿童的设备中或者向儿童外借预装有图书的设备。只要可能，可下载的资料应与内置辅助功能的主流设备（如智能手机和平板电脑）兼容。这些设备减少了对更昂贵的专业技术的需求，并且可以保障残障儿童平等获取。配备有"创客"技术（如3D打印机）的图书馆可以使用此类技术制作可获取的活动素材。

第四部分　馆内活动和社群延伸活动

需设计有效的图书馆活动和社群延伸活动以反映当地社群的人口变化和多样性。这需要了解社群的人口组成。儿童图书馆员通过提供反映社群特殊需求的服务、活动和资源，通过参与和倾听，与当地社群合作，借此体现其对多样性、包容性和社会正义的承诺。图书馆员观察和倾听用户并根据他们的需求制定服务计划是很重要的。

公共图书馆在支持儿童学会阅读、推广图书和其他媒介方面有其特别的责任。儿童图书馆为儿童提供了体验阅读和探索知识与想象力作品乐趣的机会。应支持儿童及其父母和照顾者充分利用图书馆，并培养其使用印刷和电子媒介的技能。儿童图书馆员通过积极干预的方式增加儿童的阅读自信和乐趣，并为他们提供分享阅读经验的机会，从而推广阅读，促进儿童的发展。儿童图书馆应为各种能力的儿童提供特别活动，例如讲故事和与图书馆服务及资源相关的活动。让儿童和青少年参与到诸如阅读俱乐部、作业辅导和众包等活动的共同创作中来也是同样重要的。

相关活动包括：

● 图书馆导引活动；

● 信息素养和家庭素养活动；

● 阅读推广与读者发展；

- 借阅服务；
- 阅读俱乐部；
- 文化活动；
- 家庭作业俱乐部；
- 作家见面会和讲故事；
- 特殊性取向相关活动（如变装皇后故事时间或彩虹故事时间）；
- 婴幼儿童谣时间；
- 手工活动；
- 编程俱乐部和活动；
- 创客空间活动；
- 创造性游戏；
- 音乐和戏剧活动。

为促进社群延伸，图书馆应确保为社群内所有成员提供服务，包括诸如残障儿童、移民、难民和那些被歧视人群等。为支持包容性，图书馆应将馆内可供使用的馆藏和服务告知残障服务组织，并邀请他们参加延伸活动和活动策划。

儿童图书馆员可以向教育工作者求助，他们往往是最早发现阅读障碍或自闭症等学习障碍儿童的人。可获得资料的相关信息应在图书馆网页和宣传资料上提供。由于活动参与者中的残障儿童并不总是易于被察觉，图书馆的所有活动都应该具有包容性。

第五部分　空间设计和温馨场所创建

公共图书馆内必须为儿童图书馆设置适当的空间。为社群中所有年龄群体提供服务的图书馆建筑内，儿童应获得适当比例的空间。理想的情况是，儿童服务需要在馆舍内有自己的区域。儿童空间应该易于识别且与图书馆的其他部分相区别。

儿童图书馆的空间需要精心设计以满足当前和未来的需求。和馆藏、工作人员以及经费一样，空间也是一种资源，也需要图书馆工作人员的管理。空间的管理除了满足不同年龄群体的需求外，还必须服务于不同类型的活动，例如个人浏览或学习，家庭或青少年团体社交；讲故事、婴幼儿童谣时间、家庭作业俱乐部和作家演讲等大型活动。

图书馆通过提供一系列面向特定年龄群体的服务和设施以吸引儿童和青少年。这包括一个温馨的实体空间，所有年龄段的孩子都应该感受到图书馆是一个友好的、有吸引力的、有挑战性的和没有威胁的地方。儿童图书馆是会面、玩耍和交流的地方。它应该是一个能够促进各种想法交流的安全的、支持的、和受欢迎的空间。友好的氛围和良好的设计能鼓励孩子们使用所有图书馆资源、阅读和在图书馆逗留。语言和文学的接触始于书籍和阅读，因此需要有空间让孩子们花时间读书和听故事。

儿童图书馆设施的大小和设计没有统一的标准。在为儿童规划图书馆设施时，应考虑以下因素：

- 位于中心，如有可能位于一楼；
- 适合用户年龄范围的设计；
- 适合包括有特殊需要的人士在内的所有图书馆用户的设计；
- 为馆藏图书、报纸和杂志、非印刷型资源，以及存储、阅览、计算机工作站、展示区和图书馆工作人员工作区提供足够的空间；
- 可灵活安排各种活动。该空间应能根据各种活动如音乐、游戏、故事时间、自主学习和数字素养技能工作站等的需要进行使用和重新布置；
- 适当的标志和导引；
- 儿童护理空间，如母婴室；
- 家庭式和全性别厕所；
- 根据年龄范围设置噪声系数；
- 适当而充足的自然或人造光；
- 适当的室温（如使用空调、暖气）以确保全年良好的工作条件；
- 空间和家具应符合儿童安全规范。

年龄范围

儿童不是一个同质的目标群体。他们的技能、天赋、才能和需求受其年龄、文化、社会和经济背景的影响。图书馆在空间规划和布置中必须考虑这一点。由于儿童图书馆涵盖的服务对象是从婴儿到青少年，涉及的年龄和能力范围很广，空间和家具的设计应该满足他们不同的需求。

为儿童和青少年设计图书馆空间需要专业知识和技能。最重要的是有关行为和信息需求的知识。让这个空间吸引所有年龄段的青少年是一项挑战。他们对图书馆服务的需求、渴望和期望来自于他们的生活经历以及社会、教育和文化的影响。随着儿童成长，他们变得越来越独立，对社交越来越感兴趣，图书馆面临的挑战是为他们提供一个友好的空间，让他们在其中交流、社交和享受阅读。

家具和设备

在儿童图书馆，提供一个吸引人的空间是很重要的，舒适是一个重要的考虑因素。图书馆的家具和设备应足够坚固，能承受高强度的使用，因为它会遭遇相当大的磨损。图书馆应购买能够承受高强度使用并易于维修的技术、设备或家具。对于青少年来说，舒适的家具，如沙发、咖啡桌和豆袋椅或其他休闲家具是最有吸引力。

摆放书籍的书架应美观。书架应能展示不同的媒介资源，应能在整个儿童区处于较低的位置，以便儿童能够获取资源。然而，不同高度的书架仅适用于部分儿童和成年人。解决这一问题的最佳方式是动态地进行馆藏管理和展示。定期改变空间布局，让所有人在不同地方可以看到和接触到不同的东西，能够扩大人们的选择范围，促进书籍的获取。保持尽可能多的低书架能使所有图书馆用户更易获取图书和其他资料。

照明

照明会影响图书馆空间的感觉和外观，自然光和内部照明技术的结合是有利的。大多数读者喜欢在自然光下阅读，学习空间和创造氛围的反射区需要不同的照明等级。各种各样的心情灯在为青少年设计的区域中很受欢迎。

标识和导引

儿童图书馆的标识是与用户交流的重要组成部分。用当地社群语言书写的友好标语会让每个人感到更加温馨。使用诸如象形图等视觉或文本标志为儿童指示可获得的资源，应该成为一个显著的设计特色。默启通标识（Makaton signage，使用手势和符号教授沟通、语言和读写技能的一种语言）可以帮助所有儿童及其家人充分获得资源。

图书馆空间的可获得性

使用通用的设计方法，设施应能为所有人所使用。

健康和安全

儿童图书馆必须是一个安全的地方，工作人员应该了解当地有关健康和安全的法律法规。

用户参与

让儿童和青少年参与设计他们自己的图书馆空间。在兴建和规划新图书馆时，用户的参与很重要。富有创新精神的图书馆员应该咨询和倾听儿童和青少年关于图书馆空间创造的想法，让他们参与其中。

公共图书馆的丹麦模型——创新设计和良好实践的案例

丹麦图书情报学家 Dorte Skot-Hansen，Henrik Jochumsen 和 Casper Hvenegaard Hansen 介绍了一种模型，用以描述公共图书馆从一个被动的以收藏为基础的空间，转变为一个更活跃的用于体验和激励的空间、成为当地一个汇聚点。该模型由四个不同但有所重叠的"空间"组成：灵感空间、学习空间、会议空间和表演空间。这四个空间共同支持未来公共图书馆的四个目标：

- 体验；
- 参与；
- 赋能；
- 创新。

这四个空间不应被视作物理意义上的具体的"房间"，而更应该是在实体图书馆和网络空间中都能实现的可能性。

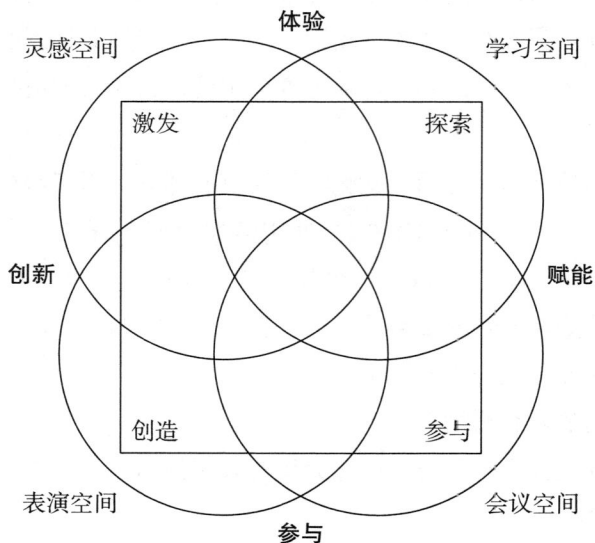

该模型可用于：

- 作为组织、重组、设计和建造图书馆的工具；
- 作为发展图书馆的工具，例如借助伙伴关系；
- 作为制定图书馆计划和政策的管理和沟通工具；
- 作为与（当地）政客沟通图书馆功用的工具；
- 作为讨论公共图书馆在民主社会的持续发展中的功用的出发点。

第六部分　营销和推广

儿童图书馆员应成为图书馆的有力倡导者，在证明图书馆对于加强阅读和读写技能方面的影响和价值上，是国家和地区的领导者。儿童图书馆员关注他们的社群，能够让儿童和青少年参与资源与服务的推广。阅读和读写能力是21世纪社会的重要技能，它们的价值必须不断强化。儿童图书馆员可以使用营销技术来发现他们用户的需求并有效地规划以满足那些需求。图书馆还应向儿童和社群宣传其服务和资源。可以鼓励儿童和青少年参与推广他们感兴趣或认为有价值的图书馆服务和资源，同时，可以鼓励志愿服务。

市场营销即预测并满足客户的需求。它还涉及接触客户并建立联系。这需要图书馆工作人员的努力和创造性，以有效地接触那些没有图书馆使用习惯的人群或者没有阅读文化的区域。儿童图书馆员应积极开展外联工作而不是坐等未能得到充分服务的人走进图书馆。

对于儿童图书馆来说，制定计划以最适合目标读者的方式推广和营销图书馆及其资源是重要的。这可以包括：

- 积极使用印刷、电子和通讯媒介；
- 利用社交媒介与儿童、青少年和家庭建立联系；
- 展示和展览；
- 有效的馆内外标识和导引；
- 定期出版资源清单和宣传册；
- 阅读和读写素养活动以及作家见面会；
- 设计符合身体及感官残障儿童需求的活动；
- 书展；
- 图书馆周年度庆祝活动及其他集中推广活动；

● 公共演讲活动及社群组织联系。

这并不是一份详尽的清单，可根据当地情况包括其他营销和推广活动。

第七部分　评估和影响

评估是图书馆服务提供的一个基本而重要组成，也是图书馆规划中的关键环节。它始于策略和计划，并反复进行。作为一种持续的实践，它需要时间和金钱的投入。如果适当的证据被收集和分析，评估可以成为改进活动和服务、沟通决策的工具。它需要与预先确定的目标和结果相关联。对儿童图书馆的服务和活动进行评价有助于了解这些服务和活动是否满足当地社群儿童的需求。评估过程开始时，图书馆应该具有与其愿景和价值观相一致的使命声明。制定一份评估计划是有益的，该计划应该对目标、研究问题以及需要收集的信息和证据类型进行概括。

有关需求和行为的用户研究及图书馆研究可在图书馆和信息处理周期的不同阶段加以使用。第一步是确定要实现什么，重要的是确定什么是有价值的证据及其原因。应采用定量和定性的方法评估儿童活动和服务的成功与否。

《国际图联全球愿景报告摘要》[①]中指出，图书馆有机会更好地了解社群需求和设计有影响力的服务。图书馆需要确保其利益相关者和社群理解儿童服务的价值和影响。可以对一项活动或一份政策进行影响评估，并提供干预所产生影响的信息。这类评价的焦点是结果，或是服务和活动对儿童及社群的影响。有一些与图书馆和信息机构相关的国际标准可供参考。如《信息与文献——图书馆影响力评估的方法与流程》（ISO16439：2014）[②]为图书馆界提供了有关图书馆影响力和价值评估的方法。这一标准是响应全球范围内对于图书馆影响评估规范的需求而研制的。

在制定儿童图书馆活动评估计划时，需要考虑一些实际问题：

● 评估什么？

● 需要什么类型的证据？

---

① https://www.ifla.org/node/11905.

② https://www.iso.org/standard/56756.html.

- 实施评估的最佳时间？
- 采用何种标准以评判活动绩效？
- 图书馆活动相关指标必须达到怎样的绩效标准方可视为成功？
- 如果要在一段时期内进行比较，重复进行评估的难度如何？
- 基于可获得的证据，可以就活动绩效做出什么结论？
- 评估结果将如何引发变化？

《国际图联图书馆与可持续发展目标：讲故事手册》[①]是图书馆员和图书馆倡导者从事宣传工作的指引。该手册为儿童图书馆活动、计划和项目以及它们对于当地社群的影响、对于联合国可持续发展目标的贡献提供了故事分享的数字场所。

参考文献

列表包含《国际图联0—18岁儿童图书馆服务指南》所引用的资源。

［1］ALA Competencies for Librarians Serving Children in Public Libraries（2015）. Available at：http://www.ala.org/alsc/edcareeers/alsccorecomps.

［2］IFLA Access to libraries for persons with disabilities-Checklist / By Birgitta Irvall and Gyda SkatNielsen. The Hague，IFLA Headquarters，2005.（IFLA Professional Reports：89）. Available at：https://www.ifla.org/files/assets/hq/publications/professional-report/89.pdf.

［3］IFLA Code of Ethics for Librarians and other Information Workers（2012）. Available at：http://www.ifla.org/files/assets/faife/news/IFLA%20Code%20of%20Ethics%20-%20Short.pdf.

［4］IFLA The Public library service：IFLA/UNESCO guidelines for development /［International Federation of Library Associations and Institutions］. 2001. Ed. for the Section of Public Libraries by Philip Gill et. al. München：Saur.（IFLA publications；97）. Available at：http://www.ifla.org/files/assets/hq/publications/archive/the-public-libraryservice/publ97.pdf.

---

① https://www.ifla.org/files/assets/hq/topics/libraries-development/documents/sdg-storytelling-manual.pdf.

［5］IFLA Global Vision Report Summary：Top 10 Highlights and Opportunities（2018）. Available at：https://www.ifla.org/files/assets/GVMultimedia/publications/gv-report-summary.pdf.

［6］IFLA Guidelines for Continuing Professional Development：Principles and Best Practices（2016）. Available at：https://www.ifla.org/files/assets/cpdwl/guidelines/ifla-guidelines-for-continuingprofessional-development.pdf.

［7］IFLA Guidelines for Library Services to Persons with Dyslexia-Revised and extended 2014. Available at：https://www.ifla.org/files/assets/lsn/publications/guidelines-for-library-services-topersons-with-dyslexia_2014.pdf.

［8］IFLA Libraries and the Sustainable Development Goals：A Storytelling Manual（2018）. Available at：https://www.ifla.org/files/assets/hq/topics/libraries-development/documents/sdgstorytelling-manual.pdf.

［9］IFLA School Library Guidelines（2015）. Available at：https://www.ifla.org/files/assets/school-libraries-resource-centers/publications/iflaschool-library-guidelines.pdf.

［10］IFLA Statement on Social Media，Children and Young Adults @the Library-Safety，Privacy and Online Behavior（2015）. Available at：https://www.ifla.org/files/assets/libraries-for-children-andya/publications/social_media_children_and_young_adults.pdf.

［11］IFLA The World Through Picture Books（2015）. Available at：https://www.ifla.org/node/6718.

［12］International Standard（ISO）16439 2014 Information and Documentation：Methods and Procedures for Assessing the Impact of Libraries. London：British Standards Institution. Available at：https://www.iso.org/standard/56756.html.

［13］United Nations（2015）Transforming our world：The 2030 agenda for sustainable development. Available at：https://sustainabledevelopment.un.org/post2015/transformingourworld.

［14］United Nations Convention on the Rights of the Child. Available at：https://downloads.unicef.org.uk/wpcontent/uploads/2010/05/UNCRC_united_nations_convention_on_the_rights_of_the_child.pdf?_ga=2.85656529.912118185.152878780

6–357630985.1527926324.

［15］Universal Declaration of Human Rights. Available at：https://www.ohchr. org/EN/UDHR/Documents/UDHR_Translations/eng.pdf.

［16］Young Adult Library Services Association（YALSA）Teen Services Competencies for Library Staff. Available at：http://www.ala.org/yalsa/sites/ala.org. yalsa/files/content/YALSA_TeenCompetencies_web_Final.pdf.

附录2　婴幼儿图书馆服务指南

（国际图联第 100 号专业报告）

凯西·伊斯特　伊万卡·斯特里切维齐　编制

李静霞　邓攀　译

第一部分

该指南主要适用于为 1—3 岁的婴儿和幼儿以及他们的家庭和从事早期启蒙教育的机构组织提供开展图书馆服务的指导。

引言

联合国于 1989 年通过的《儿童权利公约》中强调：每个儿童都有平等享受充分发展其潜能、自由获取信息、文化设施以及文化活动等权利，而不受年龄、种族、性别、宗教、国籍及文化背景、语言、社会地位或者个人技能和能力的限制。

面向婴幼儿群体的图书馆服务至关重要。早期大脑发育研究表明：对婴幼儿说话、唱歌及阅读有助于他们语言能力的发展。婴幼儿身处的环境对早期阅读能力的培养起着极大的作用。全世界的家庭都需要在当地的图书馆获得一定的帮助。要营造一定的阅读环境以激发婴幼儿的阅读兴趣并吸引他们来到图书馆。婴幼儿步入图书馆之初，需要一个舒适的环境，需要培养他们寻求帮助的意愿，需要一处寻求答案及了解资源技术的地方。对一些有特别需求的婴幼儿，如双语婴幼儿等，早期获得图书馆服务显得尤为重要。这一切在孩子们正式就学入读之前都显得极其重要。

指南的目的

指南的目的旨在帮助全球各个不同国家的公共图书馆为婴幼儿群体提供高

质量的服务。旨在为那些受过培训，但毫无工作经验，却担负着为婴幼儿家庭服务责任的图书馆馆员提供帮助。借用一句非洲格言来描述这部为最小年龄段读者群服务的指南："举全村之力养育一个孩子"。

指南适用范围

指南适用范围为：图书馆员、图书馆管理者和决策者、图书馆与信息科学专业的学生及老师。

第二部分

婴幼儿图书馆的任务

"通过提供大量资料和举办各种活动，图书馆为儿童提供了机会，让他们能够体验阅读的快乐，感受探索知识以及培养想象力的乐趣。必须让儿童和他们的父母学会如何充分利用图书馆，学会使用纸质媒介和电子媒介的技能。应当鼓励儿童从小就使用图书馆，这样才更可能使他们以后一直成为图书馆的忠实用户。"（国际图联／联合国教科文组织出版的《公共图书馆服务发展指南》，2001）

通过提供大量的资料和举办各种活动，图书馆为婴幼儿及其监护人提供了一个最佳的场所。那里拥有大量适于他们年龄阶段的学习资料，有各种阅读、唱歌活动，有厚板书籍和触摸感知书籍，等等。婴幼儿在图书馆学习的这个阶段作为一段早期的社会经历，它将有益于激发婴幼儿的求知欲和想象力。通过借助教具、猜谜游戏、玩具书以及与日俱增的知识，婴幼儿获取知识的途径将从"儿童—监护人"模式向"儿童—书本"这种新模式发展。

置身书籍的海洋是婴幼儿迈向阅读，进而迈向写作的重要一步。这将能够激发起孩子们终身阅读的兴趣，培养他们良好的读写能力。

满足三岁以下婴幼儿家庭之需求

在家庭学习和终生学习的社会背景下，婴幼儿拥有自由获取公共图书馆信息的权利，这也是提高婴幼儿算术能力和读写能力的重要因素。

图书馆应该为所有的儿童服务，而且公共图书馆必须向所有人（包括残疾人）提供可以获取的资源和服务。图书馆应该为残障儿童提供他们可以获取的各种服务，包括：文化活动的设计应考虑到残障婴幼儿的需要，从而使他们能够完全融入社会，并且能融入图书馆其他读者群体中来。

双语家庭需要多语种的读物及其母语读物，从而能加强孩子们、父母和阅读之间的相互联系。

应该特别关注农村和没有图书馆设施地区的孩子们的需求。图书馆应该为他们提供流动图书服务，同时也应该提供开展延伸服务的一些设施。

城市的孩子们及其家庭可能会有一些特殊的需求。在大都市，仍然存在着大量的弱势群体，例如贫困、知识匮乏的人群。图书馆为这些群体中的婴幼儿服务是一项巨大的挑战。图书馆不仅要为大城市贫民区的婴幼儿进行服务，同时还要考虑到大城市的生存者。例如，对大都市高节奏生活中疲于奔命的父母亲，我们能提供的各种各样的服务，以及处于传统家庭结构模式之外的父母亲，这些都是我们要关注的典型问题。

服务主体

婴幼儿需依靠他们的父母及监护人来获取书籍、新技术及图书馆服务。这使得图书馆应该考虑这些父母及监护人的需要，并且努力使他们意识到阅读、书籍、多媒体以及图书馆在婴幼儿成长过程中的重要作用。图书馆为婴幼儿提供服务的人群有：

- 婴幼儿（3 岁以下儿童）；
- 父母及其他家庭成员；
- 法定监护人；
- 看护人（如儿童保育员、日间看护人员）；
- 教育者；
- 健康护理专员；
- 其他从事与儿童、书籍及媒体工作相关的人员。

图书馆对婴幼儿服务的目标

- 满足每个婴幼儿都拥有获得图书馆服务的权利的需要，包括为他们及其他们的父母和其他家庭成员、看护人以及与从事婴幼儿相关工作的人员提供玩具、书籍、多媒体及资源；
- 营造一个拥有丰富藏书的阅览环境来鼓励婴幼儿热爱阅读及书籍；
- 让幼儿尽早了解多媒体操作技能并有操作的机会；
- 提供反映社会文化多样性的资料；
- 培养婴幼儿语言能力的发展；

- 开发婴幼儿语言能力和双语能力，特别是针对说少数民族语言的群体和少数民族群体；
- 向父母亲等监护人告知阅读及朗读对婴幼儿语言及阅读技能的发展有着至关重要的作用，特别是对少数民族语言群体及少数民族群体的父母亲等监护人；
- 通过朗读、运用书籍、其他设施及育儿技巧等方式对父母和看护人进行培训，以此促进孩子的发展及学前阅读技巧的提高；
- 运用公共图书馆中适合其年龄阶段的资源、工具对父母及看护人进行培训；
- 通过讲解故事的方式向孩子们、其父母及看护人介绍其他的家庭和其他文化；
- 使孩子们养成经常光顾图书馆的习惯，并养成终身阅读的习惯；
- 为那些现在以及将来与婴幼儿生活在一起，并承担照顾和教育他们的责任的人员给予帮助和引导；
- 为孩子及其看护人提供一个聚会、分享及交往的场所；
- 为孩子及其家庭提供一个温暖、热情和安全的场所。

服务

图书馆为婴幼儿的服务应该与为成人的服务同等重要。少儿图书馆应该满足婴幼儿的求知欲、感观需要和读写需求。

在婴幼儿早期发展阶段需要开展和强化听、说、读、写能力。在图书馆场地的允许下，应该为父母及看护人提供音乐表演和戏剧表演的场地，提供家务劳动的实践场所及开展科学、人文知识启蒙的教育基地等。同时，在少儿图书馆，还应该为父母及其那些致力于少儿服务的人们提供培训机会。

除了儿歌、摇篮曲、其他歌曲、图画书及讲故事活动之外，还有一些特别的电脑活动项目，如互动式动画故事书，对促进低龄段孩子的语言能力的发展是非常有用的。与运算能力和读写能力一样，ICT（信息通信技能）也是要在孩童初期进行培养的一项技能。它能促进孩子学习能力的提高，并能伴随其一生并在将来的职业生涯中发挥作用。应该为婴幼儿家庭、看护人以及监护人提供这方面的实践场所，并使之成为家庭教育中的一部分。

对多数家长而言，公共图书馆并不是他们的首选之地。为了使每个人都能便利地接触到婴幼儿读物，图书馆应该深入社区居民的生活中。医院的候诊室、家庭教育中心、日间看护中心里小型的图画书室以及学前班都是图书馆能与目标人群接近的地方。与健康护理中心的工作人员合作也是必要的，因为在很多国家，几乎所有的父母都是定期携其子女前往中心接受身高、体重、体格及语言能力的日常检查。早期的这个阶段对于儿童语言能力的发展至关重要。因此，图书馆员们应该关注如何构筑一个专业的服务网络系统。

除此之外，在图书馆外开展讲故事和朗读活动也是非常重要的，这些活动有益于促进少儿阅读和语言能力的发展。公园、候诊室甚至超市都是开展这种活动的理想场所。图书馆应当及时通知活动举办的时间。

需要特别关注的是那些母语并非该国语言的父母，他们的孩子要么会讲两种语言，要么讲与其父母截然不同的另一种语言。如何帮助那些家庭延续他们的语言和文化，以及如何帮助他们融入新环境中来是很重要的。在既没有图书也没有图书馆员的情况下，口语发展可以被列入延伸项目中。

读物和选择标准

在进行藏书建设和提供服务的过程中，图书馆员应该选择质量高、适合婴幼儿年龄阶段并且安全的读物。这些书应该通俗易懂、有挑战性但却难度不太高、值得父母及看护人关注、无偏见、无性别歧视，这样才是受欢迎及令人满意的读物。

对这个年龄段的孩子而言，图画书是特别重要的，因为它们有助于孩子各方面的发展，而且还能在分享儿歌、摇篮曲、其他歌曲、图画书及讲故事活动之间营造出一段开心、共同分享的经历。

幼儿书籍应该是由不同的布料（如：触摸感知书籍）制成的，孩子们能触摸、嗅闻和聆听这类图文并茂的可触知的书，这类书对提高残障儿童读写能力发挥着至关重要的作用。

除了传统的厚版书和图画书外，孩子们还需要有柔软的布料图画书，这些书具有强烈的色彩对比并且附加了点字文，这将为弱视儿童提供阅读帮助。图书馆需为视障儿童配备特殊布料图画书及可听书籍。对于父母是弱视的子女而言，他们则需要其他类型的图书，如一面印有文字，另一面则配有一幅图片。

对多元文化的人群而言，公共图书馆应该拥有双语读物、社区内各种母语的读物、能展现社区多元化的读物等。不能阅读母语的孩子可以通过可听书来获取信息。

图书馆应提供玩具使用或者玩具外借的服务，但要特别关注玩具的安全性和清洁问题。图书馆的玩具都要遵从各国的安全标准。

图书馆还应该为父母提供信息和教育方面的读物。

环境

图书馆必须让婴幼儿和他们的父母及看护人觉得它是一个安全、舒适、有吸引力、没有威胁感的场所。图书馆应该是一个没有任何障碍的场所，例如没有电梯的楼梯、推拉不方便的门等对小孩爬行和蹒跚学步造成危险的地方都是不应该有的。更为理想的是，图书馆应该设立专门的儿童区为这些最小的孩子们服务，在儿童区内有益智玩具、儿童尺寸大小的家具、干净的小地毯或者可以供孩子们在地上玩耍的地面。除此之外，还应该有专门的卫生区，包括专门的洗手间和换尿布的设施，这些设施的位置要么建在图书馆内，要么离图书馆很近。母婴室也应该列于被考虑的范围。

除了给儿童提供座席之外，还需要为大人提供座席。这样，婴幼儿及其父母和看护人就能够与其他家庭成员进行互动。

图书馆的安全是非常重要的。图书馆有必要进行一系列的安全检查并采取措施尽量减小危害产生的可能性。例如对家具和书架的尖角处采取保护措施，在电子插座上加设保护罩。提供玩具的图书馆也必须确保玩具的清洁和安全。

良好的照明和鲜艳的色彩能够让弱视孩子或父母更容易地在图书馆内感知和熟悉图书馆的环境。

协作网络

社区内的许多团体都对这些社区中最年幼的成员感兴趣，如，健康护理中心的医生、牙医和其他照料婴幼儿的专业人员及其父母都希望能建立一种合作关系，相互提供一些有关预防保健、免费门诊及获取一些特殊资源等方面的信息及资料。学前教育机构和看护中心是能提供这些信息的场所。社区中心能够向这个年龄段的孩子、他们的父母、看护人及监护人做些宣传工作，还能够利用手册或者宣传板为家庭学校、宗教教育及音乐培训等场所提供信息。因此，图书馆可以将宣传海报、日历、书签及其他阅读宣传物品投放到这些已经建立合作伙伴关系的机构里。

为了同残障儿童联系，图书馆可以同地区儿童康复中心或家长群合作。图书馆员可以邀请他们去参观图书馆，了解他们对图书馆服务和读物的需求。

宣传

对少儿图书馆而言，打造一个积极的公众形象是很重要的。因为在家长、看护人及其他从事婴幼儿工作的人员看来，图书馆是社区的一个信息中心。这个信息中心能够给孩子带来快乐，在中心能够与其他的孩子和家庭成员进行交流，同时孩子们还能参加各种活动，父母们也可以参加育儿技能的培训。

图书馆的宣传方式也可以多种多样。可以采取一些简单的小技巧，例如分发印有开放时间和服务项目的传单或小册子，也可以采取更复杂的方式，例如制定市场宣传计划及运用网络来宣传图书馆服务和活动。同时还应该发动社区中所有与图书馆合作的伙伴参与到宣传工作中来。另外，还有必要与优秀的广告商进行建设性合作。这些宣传资料既要美观，又要内容实用。宣传资料上的信息和标识应该用社区内的所有语言进行注明。

人力资源

每一个图书馆都需要有合格的图书馆员。要想更高效、更专业地运营，图书馆必须打造一支经过专业训练的、耐心热忱的图书馆员队伍。面向婴幼儿服务的图书馆员除了需要具备广博的知识之外，还应该接受婴幼儿心理发展的专业培训。他们应该对低龄阶段（0—3 岁）的读写认知知识、育儿理念有深入的了解，熟悉少儿经典读物，并且能够通过一些创新的举措来帮助婴幼儿参与交流、规划和社交等，从而为这个年龄群体及他们的父母和看护人提供一个科学的教育指导。

图书馆应该不遗余力地支持图书馆员投入到为弱势人群的服务和需要中去。

图书馆员应该拥有跨文化的技能和能力。社区中文化的多样性也应该反映在图书馆员团队的人员构成上。图书馆员应该与拥有多元文化背景家庭中的父母加强联系，发挥他们的作用。

除了受过专门培训的少儿图书馆员之外，志愿者也扮演着重要的角色。图书馆可以为志愿者提供朗读及讲故事的培训。这些志愿者在培训结束后可以在馆内，也可以在馆外开展类似的活动。

管理及评价

那些具体从事为婴幼儿服务的工作人员应参与到图书馆的总体规划中，以确保图书馆在制订长期规划和总体目标过程中树立支持婴幼儿服务工作的意识。可靠的工作绩效信息是进行评价和提高服务工作的必需手段。定期收集数据和信息将有助于日后图书馆的规划和未来管理决策的制定。工作效能机制的建立能确保图书馆工作人员的可持续发展，为读者提供更好的服务。

有关社区的统计数据的收集对于了解地区的文化多样性也是非常重要的。

经费来源

公共图书馆的资金主要来自于主管的地方政府或国家政府，还有负责为社区的婴幼儿提供免费公共图书馆服务的非政府组织和其他类似的机构。另外，图书馆应积极寻找补充资金来为公共提供更多的服务，以弥补主管单位资金的不足。

第三部分　检查表

为了获得最好的结果，可以利用以下图表作为评估的工具，在每一栏中，填写上目前已达到的阶段的年份和月份。例如，如果图书馆正处于"需要考虑"为婴幼儿提供服务这一阶段，则在这一栏标上目前的时间"2007 年"。

为了给婴幼儿、其父母、家庭、看护人和那些从事与婴幼儿有关工作的人员提供服务，每个公共图书馆应该：

1. 设法提供高质量的少儿服务，提供早教、育儿知识及终生学习的服务，同时，这些服务对成人而言也是重要的。

图书馆所处的阶段？			
需要考虑	计划阶段	已经施行	完成中及评估中

2. 为婴儿（出生—12 个月）和幼儿（12 个月—3 岁）服务。

图书馆所处的阶段？			
需要考虑	计划阶段	已经施行	完成中及评估中

3. 确保容易获得借阅证及享受使用图书馆的权利。

图书馆所处的阶段？			
需要考虑	计划阶段	已经施行	完成中及评估中

4. 要明白标识醒目的重要性，既要有文字，又要配有图片，这样能让读者很快了解到图书馆的布局分布。

图书馆所处的阶段？			
需要考虑	计划阶段	已经施行	完成中及评估中

5. 在所有服务地点标出清晰的婴幼儿读物区域，包括流动图书服务及文献传递服务。

图书馆所处的阶段？			
需要考虑	计划阶段	已经施行	完成中及评估中

6. 图书馆内提供婴儿车、折叠式婴儿车、轮椅、残疾人通道。

图书馆所处的阶段？			
需要考虑	计划阶段	已经施行	完成中及评估中

7. 为这个读者群体采选读物，有助于达到提高读者读写能力的目标。

图书馆所处的阶段？			
需要考虑	计划阶段	已经施行	完成中及评估中

8. 为低龄段读者的发展和学习提供舒适、安全、有吸引力的环境。

图书馆所处的阶段？			
需要考虑	计划阶段	已经施行	完成中及评估中

9. 提供丰富的适合婴幼儿的各种形式的资源，包括玩具，印刷类书籍，多媒体资源，科技及相应的设备。

图书馆所处的阶段？			
需要考虑	计划阶段	已经施行	完成中及评估中

10. 为所有的孩子提供所有的读物和服务，无论其能力如何。

图书馆所处的阶段？			
需要考虑	计划阶段	已经施行	完成中及评估中

11. 保证有足够的人员为孩子开展活动及提供参考咨询服务。

图书馆所处的阶段？			
需要考虑	计划阶段	已经施行	完成中及评估中

12 . 提供最新的教育机会和培训项目。

图书馆所处的阶段？			
需要考虑	计划阶段	已经施行	完成中及评估中

13. 在采集资源和计划服务项目时，注重图书馆用户的语言和文化多样性的需求。

图书馆所处的阶段？			
需要考虑	计划阶段	已经施行	完成中及评估中

14. 在一天的不同时段和一周中的不同日期提供适合不同年龄段的计划和活动，以此适应读者时间安排的多样性。

图书馆所处的阶段？			
需要考虑	计划阶段	已经施行	完成中及评估中

15. 通过社区分发有关图书馆服务信息的宣传单，以此来吸引社区每个成员的注意力。

图书馆所处的阶段？			
需要考虑	计划阶段	已经施行	完成中及评估中

16. 与社区团体组织发展合作关系，以确保为社区最年幼的读者群提供最

好的设施、服务和机会。

图书馆所处的阶段？			
需要考虑	计划阶段	已经施行	完成中及评估中

17. 邀请讲座嘉宾共同探讨如何增强讲座主题的吸引力，并积极拓展讲座的内容，例如：父母育儿技巧，为入园做准备，等等。

图书馆所处的阶段？			
需要考虑	计划阶段	已经施行	完成中及评估中

18. 引导家庭和看护人将图书馆视作一个经常光顾学习和娱乐的场所。

图书馆所处的阶段？			
需要考虑	计划阶段	已经施行	完成中及评估中

19. 通过网络和各种手段，包括口语媒体，并使用社区的语言，向社区居民宣传公共图书馆，让他们了解图书馆是一个拥有丰富信息资源、具有吸引力的场所。

图书馆所处的阶段？			
需要考虑	计划阶段	已经施行	完成中及评估中

20. 鼓励组织一些聚会和讨论活动，培养父母及看护人树立自信心和提高解决问题的能力。

图书馆所处的阶段？			
需要考虑	计划阶段	已经施行	完成中及评估中

21. 致力于打造一个富有才能、机敏灵活及文化多样性的团队，能反映出社区人口的构成特点，以此满足所有读者的多元文化需求。

图书馆所处的阶段？			
需要考虑	计划阶段	已经施行	完成中及评估中

22. 为确保对社会各个阶层的人员提供优质的服务，要准备好对员工工作进行评测的工具和评价标准，制定员工问责制并为其提供必需的职业发展机会。

图书馆所处的阶段？			
需要考虑	计划阶段	已经施行	完成中及评估中

23. 积极致力于寻求充足的资金提供免费的图书馆服务。

图书馆所处的阶段？			
需要考虑	计划阶段	已经施行	完成中及评估中

24. 吸收和采纳世界各地图书馆服务的优秀经验，以有益图书馆的更好地发展。

图书馆所处的阶段？			
需要考虑	计划阶段	已经施行	完成中及评估中

第四部分　最佳践行范例

美国图书馆协会下设的两个部门——公共图书馆协会和儿童图书馆服务协会，组织了一系列家长和看护人讲习班，以帮助父母做好成为孩子的第一位老师的准备。通过对早期识字能力和大脑发育的研究，推出了"Every Child Ready to Read @ Your Library"（每一个孩子准备在你的图书馆阅读）项目。这个项目旨在使公共图书馆参与到整个教育体系中来。在许多社区中，图书馆已成为父母可以获得免费项目的很少的几个资源中心之一，在这儿，父母可以参加图书馆组织的各项免费活动，可以把玩具、书籍借回家，并且还可以将他们的孩子带到图书馆来玩耍和阅读。见：www.ala.org/alsc。

美国公共图书馆与美国公共广播公司联手，推出了一个"Ready To Learn"（做好学习准备）的项目。该项目在美国教育部的资助下，该项目与电视及其他电子项目相互配合，旨在帮助2岁以上（包括2岁）的儿童做好阅读前的准备。日前正在热播的电视节目，如《芝麻街》就参与到该项目中来了。2007年、2008年即将为孩子开播一系列新的节目，如《单词世界》《玛莎说》及《电气公司》。电视是许多孩子生活中的一个重要部分。这项举措为幼儿、其父母及其看护人提供了更有"质量"的选择。见：www.pbs.org/readtolearn。

Medvescak 公共图书馆（克罗地亚萨格勒布市图书馆）为其社区居民提供了丰富多彩的日常活动，包括为婴幼儿及其父母开展的各种活动，如每周五次的玩耍活动，包括讲故事、玩具外借等活动，为 3 岁以下儿童准备的大量图画书，为父母准备的受欢迎的教育书籍和杂志，邀请心理学家、教育家、医生等为家长举行各种讲座，而且父母可以参与到孩子的所有活动中来。一项为婴幼儿特别举办的项目始于 1993 年。见：www.knjizmed.hr。

克罗地亚图书馆协会少儿部三年来一直致力于一个名叫"Read them from the earliest ages"（早期经典阅读）项目。公共图书馆从事少儿读者服务的图书馆员经常深入日间看护中心，与那里的看护人员和家长开展关于早期读写能力的培养、对婴幼儿开展阅读的重要性、朗读的方式及为婴幼儿提供高质量的图画书等话题的讨论。另外，图书馆还为教育学者和家长提供信息教育素材，同时也提供在线阅读服务。见：www.hkdrustvo.hr/hr/strucnafijela/17/publikacije/。

在丹麦，有一个公共图书馆与丹麦盲人图书馆共同开展的"Det eventyrlige bibliotek"（图书馆探险）项目，它旨在为视障儿童及其家庭服务。图书馆邀请他们来馆体验图书馆的服务，并为这些视障儿童提供一些特别的针对其需求的一系列活动。见：www.dbb.dk。

俄罗斯彼尔姆少儿图书馆及其他俄罗斯地区的少儿图书馆一直致力于俄罗斯国家少儿图书馆倡导的"未来的读者"计划。这个活动包括每周与来馆的小朋友进行一次例会，其中有各种游戏活动及婴幼儿早期读写能力的训练项目。图书馆员为他们朗读诗歌、讲故事，与他们讨论一些话题。会议的主题多种多样，如：秋季、兄弟姐妹、有关玩具的诗歌等。这项活动来源于 L. Vigotsky 及 F. Dalto 的倡议。同时，他们也撰写了一些文章为其他同行提供经验借鉴。

俄罗斯国家少儿图书馆还举办了一些绘画活动，例如举办婴幼儿（6 个月至两岁）在图书馆及家里创作的绘画作品展览，这个项目是与"国际儿童画廊"和"儿童之家 29 号"携手进行的。有的儿童用画笔挥毫，大多数的儿童是用手指、手掌（可能还有用身体的其他部分）作画。色彩丰富、表达奇特的作品引得所有读者驻足欣赏，还以为是出自一些现代派艺术家之手，直到得知这些作品的真实作者之后，才恍然大悟。同时，小作者的照片与这些绘画作品附在一起。所有参展的小作者们都将获得证书，证书也一并交于家长手中代为保管，待孩子们长大后，他们就将知道这是他们成长过程中获得的第一份奖品。

西班牙加泰罗尼亚的一些公共图书馆一直致力于 "Born to read"（出生即开始阅读）计划，这项计划旨在从初生婴儿几个月大开始就培养他们对阅读的热爱。围绕书本在孩子与大人之间联结起一条纽带，同时联结起一个关心婴幼儿的群体，如父母、医生、护士、图书馆员、教育者及其他与书籍和婴幼儿文学有关的专家人群。这项计划从 2005 年至 2007 年，为期 3 年，针对各城市所有 2005 年及以后出生的孩子。见：www.nascutsperllegir.org/。

西班牙巴塞罗那图书馆针对初为人父人母的家长们开设了阅读俱乐部。这个俱乐部为初为人父人母的家长们提供了一个学习如何表达阅读的快乐的途径，同时也为家长们提供了如何教育孩子的书籍。此项举措的出发点源于希望家长了解适合低龄段儿童的文学作品，同时使他们了解、温习儿歌游戏和传统摇篮曲。这项活动在巴塞罗那三个网络图书馆上都有开展。

婴儿阅读服务：巴塞罗那省、市许多图书馆网站都辟有一个为婴幼儿服务的专栏。它包含适合该年龄段孩子的一些读物，以激发他们从小热爱阅读的兴趣。在运用这项服务时，孩子们一直都由大人陪伴在旁。网页上展示一系列精选出来的有趣的书籍，这些书籍有助于更好地理解幼儿所面临的问题同时帮助到他们。见：www.diba.es/chilias/info/llistaguies.asp；www.diba.es/biblioteques/guia/serveis/llistaserveis.asp?servei=6。

瑞典的大多数公共图书馆都为残障儿童专门配置了一个书架。由于书架是带有苹果标识的，所以被称为"苹果书架"。在这个书架上你可以找到配有象形插图及布利斯符号的书籍，为听障儿童配备的音像书，为视障儿童配备的触摸书。触摸书都是由瑞典盲文书刊录音唱片图书馆制作的。一些图书馆还运用"苹果书架"作为展示幼儿教学玩具的手段。瑞典国家文化事务理事会已经出版了图书馆指南，希望能推广这种"苹果书架"。

丹麦哥本哈根 Nørrebro 区的一个公共图书馆，自 2004 年 9 月份以来一直致力于一项激发语言能力的计划。这项计划特别针对于这个城市多元文化区的儿童及他们的父母。图书馆通过建立私人的联络方式，以及自出生至入学前这段时间内，对这些家庭拜访四次的方式，来达到一个文化的共识，从而对儿童的语言和会话能力发展起到作用。这项计划最初的结果是来馆的家庭数量迅速猛增。这个计划开拓了与双语家庭广泛合作的新方式。该项目推行的第一年，图书馆发展基金会为其提供了资助。这个项目将作为图书馆的一项长期工作延续下去，它将依靠图书馆并在移民融合部的帮助下得以发展。见：www.sprogporten.dk。

"Boekenpret"是荷兰公共图书馆开展的一项提倡阅读及提高语言能力的一项计划。它关注教育程度偏低的家庭，包括0岁至6岁儿童的荷兰原住民家庭及移民家庭。整个区域内的儿童健康护理中心、日间看护中心、学前班、小学及公共图书馆联手推进此项计划的开展。通过一种特殊的语言技能（Taallijn VVE）方式，图书馆员对专职人员进行培训。在所有的年龄段（0—2岁，2—4岁，4—6岁）组中、儿童中心及家庭中都会运用特殊的教具对孩子进行培养。学前班和日间看护中心也收藏了图画书籍，有利于父母养成经常借书的习惯。家长一步步地接受培训，学会如何朗读，学会如何使用图画书，如何唱歌等等。图书馆也组织一些讲座（咖啡会议），家长们每月都会收到新的资料，像小图书、手偶、宣传单等。见：www.boekenpret.nl。

加拿大魁北克所有的公共图书馆推行的"Books for baby"（婴儿书计划），鼓励初为人父人母的家长们为其刚出生的宝宝办理图书馆借阅证。在办理证件时，他们将得到一个礼品袋，袋子里装着一本幼儿读物、阅读提示，同时还会有一本专为年轻父母准备的杂志。这项计划取得了巨大成功，也使年轻父母了解到图书馆提供的服务并参与其中来。

随着加拿大魁北克"沟通—青年"计划的发展，Toup'tilitou项目也应运而生，它是一个激发0—5岁孩子阅读和写作意识的项目。该项目旨在强调在游戏中寻求乐趣，鼓励孩子出生之后就与书本进行接触，在孩子与书本亲密接触的游乐过程中建立起与书之间的联系，从而创造一个乐于阅读的环境。Toup'tilitou为孩子组织有关儿童文学的讲座、进行书籍推介，其中包括推介年度获奖书籍、并建议在图书馆，图书交易会上举办各种活动和讲故事活动。

加拿大安大略省的汉密尔顿公共图书馆为年轻家庭提供了一个拥有丰富资源的学习环境，一个不受拘束的交流场所。图书馆的游戏区域四处堆满了玩具，以此激发儿童的早期读写意识，刺激其运动技能及认知能力的发展。每个图书馆分馆都拥有有关育儿方面的书籍，父母们可以通过这些书籍了解孩子的成长和发展。图书馆的核心活动包括从初生儿即开始的"Story Time for Babies"（每周讲故事活动）。由美国图书馆协会倡议发展的"Every Child Ready to Read @ Your Library"（每一个孩子准备在你的图书馆阅读）也纳入讲故事活动中。这些项目将阅读与提高婴幼儿六项阅读技能有效地结合了起来。为了与汉密尔顿市多元化社会接轨，图书馆展出各种母语及儿语的诗、故事及歌曲。公共健康护理人员到医院探望每一位产妇，在探望过程中，为她们每人带去一个印着"对你的宝宝阅读"字样的书包，里面装有健康资讯，另外还附赠一张邀请函，邀请她们来当地的图书馆，并且当他们为新生儿办理图书证时，将获赠1本硬皮书。见：www.myhamilton.ca/myhamilton/LibraryServices/。

由英国全国性慈善图书信托基金会发起的"Bookstart"（阅读起跑线计划）是世界上第一个国家性的专为学龄前儿童提供阅读指导服务的计划。该项计划始于1992年，当时给300个宝宝赠送了书籍。至2001年为止，此项计划惠及超过一百万个宝宝（据2003年Bookstart合作报告统计）。由公共图书馆、教育和健康等多家机构联手开展的这项活动为每一个宝宝赠送一个免费的阅读包，阅读包里附赠父母及看护人的一本指导手册，这个项目特别关注被社会隔离的家庭。通常，Bookstart的阅读包会由工作人员在婴儿7—9个月大进行规定检查时带给其父母。这个阅读包内有一个帆布包，装有2本纸板书、1本童谣书、与幼儿分享的推荐书目、有关图书馆的信息及一封邀请来图书馆的信。同时，还有图书馆举办讲童谣或讲故事等各种活动的通告。英国自2006年以来，又新增了两个阅读包——为1岁半的幼儿提供的"阅读起跑线高级包"以及为3岁的孩子提供的"阅读起跑线百宝箱"。见：www.bookstart.co.uk。

韩国首尔"阅读起跑线活动"于2003年4月份在Junrang公共健康中心试行，惠及930个婴儿。于1992年始于英国的"阅读起跑线活动"现在已推广到全世界10余个国家地区。为了让韩国民众更加了解此项活动，一个名为"韩国阅读起跑线协会"的组织应运而生，该组织邀请来自英国及日本的"阅读起跑线活动"的组织人员来交流经验和进行案例分析。

2004年8月份，地方政府组织及公共图书馆的许多人士都积极投入到"阅读起跑线活动"中。这些地区包括首尔的中郎区、仁川的延秀区、首尔的钟区、顺川市、首尔的瑞草区、堤川市、束草市等。最初，"阅读起跑线活动"将绘画书作为礼物由一个社区健康中心赠送给1岁以下的幼儿。随后，地区公共图书馆积极地参与其间并将此作为阅读活动开展。

韩国首尔"奶奶讲故事"活动是由首尔少儿图书馆和文学学会策划举办的，并由首尔市妇女福利基金会提供项目支持。2004 年该活动第三次开展。白发苍苍的老奶奶们认真学习和练习如何讲故事、朗读和唱歌等。她们自发到图书馆、幼儿园、学校及社会教育中心等地方讲故事。祖母和孙辈们通过童话、绘本及故事聚集到一起。他们在一起玩游戏、交流，奶奶们在图书馆讲故事的过程中与孩子们越来越熟悉。从那以后，许多图书馆都请这些志愿者参与少儿服务活动，特别是参加家庭讲故事活动。

在挪威巴路姆图书馆的倡议下，"Project Health Care Centres"（健康看护中心计划）于 1991 年开始施行。该项计划旨在帮助单亲家庭、年轻的父母、少数民族家庭、青年人以及在巴路姆市健康看护中心的单亲母亲。在这里他们可以了解到少儿图书对儿童语言能力发展的重要性。2002 年，图书馆和健康看护中心达成一致，决定依靠行政手段延续这项工作。健康看护中心及图书馆联手确保每一个拥有 9—10 个月大的婴儿的家庭都能了解到图书馆的服务，在随后的健康例行检查时也将此贯穿其间。健康看护中心的工作人员在日常工作中，向每个对象散发图书馆事先为约 9—10 个月大小的孩子的父母准备好的宣传册子及资料。随着年龄的增长，这些孩子在进行 2 岁和 4 岁的体检时也会收到图书馆后续的宣传册子及资料。健康看护中心的工作人员与这些孩子的父母们一起分享图书馆的资源，并时时提醒父母始终关注孩子阅读的重要性。

世界各地有许多的少儿流动图书馆为少儿提供有针对性的服务。下面三者特别值得一提：

（1）挪威索里亚莫日尔为孩子们提供一辆小车，这辆小车是一辆色彩丰富的厢车，里面有木偶、幽灵的玩具及讲故事用的椅子。这辆车驶进学校、操场等许多地方，给孩子们带去欢乐。在 2005 年 IFLA 大会上，这个项目当之无愧地荣获了大奖。这辆车里的工作人员都是精力充沛的图书馆员，他们打扮成精灵的模样，讲着幽灵的故事，跳着肚皮舞，有时还有木偶表演。这是一项非常与众不同的面向远城区孩子的延伸服务。

（2）芬兰坦佩雷市的 Netti Nysse 有两辆经过改装的汽车为大众提供创新流动图书馆服务，但主要是为少儿服务。这辆车最早是由本迪巴士改装而成的，有着很强的现代技术感，车的后部是一个少儿活动区域。

（3）英国伯明翰公共图书馆服务项目中也有一辆广受少年儿童欢迎的

车。这辆车已为伯明翰边远地区的人们服务了 15 年，至今依然在延续。像挪威的服务团队一样，这个服务项目中也有一支精力充沛的馆员队伍。这辆车开进学校、游乐场、社区中心等，参加社区的一些特殊活动。这辆车在英国 Mobilemeet 上两次获得殊荣。

　　一些非洲出版商长期致力于解决公共图书馆少儿读物匮乏这一问题。例如，科特迪瓦的 Nouvelles Editions Ivoiriennes 出版社，贝宁的 Ruisseaux 出版社出版了一系列的婴幼儿读物，其中最具独创性的是"布书"。这种书是用布做的，始创于马里并印刷出版，马里的各个公共图书馆均有收藏，婴幼儿们可以进行"阅读"及使用布书。继出版完一部马里儿童名字的字母书及一本巴曼语图画书后，最近又出版了第三本数数字的布书《1，2，3》，书里绘有各种蔬菜并用 4 种马里语标注名称。同时，这本书还在法国有售，所赚利润用于廷巴克图地区的两个乡村图书馆。见：www.malira.org。

　　位于日本东京郊区的浦安公共图书馆，开展了一项名为 "Enjoying Nursery Rhymes with Babies"（与宝宝共享童谣）的活动。该项活动针对六个月至一岁两个月、一岁三个月以上婴幼儿及其父母。每月组织一次活动，例如有大声朗读童谣和画图书等。图书馆员经常去市内的日间看护中心及一些幼儿园开展这样的活动。为方便大家参加活动，"Bookstart"的一个图画书项目每月为 5 个月大的孩子及其父母在不同的地区举行 1 次活动。该项目是浦安公共图书馆与浦安市政府联合举办的。浦安公共图书馆还举办了另一项"亲子图画书"活动，这家图书馆以高水平的服务在日本图书馆界享有盛誉。日本有 1840 个地方政府，其中有 597 个开展了"Bookstart"项目。在许多社区，图书馆员深入到健康看护中心，为接受健康检查的孩子介绍书籍，并给他们带去免费的图画书。但是，浦安市是在图书馆内为婴幼儿及其父母提供图书馆服务的。公共图书馆通常是与志愿者团队合作为婴幼儿服务，但浦安图书馆则是在专业馆员的指导下为婴幼儿提供服务。

　　大阪府立中央图书馆位于日本的第二大城市大阪府。图书馆开展了一项名为"故事摇篮"活动。这项活动有互动的儿歌游戏，图画书朗读活动，活动所针对的对象是 15 个预先注册的拥有 5 个月至 1 岁大小，1 岁至 2 岁零 3 个月大小婴幼儿的家庭。每个月举办两次活动，为期 3 个月。另一个称为 "Dandelion–Playground for parents and children"（父母及孩子蒲公英乐园）的活动每月举办两次，针对的对象是 2 岁以上的幼儿及其父母。活动有绘画书、动手游戏、儿歌及儿歌游戏。任何人不需要办理借阅证都可以参与。图书馆员与取得看护资格的志愿者们协同一道，指导父母们如何通过儿歌和书籍，同小孩子沟通交流。在日本，图书馆为婴幼儿提供的服务始于 20 世纪 80 年代所谓的"健康图书馆"，如今，这项服务活动紧随 2000 年英国倡导的"Bookstart"活动、全国少年儿童阅读年的活动及 2001 年《儿童阅读活动促进法》的步伐，不断蓬勃发展。

近十年来，古巴开展了一项公共图书馆战略计划"Bebeteca"，这项活动给婴幼儿及其父母拓展了新的服务空间和服务项目。对父母们来说，最重要的一点是要意识到每一个婴儿都拥有一定的创造力。为了开展创意性活动，图书馆员对家长进行了一定的培训，使家长清楚创造性能力在孩子的成长过程中的重要性，了解开展富有创意性的活动的必要性。这些活动包括讲故事、办家家酒的游戏以及运用艺术素材等游戏。图书馆员指导家长如何挑选适合孩子的书，如何大声朗读故事，来确保他们的孩子将来会爱读书。

"Babies love books"（宝宝爱读书）这项活动是由德国维尔茨堡公共图书馆推出的。每周，妈妈们带着她们的宝宝到图书馆参加这项活动。图书馆为出生不久至 3 岁的孩子提供讲故事、玩耍、唱歌的活动。见：www.stadtbuecherei-wuerzburg.de。

法国巴黎少儿图书馆与一位艺术家 Alix Romero 携手，构思修建了一棵"故事树"。这棵树是木质结构，有 1.5 米高。树上挂有 10 个像小房子一样的塑料盒子。每个盒子里装有一个故事的场景、故事的主人翁及故事里出现的一些道具。这些玩具人物和道具都可以取出来摆设。你可以找到海伦·奥克森伯瑞（Helen Oxenbury）、约翰·伯宁罕（John Burningham）、玛丽·韦伯（Mary Wabbes）、麦克·格（Michel Gay）、《金发歌蒂与三只熊》等著名儿童故事作家及著名故事。图书馆员为 1 至 3 岁的孩子及其父母或看护人朗读故事，同时向其展示书中的插图和人物。孩子们饶有兴趣地观看着这些栩栩如生的插图。听完故事后，他们都会一手拿着书（孩子人手一本），一手拿着各种各样的人物模型和物品。这是为孩子们和成人们介绍传统故事和书籍的一种好办法。

在德国弗兰斯堡城（德国和丹麦边境）的丹麦图书馆举办的一个新活动——"Baby Library 2.0"（婴儿图书馆 2.0）始于 2007 年。该项活动是在

IFLA 少儿专业组常务理事会的倡导之下开展的。这项活动每周三举办两小时。在德国，妈妈们通常至少在孩子年满三岁以前在家专职带孩子。因此，她们非常需要一个地方能聚在一起交流信息，分享带宝宝的经验。图书馆除了为她们提供图书馆日常活动之所需的设施之外，还为这些年幼的孩子们配备了一辆装满玩具的推车和厚毯子。同时，还为成人准备了咖啡，为孩子们准备了果汁。这个活动包括：表演一些简单的曲目，推介高质量的孩子护理网站，棋类游戏，为成人推荐杂志和新小说、儿歌 CD 以及家庭短途旅行的建议。一般来说，图书馆都是借助于博客这个网络工具来进行活动安排，并及时在博客上更新每次的活动信息。这些活动可能会与一些花费更长时间的活动，例如，幼儿园的家长会等一起开展。见：www.babybiblioteket.blogspot.com。

　　"通过礼物培养阅读兴趣———一位成人读一个故事"，这个活动是由意大利儿科文化协会、意大利图书馆协会及儿童健康中心共同携手于 1999 年以来一直推行的一个国家项目，"Nati per Leggere"项目所制定的目标旨在从孩子出生后的第一年始，通过以家庭为单位进行朗读及共同阅读的方式来促进儿童早期读写能力的形成和发展。这是一项为孩子语言能力的发展及构筑父母与子女之间纽带大有裨益的活动。政府对公共健康儿科医生进行培训，当他们在为半岁至 6 岁的儿童例行体检时，向父母灌输大声朗读的重要性。任何时候，只要有可能，医生在每次上门给孩子们进行体检查时都会带给他们一本新书，同时邀请父母利用图书馆。为了鼓励孩子们迈向阅读的第一步，通过丰富多彩的活动培育他们的阅读兴趣，全国各地的许多图书馆都大大提高了它们的服务能力、增加了藏书量以及加大了为孩子和家长们举办活动的力度。在意大利布雷西亚市发行的"第一本书宣言"这本书里，描述了根据孩子们的需求进行朗读以及如何为他们挑选合适的书籍。见：www.provincia.brescia.it/bibliografienpl/primo_libro.pdf；www.natiperleggere.it。

　　德国 Brilon 公共图书馆的阅读起跑线计划始于 2006 年 1 月份。在与地方医院及儿科医生的紧密协作下，每个妈妈都领取了两个免费的被称为"成长中孩子的阅读阶梯"书籍包，这些书籍是为了激励和培养孩子们阅读兴趣的。第一个书籍包是在孩子出生后由医院的护士送达的。第二个书籍包是当孩子 2 岁时由儿科医生送达的。这个阅读阶梯计划促进了德国 150 多个社区提倡早期阅读观念的形成。图书馆用硬塑料将这个阅读阶梯计划制作成身高测量尺，并将它悬挂在一些公共场所内：候诊室、语言医生候诊室、幼儿园、小学及公共图书馆等地方。根据孩子的年龄，阅读阶梯活动给予家长对自己孩子进行早期阅读辅导的基本建议。另外，还有一本小册子上印有图书推介的信息。见：www.leselatte.de；www.buecherbabys.de；www.stadtbibliothek−brilon.de。

　　美国公共图书馆内的亲子识字区内有一批书籍，专为新生儿家庭提供帮助。有些书按照逐月的顺序指导父母养育新生儿和开发他们的阅读技能。也有些是帮助父母在家庭拥有孩子后，如何调整家庭计划、适应新需求、缓解压力等书籍。舒适的环境为父母们提供了一段阅读育儿杂志的闲暇时光。父母们可以查阅社区信息日志了解社区健康中心的时间安排，能与拥有相同年龄的孩子的其他父母进行交谈，甚至能自在地照顾和哺育宝宝。在充满人文关怀的这种环境里，使父母们或看护人拥有照顾孩子的信心，让他们非常乐意为每个孩子的成长提供关心。

附录3　绘本100——少年儿童绘本阅读基础书目 ①

国家图书馆少年儿童馆　编制

编制说明

国家图书馆少年儿童馆致力于为全国少年儿童推荐优秀读物、开展阅读指导、组织形式多样的少年儿童阅读推广活动。为配合国家图书馆和中国图书馆学会联合组织的"2014全国少年儿童绘本阅读年"活动的开展，国家图书馆少年儿童馆特编制《绘本100——2014全国少年儿童绘本阅读年指导书目》(即本书目)。本书目是2014全国少年儿童绘本阅读年系列活动的指导书目，也是我国少年儿童绘本阅读的一个基础核心书目，为我国图书馆、幼儿园、绘本绾、家庭学校及其他教育机构开展绘本阅读提供参考。

书目收录2004—2013年间在我国出版的100种适宜我国少年儿童阅读的经典优秀绘本，遴选编制过程严格审慎，注重入选作品的故事性和艺术性，同时关注入选作品在中外绘本发展史上的经典性和代表性。书目收录了16个国家的代表作者的经典作品，涵盖了认知、亲情、友情、环境、人生、自然、文化、民间故事等多个主题，包括油画、版画、水彩画、水粉画、中国画、剪纸、摄影等绘本插画技法的经典作品。本书目没有设定严格的年龄分级，适宜各年龄段少年儿童阅读和使用。

---

① 　本书目原名《绘本100——2014全国少年儿童绘本阅读年指导书目》，感谢国家图书馆少年儿童馆授权转载。该书目中的所荐图书出版时间截止到2013年。2014年后的优秀图画书，可以通过一些新的获奖书目来获得信息，如深圳年度十大童书中的图画书类、国家图书馆文津图书奖的少儿类、丰子恺儿童图画书奖等。

书　　名	作　　者	出版社	出版时间
小马过河	彭文席 原文；陈永镇 图	贵州人民出版社	2013
威斯利王国	（美）保罗·弗莱舒门 文；（美）凯文·霍克斯 图；杨玲玲，彭懿 译	河北少年儿童出版社	2013
北冥有鱼	刘畅 文 / 图	明天出版社	2013
葡萄	邓正祺 文 / 图	明天出版社	2013
第一次上街买东西	（日）筒井赖子 文；（日）林明子 图；彭懿，季颖 译	新星出版社	2013
猜猜我有多爱你	（爱尔兰）山姆·麦克布雷尼 文；（英）安妮塔·婕朗 图；梅子涵 译	明天出版社	2013
蚯蚓的日记	（美）朵琳·克罗宁 文；（美）哈利·布里斯 图；陈宏淑 译	明天出版社	2013
鳄鱼怕怕 牙医怕怕	（日）五味太郎 文 / 图；上谊编辑部 译	明天出版社	2013
桥	（奥）汉斯·雅尼什 文；（奥）赫尔嘎·班石 图；刘海颖 译	北京联合出版公司	2013
小鸡布莱兹和蛋糕城堡	（法）旁帝 文 / 图；谢逢蓓 译	接力出版社	2013
爷爷一定有办法	（加）菲比·吉尔曼 文 / 图；宋珮 译	明天出版社	2013
这不是我的帽子	（美）乔恩·克拉森 文 / 图；杨玲玲，彭懿 译	明天出版社	2013
羽毛	曹文轩 文；（巴西）罗杰·米罗 图	中国少年儿童出版社	2013
戴高帽子的猫	（美）苏斯博士 文 / 图；馨月 译	连环画出版社	2013
园丁	（美）萨拉·斯图尔特 文；（美）戴维·斯莫尔 图；馨月 译	二十一世纪出版社	2013
爱心树	（美）谢尔·希尔弗斯坦 文 / 图；傅惟慈 译	南海出版公司	2013
小房子	（美）维吉尼亚·李·伯顿 文 / 图；阿甲 译	南海出版公司	2013
鼠小弟的小背心	（日）中江嘉男 文；（日）上野纪子 图；赵静，文纪子 译	南海出版公司	2013
京剧猫·长坂坡	熊亮 文；熊亮，吴翟 图	三联书店	2013
小鱼的春天	保冬妮 文；喻翩一 图	人民教育出版社	2013

书　名	作　者	出版社	出版时间
帐篷小猪	高洪波 文；李蓉 图	中国少年儿童出版社	2013
我不知道我是谁	（英）乔恩·布莱克 文；（德）阿克塞尔·舍夫勒 图；邢培健 译	新星出版社	2013
乌鸦面包店	（日）加古里子 文/图；（日）猿渡静子 译	新星出版社	2013
字母 B 里的家	（美）唐·弗里曼 文/图；吴式初 译	新星出版社	2013
眼	（波）伊娃娜·奇米勒斯卡 文/图；明书 译	接力出版社	2013
犟龟	（德）米切尔·恩德 文；（德）曼弗雷德·施吕特 图；威尔弗里德·希勒 谱曲；何珊 译	二十一世纪出版社	2013
我想去看海	（法）克利斯提昂·约里波瓦 文；（法）克利斯提昂·艾利施 图；郑迪蔚 译	二十一世纪出版社	2013
睡美人	（瑞士）费里克斯·霍夫曼 文/图；彭懿 译	连环画出版社	2013
黎明	（美）尤里·舒利瓦茨 文/图；彭懿，杨玲玲 译	二十一世纪出版社	2013
霍金斯的恐龙世界	（美）芭芭拉·克利 文；（美）布莱恩·塞兹尼克 图；刘清彦 译	北京联合出版公司	2013
逃家小兔	（美）玛格丽特·怀兹·布朗 文；（美）克雷门·赫德 图；黄迺毓 译	明天出版社	2013
圆白菜小弟	（日）长新太 文/图；彭懿 译	新星出版社	2013
月亮的味道	（瑞士）麦克·格雷涅茨 文/图；漪然，彭懿 译	二十一世纪出版社	2013
肚子里有个火车站	（德）鲁斯曼·安娜 文/图；（德）舒尔茨·史蒂芬 图；张振 译	北京科学技术出版社	2013
你看起来好像很好吃	（日）宫西达也 文/图；杨文 译	二十一世纪出版社	2013
好脏的哈利	（美）吉恩·蔡恩 文；（美）玛格丽特·布罗伊·格雷厄姆 图；任溶溶 译	新星出版社	2012
森林大熊	（瑞士）约克·史坦纳 文；（瑞士）约克·米勒 图；孔杰 译	新星出版社	2012

续表

书　　名	作　　　者	出版社	出版时间
别让鸽子开巴士！	（美）莫·威廉斯 文/图；阿甲 译	新星出版社	2012
格林爷爷的花园	（美）莱恩·史密斯 文/图；陈科慧 译	二十一世纪出版社	2012
小浩的橡树子	（日）松成真理子 文/图；季颖 译	贵州人民出版社	2012
吃掉黑暗的怪兽	（英）乔伊斯·邓巴 文；幾米 图；彭倩文 译	新星出版社	2012
十兄弟	沙永玲 文；郑明进 图	五洲传播出版社	2012
魔奇魔奇树	（日）齐藤隆介 文；（日）泷平二郎 图；彭懿 译	新星出版社	2012
猴子的日子	（日）伊东宽 文/图；蒲蒲兰 译	二十一世纪出版社	2012
阿莫的生病日	（美）菲利普·斯蒂德 文；（美）埃琳·斯蒂德 图；阿甲 译	二十一世纪出版社	2012
神马	陈江洪 文/图	北京科学技术出版社	2012
下雨了	汤姆牛 文/图	北京联合出版公司	2012
阿迪和朱莉	陈致元 文/图	河北少年儿童出版社	2011
手套	（俄）叶夫格尼·M·拉乔夫 文/图；任溶溶 译	二十一世纪出版社	2011
没有耳朵的兔子	（德）克劳斯·鲍姆加特，（德）蒂尔·施威格 文/图；王星 译	接力出版社	2011
比得兔的世界	（英）比阿特里克斯·波特 文/图；阿甲 译	连环画出版社	2011
桃花源的故事	（日）松居直文；蔡皋 图；唐亚明 译	上海人民美术出版社	2011
图书馆狮子	（美）米歇尔·努森 文；（美）凯文·霍克斯 图；周逸芬 译	河北少年儿童出版社	2011
山居鸟日记	（日）铃木守 文/图；黄帆 译	贵州人民出版社	2011
爷爷的肉丸子汤	（日）角野荣子 文；（日）市川里美 图；彭懿 译	贵州人民出版社	2011
先左脚，再右脚	（美）汤米·狄波拉 文/图；柯倩华 译	河北教育出版社	2011

续表

书　　名	作　　　　者	出版社	出版时间
古利和古拉	（日）中川李知子 文；（日）山胁百合子 图；季颖 译	南海出版公司	2011
巴巴爸爸的诞生	（法）德鲁斯·泰勒，（法）安娜特·缇森 文 / 图；谢逢蓓 译	接力出版公司	2010
小黑鱼	（美）李欧·李奥尼 文 / 图；彭懿 译	南海出版公司	2010
小狐狸买手套	（日）新美南吉 文；（日）黑井健 图；彭懿，周龙梅 译	南海出版公司	2010
100 万只猫	（美）婉达·盖格 文 / 图；彭懿 译	南海出版公司	2010
摇摇晃晃的桥	（日）木村裕一 文；（日）秦好史郎 图；朱自强 译	湖北美术出版社	2010
小真的长头发	（日）高楼方子 文 / 图；季颖 译	南海出版公司	2010
一本关于颜色的黑书	（委）梅米娜·哥登 文；（委）露莎娜·法利亚 图；朱晓卉 译	接力出版社	2010
14 只老鼠大搬家	（日）岩村和朗 文 / 图；彭懿 译	接力出版社	2010
100 层的房子	（日）岩井俊雄 文 / 图；于海洋 译	北京科学技术出版社	2010
星际信使	（美）彼得·西斯 文 / 图；舒杭丽 译	二十一世纪出版社	2009
我的爸爸叫焦尼	（瑞典）波·R.汉伯格 文；（瑞典）爱娃·艾瑞克松 图；彭懿 译	湖北美术出版社	2009
母鸡萝丝去散步	（美）佩特·哈群斯 文 / 图；台北上谊文化实业有限公司编辑部 译	明天出版社	2009
谁跟在我后面	（美）玛格丽特·玛希 文；（美）史蒂文·凯洛格 图；张喆 译	贵州人民出版社	2009
野兽出没的地方 [①]	（美）莫里斯·桑达克 文 / 图；阿甲 译	明天出版社	2009
疯狂星期二	（美）大卫·威斯纳 文 / 图	河北教育出版社	2009
小猫头鹰	（爱尔兰）马丁·韦德尔 文；（英）派克·宾森 图；林良 译	明天出版社	2009

① 又译《野兽国》，由贵州人民出版社 2014 年出版，宋珮译。

续表

书　名	作　者	出版社	出版时间
让路给小鸭子	（美）罗伯特·麦克洛斯基 文 / 图；柯倩华 译	河北教育出版社	2009
安的种子	王早早 文；黄丽 图	海燕出版社	2008
和甘伯伯去游河	（英）约翰·伯宁罕 文 / 图；林良 译	河北教育出版社	2008
在森林里	（美）玛莉·荷·艾斯 文 / 图；赵静 译	二十一世纪出版社	2008
三个强盗	（法）汤米·温格尔 文 / 图；张剑鸣 译	明天出版社	2008
风到哪里去了	（美）夏洛特·左罗托夫 文；（意）斯蒂芬诺·维塔 图；陈丹燕 译	明天出版社	2008
团圆	余丽琼 文；朱成梁 图	明天出版社	2008
好饿的毛毛虫	（美）艾瑞·卡尔 文 / 图；郑明进 译	明天出版社	2008
上面和下面	（美）珍妮特·史蒂文斯 文 / 图；李坤珊 译	二十一世纪出版社	2008
世界上最美丽的村子——我的家乡	（日）小林丰 文 / 图；蒲蒲兰 译	二十一世纪出版社	2008
獾的礼物	（英）苏珊·华莱 文 / 图；杨玲玲，彭懿 译	明天出版社	2008
你睡不着吗？	（爱尔兰）马丁·韦德尔 文；（爱尔兰）芭芭拉·弗斯 图；潘人木 译	明天出版社	2008
我的连衣裙	（日）西卷茅子 文 / 图；彭懿 译	明天出版社	2008
小马小熊和苹果树	（德）西格丽德·霍克 文 / 图；陈俊 译	二十一世纪出版社	2008
爱花的牛	（美）曼罗·里夫 文；（美）罗伯特·劳森 图；孙敏 译	二十一世纪出版社	2008
忙忙碌碌镇	（美）理查德·斯凯瑞 文 / 图；李晓平 译	贵州人民出版社	2007
快活的狮子	（美）路易丝·法蒂奥 文；罗杰·迪瓦森 图；任溶溶 译	二十一世纪出版社	2007
大卫，不可以	（美）大卫·香农 文 / 图；余治莹 译	河北教育出版社	2007
是谁嗯嗯在我的头上	（德）维尔纳·霍尔茨瓦特 文；（德）沃尔夫·埃布鲁赫 图；方素珍 译	河北教育出版社	2007

续表

书　　名	作　　　者	出版社	出版时间
阿文的小毯子	（美）凯文·亨克斯 文／图；方素珍 译	河北教育出版社	2007
花婆婆	（美）芭芭拉·库尼 文／图；方素珍 译	河北教育出版社	2007
妈妈的红沙发	（美）薇拉·威廉斯 文／图；柯倩华 译	河北教育出版社	2007
喜欢大的国王	（日）安野光雅 文／图；蒲蒲兰 译	二十一世纪出版社	2007
我爸爸	（英）安东尼·布朗 文／图；余治莹 译	河北教育出版社	2007
荷花镇的早市	周翔 文／图	二十一世纪出版社	2006
小皮斯凯的第一个朋友	（日）二木真希子 文／图；胡晓丁 译	二十一世纪出版社	2005
活了100万次的猫	（日）佐野洋子 文／图；唐亚明 译	接力出版社	2004

附录4　原创100——中国原创图画书核心书目 [①]

国家图书馆少年儿童馆　编制

编制说明

　　国家图书馆少年儿童馆致力于为全国少年儿童推荐优秀读物、开展阅读指导、组织形式多样的少年儿童阅读推广活动。在《绘本100》的研制基础上，国图少儿馆于2015年启动了《原创100——中国原创图画书核心书目》的研制工作，系统整理和收录我国自2000年以来出版的原创图画书。

　　经过广泛征集、严格遴选和专业评审，书目收录了2007年至2015年我国出版的100种适宜少年儿童阅读的优秀原创图画书作品。书目收录了89位作家和85位插画家的代表性作品，涵盖了认知、亲情、友情、自然、文化、战争等多种主题，涉及国画、水彩画、水粉画、油画、版画、剪纸、布艺等多种插画技法，重视文图品质、儿童阅读的趣味性和中国传统文化的保持与传承。书目没有严格的年龄分级，适宜各年龄段少年儿童阅读和使用。

　　本书目有助于我国图画书工作者深入了解近15年来我国原创图画书的创作特点和出版情况，有效推进我国原创图画书的创作、出版、阅读和推广工作。作为我国少年儿童图画书阅读的一个基础核心书目，本书目可以为我国图书馆、幼儿园、绘本馆、家庭、学校及其他教育机构开展图画书阅读提供参考。

---

　　① 本书目中的所荐图书出版时间截止到2015年。2016年后的优秀原创图画书可以通过一些新的获奖书目来获得信息。

书　　名	责任者	出版社	出版时间
辫子	黑眯 文 / 图	天天出版社	2015
嘟·嘟·嘟	曹俊彦 著	郑州大学出版社	2015
方脸公公和圆脸婆婆	武玉桂 原文；翱子 编；王天天 图	二十一世纪出版社	2015
会说话的手	朱自强 文；朱成梁 图	连环画出版社	2015
恐龙快递	董亚楠 文 / 图	二十一世纪出版社	2015
梁山伯与祝英台	唐亚明 文；于虹呈 图	中信出版社	2015
绿池白鹅	林良 文；陈美燕 图	海燕出版社	2015
跑跑镇	亚东 文；麦克小奎 图	明天出版社	2015
三个和尚	蔡皋 文 / 图	教育科学出版社	2015
三十六个字	阿达 文 / 图	连环画出版社	2015
十兄弟	沙永玲 文；郑明进 图	郑州大学出版社	2015
谁需要国王呢？	陈卫平 文；陈美燕 图	希望出版社	2015
糖果乐园大冒险	吕游铭 文 / 图	海燕出版社	2015
小狐狸	向华 改文；绘本创作工作室 图	北京联合出版公司	2015
北京的春节	老舍 文；于大武 图	连环画出版社	2014
大闹天宫	马得 文 / 图	清华大学出版社	2014
地上地下的秘密	依依 文 / 图	人民教育出版社	2014
好神奇的小石头	左伟 文 / 图	中国少年儿童出版社	2014
黑米走丢了	弯弯 文 / 图	明天出版社	2014
记事情	余丽琼 文；朱成梁 图	明天出版社	2014
九色鹿	保冬妮 文；刘巨德 图	北京师范大学出版社	2014
霉菌 ①	虫奶奶 文 / 图	中国福利会出版社	2014
棉婆婆睡不着	廖小琴 文；朱成梁 图	明天出版社	2014
你睡着了吗？	邱承宗 著	希望出版社	2014
胖石头	方素珍 文；崔永嬅 图	中国少年儿童出版社	2014
三国演义·草船借箭	唐亚明 文；于大武 图	二十一世纪出版社	2014

---

① 　该书有中国中福会出版社 2018 年版，徐晓璇 文 / 图。徐晓璇即虫奶奶。

续表

书　　名	责任者	出版社	出版时间
树叶	马岱姝 著	华东师范大学出版社	2014
谁的家到了？	刘旭恭 文/图	明天出版社	2014
我讨厌宝弟	符文征 文/图	浙江少年儿童出版社	2014
寻猫启事	郭乃文 故事；周见信 图	明天出版社	2014
烟	曹文轩 文；（英）郁蓉 图	二十一世纪出版社	2014
夜游	王子豹 文/图	中国福利会出版社	2014
爱画画的诗	林芳萍 文；林小杯 图	明天出版社	2013
拔萝卜	（俄）阿·托尔斯泰 原著；杨永青 图	贵州人民出版社	2013
百鸟羽衣	蔡皋 文/图	浙江少年儿童出版社	2013
北冥有鱼	刘畅 文/图	明天出版社	2013
猜猜我是谁	卜佳媚 文/图	南京师范大学出版社	2013
大灰狼娶新娘	朱庆坪 文；黄缨 图	南京师范大学出版社	2013
花木兰	改编自北朝民歌；蔡皋 图	明天出版社	2013
花生米样的屁	王晓明 文/图	接力出版社	2013
京剧猫·长坂坡	熊亮 文；熊亮，吴翟 图	三联书店	2013
巨人和棉桃	许英辉 文/图	北京师范大学出版社	2013
萝卜回来了	方轶群 文；陈永镇 图	贵州人民出版社	2013
米米说不	周逸芬 文；陈致元 图	河北少年儿童出版社	2013
南瓜和尚	向华 文；熊亮 图	浙江少年儿童出版社	2013
神笔马良	洪汛涛 文；张光宇 图	湖南少年儿童出版社	2013
谁咬了我的大饼	徐志江 文/图	南京师范大学出版社	2013
小马过河	彭文席 文；陈永镇 图	贵州人民出版社	2013
小纸船看海	林良 文；郑明进 图	福建少年儿童出版社	2013
一片披萨一块钱	郝广才 文；（意）朱里安诺 图	新星出版社	2013
蝇王	田宇 文/图	三联书店	2013
羽毛	曹文轩 文；（巴西）罗杰·米罗 图	中国少年儿童出版社	2013

续表

书　　名	责任者	出版社	出版时间
猪八戒吃西瓜	包蕾 文；詹同 图	贵州人民出版社	2013
子儿，吐吐	李瑾伦 文/图	明天出版社	2013
北京——中轴线上的城市	于大武 文/图	连环画出版社	2012
穿墙术	熊亮 文；董小明 图	浙江少年儿童出版社	2012
从百草园到三味书屋	鲁迅 文；大钧 图	连环画出版社	2012
咕叽咕叽	陈致元 文/图	明天出版社	2012
好想吃榴莲	刘旭恭 文/图	明天出版社	2012
鹤民国	向华 文；李全华 图	浙江少年儿童出版社	2012
金瓜儿银豆儿	赵燕翼 文；柯明 图	连环画出版社	2012
两只老鼠胆子大	鲁兵 文；朱延龄 图	连环画出版社	2012
林海音奶奶讲寓言（4册）	林海音 文；张世明 图	贵州人民出版社	2012
妹妹的大南瓜	九儿 文/图	连环画出版社	2012
帕拉帕拉山的妖怪	赖马 文/图	河北少年儿童出版社	2012
胖嫂回娘家	冰畅 文；贺友直 图	连环画出版社	2012
下雨了	汤姆牛 文/图	北京联合出版公司	2012
小怪物来了！	曹俊彦 文；曹益欣 图	五洲传播出版社	2012
小蝌蚪找妈妈	鲁兵 文；陈秋草 图	连环画出版社	2012
烟花	邓正祺 文/图	明天出版社	2012
帐篷小猪	高洪波 文；李蓉 图	中国少年儿童出版社	2012
阿迪和朱莉	陈致元 文/图	河北少年儿童出版社	2011
爸爸去上班	吕江 文/图	明天出版社	2011
不睡觉世界冠军	（英）西恩·泰勒 文；幾米 图；柯倩华 译	新星出版社	2011
金刚师	熊亮 文/图	三联书店	2011
九十九个娘	王宣一 文；张世明 图	贵州人民出版社	2011
森林里的秋天	梁泊 文；严折西 图	湖北少年儿童出版社	2011
天啊！错啦！	徐萃，姬炤华 文/图	二十一世纪出版社	2011
小兔小小兔当了大侦探	俞理 文/图	贵州人民出版社	2011

续表

书　　名	责任者	出版社	出版时间
颜色国的秘密（10 册）	黄毅民，季颖，陈秋影 文；黄毅民 图	连环画出版社	2011
吃黑夜的大象	白冰 文；李清月 图	中国少年儿童出版社	2010
促织	蒲松龄 原著；施大畏 等图；马兰 等改编	连环画出版社	2010
进城	林秀穗 文；廖健宏 图	明天出版社	2010
漏	改编自民间故事；梁川 图	明天出版社	2010
妈妈，买绿豆！	曾阳晴 文；万华国 图	明天出版社	2010
门	陶菊香 文 / 图	明天出版社	2010
迷戏——秦淮河·一九三七	姚红 文 / 图	译林出版社	2010
青蛙与男孩	萧袤 文；陈伟，黄小敏 图	海燕出版社	2010
三只小猫	陈巽如 文 / 图	贵州人民出版社	2010
王汤圆打鬼	林淑慎 文；施蔚 图	贵州人民出版社	2010
没有胡子真开心	冰子 文；温泉源 图	贵州人民出版社	2009
求雨	汪曾祺 文；岑龙 图	明天出版社	2009
小蜗牛自然图画书系（4 册）	凌拂 文；黄崑谋 图	海燕出版社	2009
安的种子	王早早 文；黄丽 图	海燕出版社	2008
宝儿	心怡 改编；蔡皋 图	明天出版社	2008
躲猫猫大王	张晓玲 文；潘坚 图	明天出版社	2008
老鼠娶新娘	张玲玲 文；刘宗慧 图	二十一世纪出版社	2008
团圆	余丽琼 文；朱成梁 图	明天出版社	2008
一园青菜成了精	编自北方童谣；周翔 图	明天出版社	2008
火焰	（加）E.T. 西顿 原著；朱成梁 图	二十一世纪出版社	2007

附录5 绘本润童心——心理成长图画书导读书目 [①]

国家图书馆少年儿童馆　编制

编制说明

随着阅读理念的不断普及，绘本在儿童心理建设方面发挥的独特作用也越来越受到社会大众的广泛认知与肯定。阅读优秀的绘本，能够增强孩子内心的安全感、缓解心理压力、唤起内在的自我力量和信念。对孩子来说，阅读绘本不仅是一场场快乐的游戏，也是一次次心灵的成长之旅。

国家图书馆少年儿童馆结合多年读者服务经验和绘本研究成果，编写了《绘本润童心》这本书。该书收录了2007—2016年在国内出版的100种国内外优秀绘本，内容涉及生命认知、自我认知、逆境认知、情绪管理、亲情友情、接纳差异、亲近自然和日常生活等主题，所荐图书侧重传递信心、勇气和积极乐观的人生态度。

一、爱

本部分收录的绘本主要涉及的是家人之间的亲情与陪伴，如母爱、父爱、祖孙情和手足情等主题，展现了儿童在成长过程中对爱的需求、理解和探寻等特点，同时也体现了爱的无私、伟大和珍贵。

---

① 本书目由国家图书馆少年儿童馆编制，详见《绘本润童心》（海燕出版社2018年）一书。《公共图书馆低幼儿童服务》编者邀请该馆少儿馆员殷宏淼为每本书补充了内容提要，收入本书，特此向国图少儿馆及所有编者致谢！

《格林爷爷的花园》
（美）莱恩·史密斯/文、图，陈科慧/译，二十一世纪出版社，2016年，ISBN：9787539174402

以格林爷爷曾孙的视角，通过被修剪成形态各异的园林雕塑，再现了格林爷爷平淡而又富有传奇色彩的一生，展现了浓浓的祖孙情。

《双胞胎的小被子》
（美）廉惠媛/文、图，李一慢/译，北京联合出版公司，2015年，ISBN：9787550246577

讲述了双胞胎姐妹冲突与和解的故事，对于自我意识不断加强、对个人物品占有欲强烈的孩子来讲，具有较好的心理疏导作用。

《特别快递》
（美）菲利普·斯蒂德/文，（美）马修·科德尔/图，杨玲玲、彭懿/译，二十一世纪出版社，2016年，ISBN：9787556816835

讲述了小女孩萨迪如何给姑奶奶约瑟芬快递一头大象的故事，为那些像萨迪一样不善言辞的孩子提供了一种表达爱的方式和渠道。

《兔子先生和美好的礼物》
（美）夏洛特·佐罗托/文，（美）莫里斯·桑达克/图，杨玲玲、彭懿/译，贵州人民出版社，2015年，ISBN：9787221125200

通过女孩和兔子先生的对话，将小姑娘对妈妈的爱形象地表达出来，简短优美的故事表达出浓浓的母女之爱。

《喀哒喀哒喀哒》
林小杯/文、图，北京联合出版公司，2015年，ISBN：9787550265257

这是一本带有年代感与回忆性质的绘本，缝纫机是祖孙情感联系的纽带，通过缝制衣服和玩具传递了祖孙间的亲情。

《完美的父亲节》
（美）伊芙·邦廷/文，（美）苏珊·麦道夫/图，杨玲玲、彭懿/译，北京联合出版公司，2015年，ISBN：9787550264069

讲述苏茜和爸爸角色互换，度过了一个完美的父亲节，体现出父亲的陪伴在儿童成长过程中的重要性。

《我好想你》

（英）亚历克西斯·迪肯/文、图，鸿雁/译，陕西人民教育出版社，2015年，ISBN：9787545037234

讲述了小鸟和鳄鱼之间如兄弟般友爱的故事，让孩子理解亲情和友谊的本质，同时告诉孩子学会接纳、包容和欣赏他人的不同。

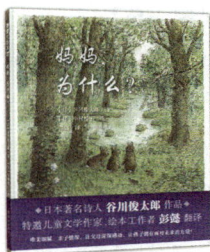

《妈妈，为什么？》

（日）谷川俊太郎/文，（日）中村悦子/图，彭懿/译，连环画出版社，2014年，ISBN：9787505627123

通过三只小兔子和兔妈妈间充满童真的问答，讲述了一个关于亲情、勇气与成长的故事。在讲述母爱的过程中，也赋予了孩子独立自主、探索世界的勇气。

《我讨厌妈妈》

（日）酒井驹子/文、图，彭懿/译，新星出版社，2015年，ISBN：9787513318808

从母子之间的负面情绪起笔，结尾回归到爱与亲情，真实还原了现实生活中的亲子关系，真实而温馨，颇能引发儿童和家长的共鸣。

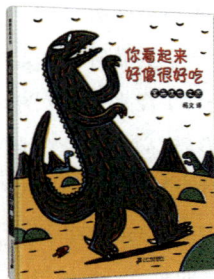

《你看起来好像很好吃》

（日）宫西达也/文、图，杨文/译，二十一世纪出版社，2013年，ISBN：9787539144528

这是宫西达也"霸王龙"系列的第一本，讲述了霸王龙和小甲龙之间深沉的爱。通过此书，孩子们不仅可以感受爱、学习爱，也能了解到人与人之间交往的真谛。

《因为是哥哥》

（日）福田岩绪/文、图，肖潇/译，北京科学技术出版社，2015年，ISBN：9787530479407

以哥哥的视角，展现了和弟弟相处过程中的心理变化，展现了兄弟姐妹之间的吵嘴争斗和相亲相爱。对于二孩家庭的孩子来说，颇能引发共鸣，起到宣泄情绪和正面引导的作用。

《葡萄》

邓正祺/文、图，明天出版社，2013年，ISBN：9787533264307

小狐狸为种葡萄，到处探寻有爱的人和动物，本书将"爱"与孩子最喜欢的吃联系在一起，让低幼儿童更加直观具体地理解爱的含义。

《逃家小兔》

（美）玛格丽特·怀兹·布朗/文，（美）克雷门·赫德/图，黄迺毓/译，明天出版社，2013年，ISBN：9787533274245

讲述了想要离家出走的小兔子和妈妈进行的一场爱的游戏的故事，不仅展现了母爱的深厚与博大，也反映了儿童在成长过程中既独立又依赖的矛盾心理。

《先左脚，再右脚》

（美）汤米·狄波拉/文、图，柯倩华/译，河北教育出版社，2011年，ISBN：9787543479463

本书取材于作者与外公之间的真实故事，爷孙俩独特的积木游戏展现了深厚的祖孙情谊，传递了温暖真诚的亲情与隔代友谊。

《魔奇魔奇树》

（日）齐藤隆介/文，（日）泷平二郎/图，彭懿/译，新星出版社，2012年，ISBN：9787513307031

讲述了一个爱与勇气的故事。惧怕黑暗是儿童成长过程中的一大困扰，但是亲情却可以战胜一切困难和恐惧，激发儿童的内在能量。

《记忆的项链》

（美）伊芙·邦婷/文，（美）泰德·瑞德/图，刘清彦/译，明天出版社，2010年，ISBN：9787533262242

重组家庭中的女儿因为一条记忆的项链，接纳了自己的新妈妈。重组家庭或者家庭中有矛盾冲突的孩子可以从中感受到爱与和解的快乐。

《你们都是我的最爱》

（爱尔兰）山姆·麦克布雷尼/文，（英）安妮塔·婕朗/图，张杏如/译，明天出版社，2012年，ISBN：9787533267537

这是一部充满爱与安全感的作品。当孩子们有了兄弟姐妹后，都会不自觉地怀疑父母对自己的爱。本书可以让孩子真切地感受到父母之爱，也可以帮助孩子接纳自己的兄弟姐妹。

《跟屁虫》

（日）宫西达也/文、图，蒲蒲兰/译，二十一世纪出版社，2009年，ISBN：9787539149585

讲述了一个二孩家庭的温馨故事，全书都是妹妹如何模仿哥哥。非常贴合真实生活，适合二孩家庭的孩子在阅读中体会兄弟姐妹相互陪伴的美好。

《我的爸爸叫焦尼》

（瑞典）波·R.汉伯格/文，（瑞典）爱娃·艾瑞克松/图，彭懿/译，长江少年儿童出版社，2018年，ISBN：9787556071036

这是一个讲述单亲父子关系的故事。我们可以从中体会到父子之间的深厚感情，没有悲伤也没有抱怨，处处充满了自信、希望和对未来的信念。

《我爸爸》

（英）安东尼·布朗/文、图，余治莹/译，河北教育出版社，2007年，ISBN：9787543464582

以儿童的视角塑造了一位勇敢、强壮、乐观、睿智甚至无所不能的父亲的形象，可以带给孩子十足的安全感和被爱的满足感。

《团圆》

余丽琼/文，朱成梁/图，明天出版社，2008年，ISBN：9787533255879

本书为我们展现了留守家庭的女儿和父亲相聚又分离的场景，可以帮助孩子了解很多迫于生计、不得不与家人分开的家庭，进而学会珍惜，懂得亲情的可贵。

"小熊和最好的爸爸"（全7册）

（荷）阿兰德·丹姆/文，（荷）亚历克斯·沃尔弗/图，漆仰平、爱桐/译，贵州人民出版社，2007年，ISBN：9787221078803

七个有趣的故事完美地回答了父亲在孩子成长过程中所发挥的重要作用。其中《搬家》一册，适宜家园变更的孩子阅读，以缓解环境转换带来的不适。

二、情绪与成长

本部分收录的绘本，关注儿童成长过程中的情绪问题和成长困扰，揭示了儿童的心理发展特征，能够为安抚儿童情绪提供参考和借鉴。

《看不见的线》

（美）帕特利丝·卡斯特/文，（美）杰夫·斯蒂文森/图，孙莉莉/译，新疆青少年出版社，2016年，ISBN: 9787551580809

妈妈为了安抚被雷雨吓到的双胞胎，给他们描绘了爱的隐形线的故事，从而为读者展示了一个安抚孩子不安情绪、帮助他们适应陌生环境的有效方法。

《天空掉下来了》

（日）阿万纪美子/文，（日）黑井健/图，林家羽/译，北京联合出版公司，2016年，ISBN: 9787550272941

讲述了一个浪漫悠长的童话故事，通过现实与想象空间的交汇，使儿童在阅读的过程中缓慢地释放不安的情绪，回归平和的心境。

《小夜熊》

（日）酒井驹子/文、图，（日）猿渡静子/译，新星出版社，2015年，ISBN: 9787513318860

这是一部聚焦儿童分离焦虑的绘本，通过小夜熊找妈妈这个故事，孩子得到积极的情绪引导，理解妈妈工作的重要性，并体会到妈妈的包容与爱。

《小猪波比上滑梯》

（日）高畠润子/文，（日）高畠纯/图，（日）猿渡静子/译，连环画出版社，2015年，ISBN: 9787505631298

小猪波比第一次上滑梯，经历了最初的忐忑，最终战胜自我。这个故事教孩子如何战胜恐怖的第一次。

《第五个》

（奥）恩斯特·杨德尔/文，（德）诺尔曼·荣格/图，三禾/译，新星出版社，2014年，ISBN: 9787513315203

反映了等待看医生时小朋友们的紧张焦虑以及害怕孤独、黑暗的心理，温暖的故事结尾则安抚了孩子们紧张恐惧的情绪。

《野兽国》

（美）莫里斯·桑达克/文、图，宋珮/译，贵州人民出版社，2014年，ISBN: 9787221119308

创造了一个野兽出没的国度，是一本释放孩子负面情绪的经典绘本，同时将孩子内心对独立、自主、力量、权威的向往展现得淋漓尽致。

《阿尔菲出走记》

（美）肯尼思·M.卡多/文，（美）劳伦·卡斯蒂略/图，代冬梅/译，二十一世纪出版社，2013 年，ISBN：9787539175461

作品通过母子间对话的方式展开，表现了孩子成长中的独立自主和对父母深深的依赖，为那些赌气要"离家出走"的孩子提供了一个很好的解决方案。

《吃掉黑暗的怪兽》

（英）乔伊斯·邓巴/文，幾米/图，彭倩文/译，新星出版社，2012 年，ISBN：9787513307871

这是幾米的首部儿童绘本作品，表现了儿童对黑暗的恐惧心理。本书可帮助孩子克服对黑暗的畏惧，使孩子体会到万事万物都有其存在的意义。

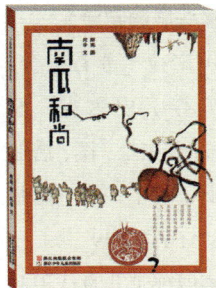

《南瓜和尚》

向华/文，熊亮/图，浙江少年儿童出版社，2013 年，ISBN：978 7534276590

讲述了一个蕴含禅意的玄妙故事，描绘了人们的内心由焦躁怨恨走向求索顿悟的过程，蕴含着中国哲学。随着年龄增长，小读者们自会有所感悟。

《亚历山大和倒霉、烦人、一点都不好、糟糕透顶的一天》

（美）朱迪思·维奥斯特/文，（美）雷·克鲁兹/图，范晓星/译，新星出版社，2012 年，ISBN：9787513305891

描写了亚历山大度过的糟糕透顶的一天，可以帮助家长学习如何引导孩子面对一些无奈的事实，尝试正确理解自己的烦躁、愤怒等负面情绪的来源。

《我先！我先！》

（法）米夏埃尔·埃斯科菲耶/文，（法）克里斯·迪贾科莫/图，李旻谕/译，广西师范大学出版社，2018 年，ISBN：9787559804815

本书描绘了一个处处争先的小鸭子，婉转地引导孩子由"自我中心"转向"社会中心"，对于儿童性格的塑造与培养具有一定的借鉴意义。

《小猫钓鱼》

金近/文，陈永镇/图，贵州人民出版社，2009 年，ISBN：978 7221087492

这个经典童话讲述了猫妈妈带着妙妙和咪咪两只小猫去池塘钓鱼的故事，鼓励儿童在日常生活和学习中培养专注力、耐心和持之以恒的态度。

《阿文的小毯子》

（美）凯文·亨克斯 / 文、图，方素珍 / 译，河北教育出版社，2007 年，ISBN：9787543464650

描绘了儿童对物品的依恋以及对环境变换的不安，真实地反映了儿童面对外界压力的内心感受，也为父母与孩子的沟通提供了可参考的方式。

《大卫，不可以》

（美）大卫·香农 / 文、图，余治莹 / 译，河北教育出版社，2007 年，ISBN：9787543464636

本书是对作者童年故事的重新演绎，塑造了一个调皮捣蛋的男孩形象。结尾处带给孩子十足的安全感，展现了母爱的包容和无私，同时儿童也可以通过阅读此书了解到成长中的规则。

《秘密朋友夜西米》

（英）格温·施特劳斯 / 文，（英）安东尼·布朗 / 图，杨玲玲、彭懿 / 译，二十一世纪出版社，2016 年，ISBN：9787556815104

描写了关于幻想朋友的故事。有一些孩子像艾瑞克一样，因为一点不同常人的地方遭到嘲笑，于是会幻想出一个理想的朋友。但当真实的朋友出现，孩子会卸下伪装，开始展现真实的自己。

《萨拉就要这样穿》

（美）玛格丽特·乔多斯·欧文 / 文、图，王林 / 译，北京联合出版公司，2016 年，ISBN：9787550276628

萨拉不顾家人反对，坚持己见，非要按照自己的喜好来穿衣。这是孩子成长过程中自我意识形成的特有表现，有助于帮助家长更好地认识与对待成长期的儿童。

《小猫头鹰的冒险》

（芬）诺拉·苏若杰金 / 文，（芬）皮尔克·丽莎·苏若杰金 / 图，唐亚明 / 译，二十一世纪出版社，2016 年，ISBN：9787556817849

小猫头鹰的冒险故事展现了儿童认识和探索世界的方式。同时也为家长鼓励孩子的冒险精神提供了参考。

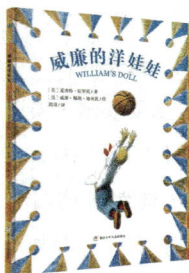

《威廉的洋娃娃》

（美）夏洛特·佐罗托 / 文，（美）威廉·佩纳·迪布瓦 / 图，周琰 / 译，浙江少年儿童出版社，2016 年，ISBN：9787534292965

这是一本关于儿童社会性别构建的绘本。威廉是一个小男孩，他却希望拥有一个洋娃娃。如何在儿童性别意识构建的萌芽期，妥善处理好个性与普适间的关系，本书为家长们提供了一些启示。

《高跷人》

（比）马蒂亚斯·德·列欧 / 著，广西教育出版社，2015 年，ISBN：9787543579200

这本无字书描绘了一场高跷上的环球旅行。它不仅可以启发孩子的想象力，通过叙述故事，同样可以培养孩子的表达能力。

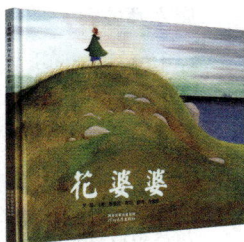

《花婆婆》

（美）芭芭拉·库尼 / 文、图，方素珍 / 译，河北教育出版社，2014 年，ISBN：9787543464605

作者通过描写卢菲斯小姐的一生，探讨了对自我价值的追寻，以及对爱与美的传递，在带给孩子美的享受的同时，也赋予了他们改变的勇气与希望。

《没有耳朵的兔子》

（德）克劳斯·鲍姆加特，（德）蒂尔·施威格 / 文、图，王星 / 译，接力出版社，2015 年，ISBN：9787544840507

一只没有耳朵的兔子没有因为自己的特别而自卑，并最终收获了友谊。本书可以帮助孩子更好地进行自我认知，获得自我认同，学会平等待人、尊重他人。

《自己的颜色》

（美）李欧·李奥尼 / 文、图，阿甲 / 译，南海出版公司，2014 年，ISBN：9787544272834

这是一个关于自我认知苏醒的故事。通过变色龙探寻自我颜色的过程，告诉孩子如何看待和接纳自己的不同，学会做最好的自己，同时也传递了伙伴的陪伴是战胜外界困难的重要因素。

《长大这件事》

（日）中川宏贵 / 文，（日）村上康成 / 图，刘洋 / 译，北京科学技术出版社，2015 年，ISBN：9787530475171

这部作品是对"成长"这个抽象概念的具体阐释，通过日常生活中的小改变，展现了孩子点点滴滴的成长。家长则可以在亲子共读中体会孩子的成长，肯定他们的积极变化。

《鸭子骑车记》

（美）大卫·香农 / 文、图，彭懿 / 译，新星出版社，2017 年，ISBN：9787513313674

作者通过鸭子骑车这一荒诞有趣的故事，鼓励儿童勇于挑战、坚持自我，对儿童性格的塑造与培养具有积极作用。

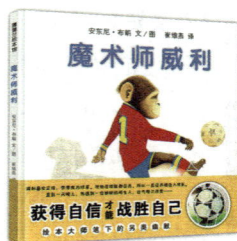

《魔术师威利》

（英）安东尼·布朗/文、图，崔维燕/译，二十一世纪出版社，2013年，ISBN：9787539175140

这个故事极易引起与威利有相同遭遇的弱小儿童的共鸣。通过阅读本书可帮助儿童培养和增强自信心，正确地发现并认识自我。

《失落的一角遇见大圆满》

（美）谢尔·希尔弗斯坦/文、图，陈明俊/译，北京联合出版公司，2018年，ISBN：9787559612694

这是一个幽默而充满哲思的故事。它映射出现实中的人际关系与自我成长，鼓励我们不要被他人的评价、周围的环境、自己的缺陷所压倒，只要有梦想，就去努力实现。

《勇敢的艾琳》

（美）威廉·史塔克/文、图，任溶溶/译，二十一世纪出版社，2018年，ISBN：9787539180151

这是一部有关勇气与成长的作品，可以使孩子在阅读过程中慢慢体会到勇敢与坚韧的美好品德，便于儿童在成长中培养坚忍的性格。

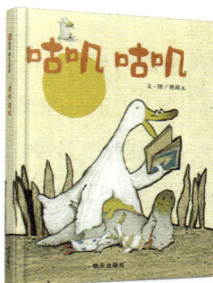

《小狐狸买手套》

（日）新美南吉/文，（日）黑井健/图，彭懿、周龙梅/译，北京联合出版公司，2017年，ISBN：9787559610805

这是日本家喻户晓的童话故事，表现了母子间爱与亲情的永恒主题，展现了孩子第一次独立完成一件事情的成长过程，可谓培养儿童独立自主的范本。

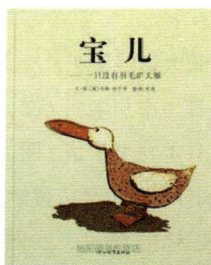

《咕叽咕叽》

陈致元/文、图，明天出版社，2012年，ISBN：9787533268992

这个充满戏剧性的故事展现了咕叽咕叽（鸭妈妈抚养的小鳄鱼）认识自我、接纳差异的过程，也传达家人之间的亲情与包容。孩子可以从中体会到，无论亲子差异多大，爱都是维系家庭的最重要的一环。

《宝儿——一只没有羽毛的大雁》

（英）约翰·伯宁罕/文、图，宋珮/译，河北教育出版社，2008年，ISBN：9787543468832

这是一个通过不懈努力得到幸福的励志故事，注重对儿童情感的渲染。家长可以引导孩子接纳自我、接受自己的与众不同，并鼓励孩子以宝儿为榜样，努力地去实现自我价值。

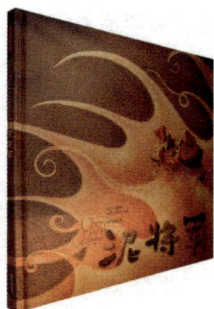

《泥将军》

熊亮 / 文，熊亮、段虹 / 图，明天出版社，2007 年，ISBN：

9787533254698

　　描写了一个处处吹嘘自己的骄傲的泥将军的形象，无形中告诉孩子聪明反被聪明误，生活需要更多的磨砺和锻炼。

三、生活与人际

　　本部分推荐了充满积极向上的正能量的绘本，侧重于培养儿童的社会交往和解决问题的能力。

《三个和尚》

蔡皋 / 文、图，教育科学出版社，2015 年，ISBN：9787504194480

　　本书是对中国传统故事的重新演绎，体现了团结互助的精神和共同努力解决问题的智慧，传达给孩子要利用创造性思考和勤劳的双手改善环境的启示。

《爷爷一定有办法》

（加）菲比·吉尔曼 / 文、图，宋珮 / 译，明天出版社，2013 年，ISBN：978 7533273460

　　这是一个神奇和充满温情的故事，在讲述祖孙情的同时，展现了勤俭节约的品质，希望孩子能够运用智慧和双手创造更多生活中的奇迹。

《小黑鱼》

（美）李欧·李奥尼 / 文、图，彭懿 / 译，南海出版公司，2014 年，ISBN：9787544272834

　　这是一个充满勇气与智慧的小黑鱼的成长故事，也是一个认识自我与展示自我的经典作品。孩子们可以在阅读的过程中慢慢体味和学习解决问题的智慧，培养自信。

《桥》

（奥）汉斯·雅尼什 / 文，（奥）赫尔嘎·班石 / 图，刘海颖 / 译，北京联合出版公司，2013 年，ISBN：9787550219083

　　作者讲述了一个寓意深刻的故事，表现了大熊与巨人相遇时的冲突和心理变化，传递了人与人之间的相处之道和处理问题的智慧。

《好想吃榴莲》

刘旭恭/文、图，明天出版社，2012年，ISBN：9787533268985

展现了儿童对未知世界的好奇和初探世界的过程，鼓励孩子勇于尝试，学会用实践的方式认识世界。

《美好的生活》

（法）让－克劳德·弗洛克/文、图，周克希/译，北京联合出版公司，2016年，ISBN：9787550277632

通过父亲、女儿与一只小兔子共同创作一本书的过程，展现了他们对美好生活的理解、感受，鼓励孩子去畅想世界，选择和享受属于自己的美好生活。

《伦尼和露西》

（美）菲利普·斯蒂德/文，（美）埃琳·斯蒂德/图，阿甲/译，二十一世纪出版社，2016年，ISBN：9787556818440

描述了彼得来到新环境后如何克服对新环境的畏惧，鼓励孩子大胆尝试，用自己的方式逐渐适应并融入新环境，结交到新的朋友并最终找到归属感。

《市场街最后一站》

（美）马特·德拉培尼亚/文，（美）克里斯蒂安·鲁滨逊/图，方素珍/译，中信出版社，2016年，ISBN：9787508663098

小杰和奶奶坐车到市场街最后一站，看到了生命中那些被忽视的美好和快乐，从而告诉孩子要有一双发现善良和美的眼睛。

《黑猩猩的面包店》

（日）白井三香子/文，（日）渡边秋夫/图，朱自强/译，新星出版社，2016年，ISBN：9787513318884

一个简单的故事传达了不要以貌取人的道理，可帮助孩子逐渐学会正确对待他人的方式。

《1个苹果也是100个苹果》

（日）井上正治/文、图，烨伊、张心然/译，北京科学技术出版社，2015年，ISBN：9787530480519

用人们看到苹果时的联想和苹果对人们的推测，传达了一个哲学思考：世界是一个差异性的存在，不同的人对同一件事情会有着不相同的理解，从而帮助孩子更全面地认识自我与世界。

《大象戏水》

（日）伊东宽 / 文、图，米雅 / 译，北京联合出版公司，2015 年，ISBN：9787550262522

大象戏水的故事生动地刻画了儿童在成长过程中所面临的与他人相处的问题，传递给孩子乐于助人、与人为善、和谐共处的理念与智慧，可以作为引导儿童学习人际交往的优秀读本。

《阿迪和朱莉》

陈致元 / 文、图，河北少年儿童出版社，2011 年，ISBN：9787537636193

以儿童的视角重新塑造了狮子与兔子的关系，向读者传递了童真的可贵和友谊的包容——友谊没有界限，个性上的差异无法阻断纯真的友谊。

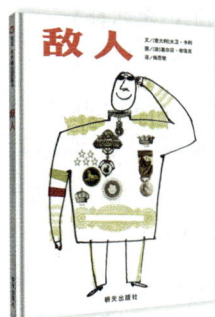

《阿莫的生病日》

（美）菲利普·斯蒂德 / 文，（美）埃琳·斯蒂德 / 图，阿甲 / 译，二十一世纪出版社，2014 年，ISBN：9787539174389

这个蕴含着爱与温情的故事阐释了友情的可贵和陪伴的幸福，可以帮助初进集体的小朋友们学习与人相处。

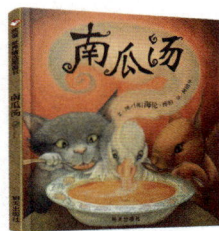

《敌人》

（意）大卫·卡利 / 文，（法）塞尔日·布洛克 / 图，梅思繁 / 译，明天出版社，2013 年，ISBN：9787533266356

这是一个有趣的战争故事，深层次上说，更像是一部呼吁和平、反抗战争、倡导和解的作品，传递了解决冲突与矛盾的智慧，引导儿童学会换位思考，尝试理解他人。

《南瓜汤》

（英）海伦·库柏 / 文、图，柯倩华 / 译，明天出版社，2014 年，ISBN：9787533280772

借助生动有趣的故事，描绘了孩子相处过程中发生的摩擦和冲突，而化解冲突最好的方式便是彼此间的互相理解和相互包容。本书在儿童人际交往、友情相处等方面具有较好的启示。

《萝卜回来了》

方轶群 / 文，陈永镇 / 图，贵州人民出版社，2013 年，ISBN：9787221112712

四个小动物串联起一个温暖而有童趣的故事，表达了好朋友之间单纯深厚的友爱与互助分享。小读者可以从中体会到纯真友谊的可贵。

"青蛙弗洛格的成长故事"第一辑（全12册）

（荷）马克斯·维尔修思/文、图，彭懿、杨玲玲/译，湖南少年儿童出版社，2015年，ISBN：（略，每册有独立书号）

该系列共12册，讲述了青蛙弗洛格和朋友们日常生活中的点滴趣事，涵盖了日常生活、人际交往、自我认知、克服恐惧、探索自然等主题。

《图书馆狮子》

（美）米歇尔·努森/文，（美）凯文·霍克斯/图，周逸芬/译，河北少年儿童出版社，2011年，ISBN：9787537638142

讲述了在图书馆里，一只喜欢听故事、乐于助人并愿意遵守规则的狮子的故事，可以作为儿童学习规则和秩序的绘本读物。

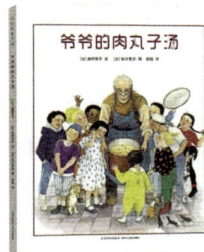

《我们的旱冰鞋》

（法）安·居特曼/文，（法）乔治·哈朗斯勒本/图，孙敏/译，二十一世纪出版社，2013年，ISBN：9787539185019

卡斯波和丽莎的故事像所有贪玩、淘气、状况百出的孩子一样，他们经历和演绎着成长中的各种波折和冒险。本书为家长理解并帮助孩子纠正一些淘气行为提供了一种温和的处理方式。

《爷爷的肉丸子汤》

（日）角野荣子/文，（日）市川里美/图，彭懿/译，贵州人民出版社，2011年，ISBN：9787221094407

本书描写了老爷爷因思念老奶奶而开始煮汤，也因开始煮汤而收获温情和朋友。阅读本书可以帮助孩子正视亲人的逝去，进而寻找到一条舒缓心灵的有效途径。

《派克的小提琴》

（英）昆汀·布雷克/文、图，李紫蓉/译，明天出版社，2012年，ISBN：9787533267285

这是一本展现音乐魅力的绘本，派克用琴声不断播撒欢乐的种子，展现了音乐的曼妙之处，使儿童在阅读的过程中了解到音乐中蕴含的改变生活的力量。

《摇摇晃晃的桥》

（日）木村裕一/文，（日）秦好史郎/图，朱自强/译，湖北美术出版社，2010年，ISBN：9787539430799

这是一个幽默而带有辩证寓意的故事。世界上没有永远的敌人，有时候妥协退让并非懦弱，也并非失败，而是一种周全的生存之道。

《躲猫猫大王》

张晓玲 / 文，潘坚 / 图，明天出版社，2008 年，ISBN：9787533258153

讲述了一群儿童和傻小孩小勇的一段单纯的友谊，传递给孩子平等博爱、尊重生命的理念，童年没有烦恼和区别对待，只有懵懂的快乐和纯真的友情。

《凯琪的包裹》

（美）坎达丝·弗莱明 / 文，（美）斯泰西·德雷森·麦奎因 / 图，刘清彦 / 译，河北教育出版社，2008 年，ISBN：9787543470941

作者将母亲的真实经历，改编成了两个小姑娘之间分享快乐和相互帮助的故事，两人建立起了跨越地域和文化的深厚友情。孩子可以从中体会到分享与帮助他人带来的快乐。

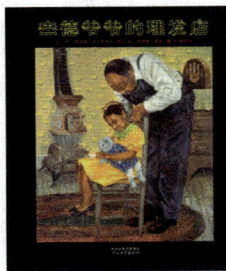

《妈妈的红沙发》

（美）薇拉·威廉斯 / 文、图，柯倩华 / 译，河北教育出版社，2007 年，ISBN：9787543464568

本书描绘出一个家庭直面灾难、重新振作、实现梦想的过程，向孩子们传递了在逆境中积极乐观、踏实筑梦的生活态度。

《犟龟》

（德）米切尔·恩德 / 文，（德）曼弗雷德·施吕特 / 图，（德）威尔，弗里德·希勒 / 谱曲，何珊 / 译，二十一世纪出版社，2017 年，ISBN：9787556828630

作者用图画、文字和音乐描绘了一只倔强坚强的乌龟，它目标明确，意志顽强，最终实现了参加狮王婚礼的愿望。这是一本关于坚持不懈追逐梦想的励志绘本，强调了目标与毅力的重要性。

《杰德爷爷的理发店》

（美）玛格丽·金·米契尔 / 文，（美）詹姆斯·瑞森 / 图，柯倩华 / 译，河北教育出版社，2012 年，ISBN：9787543498136

这是关于坚持梦想的故事，同时也为我们展现了美国黑人在残酷环境下与命运抗争的生命轨迹，既是对不公平的控诉，同时也是一部顽强不屈的奋斗史，可以通过阅读帮助孩子感受不同的文化背景和社会风貌。

四、生命与自然

本部分收录与大自然相处、家园变迁、灾难离别等主题的绘本，希望通过这些绘本使孩子慢慢体会生活中的挫折和生命的意义。

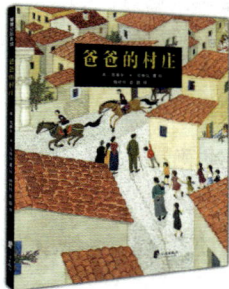

《爸爸的村庄》

（美）克莱尔·A.尼维拉/文、图，杨玲玲、彭懿/译，宁波出版社，2015年，ISBN：9787552620740

这是一本回忆远离喧哗都市的家乡的绘本，饱含浓浓的乡情。家长可以和孩子们分享自己的童年，带孩子回到自己曾经生活过的地方，体会那种纯真和美好。

《雨河》

（美）尤里·舒利瓦茨/文、图，杨玲玲、彭懿/译，二十一世纪出版社，2015年，ISBN：9787556809691

这是一首描绘雨天的散文诗，意境深远又兼具故事性，通过阅读有助于培养儿童的艺术欣赏力，让他们体会故事里流淌的宁静、快乐、和谐。

《魔法的夏天》

（日）藤原一枝、秦好史郎/文，（日）秦好史郎/图，彭懿/译，晨光出版社，2015年，ISBN：9787541470455

作者运用丰富的夏天元素，将乡村的孩童生活展现得生机勃勃、天然淳朴。本书不失为一部亲近自然的佳作，让孩子在体味乡村田园生活的同时，也感受到兄弟间的温暖情意。

《大提琴之树》

（日）伊势英子/文、图，彭懿、周龙梅/译希望出版社，2014年，ISBN：9787537971263

作品巧妙地将人与自然的关系浓缩在对一把提琴、三代人的描写中，以音乐对儿童心理的抚慰作用为引子，强调了人与自然的和谐关系。

《沙漠的礼物》

（美）理查德·E.艾伯特/文，（美）西尔维娅·隆/图，刘清彦/译，长江少年儿童出版社，2014年，ISBN：9787556001545

本书讲述了生活在沙漠里的阿里，挖了个水池作为礼物送给沙漠动物们。这是一本关于人与自然和谐相处的绘本，也是一个关于爱和付出的故事。

《小房子》

（美）维吉尼亚·李·伯顿/文、图，阿甲/译，新星出版社，2014年，ISBN：9787513315203

作者讲述了小房子周折的命运，展现了现代文明发展和城市建设给人们生活带来的影响，展现了自然之美和对田园生活的向往。家长和孩子可以通过此书探讨城市化建设、文明发展和环境保护之间的关系。

《园丁》

（美）萨拉·斯图尔特/文，（美）戴维·斯莫尔/图，馨月/译，二十一世纪出版社，2018年，ISBN：9787539181974

莉迪亚在不利处境中始终保持积极乐观的态度，展现了人与人、人与自然之间的相互理解与融入，可作为一部儿童适应陌生环境的成长读物。

《再见鹈鹕》

（美）唐·弗里曼/文、图，柯倩华/译，晨光出版社，2014年，ISBN：9787541466335

这是一个小男孩与一只鹈鹕之间淡淡的友情的故事，在探讨友谊的可贵的同时，也蕴含着人与自然和谐相处之道。

《森林大熊》

（瑞士）约克·史坦纳/文，（瑞士）约克·米勒/图，孔杰/译，北京联合出版公司，2018年，ISBN：9787559614308

展现了人类生活环境的变迁发展，反映了工业化进程对人性的压制和扭曲，让读者重新思考人、现代文明以及自然之间的关系，寻找最适合的归属。

"14只老鼠系列"（12册）

（日）岩村和朗/文、图，彭懿/译，接力出版社，2018年，ISBN：（略，每册有独立书号）

通过老鼠一家的日常生活和视角，描绘了日月星辰和四季更替的自然现象，展现了唯美和令人敬畏的大自然，为孩子们带来独特的视觉感受。

《小塞尔采蓝莓》

（美）罗伯特·麦克洛斯基 / 文、图，崔维燕 / 译，二十一世纪出版社，2009 年，ISBN：9787539148946

作者通过小塞尔和小比尔两条线索的意外交汇与平和的分离，讲述了一个既富童趣又颇具浪漫色彩的故事。孩子们可以从中体会到自然的富饶慷慨，感受一次小小的探险，并最终回归家庭的温馨。

《风到哪里去了》

（美）夏洛特·佐罗托夫 / 文，（意）斯蒂芬诺·维塔 / 图，陈丹燕 / 译，明天出版社，2008 年，ISBN：9787533258122

故事围绕一对母子温暖而充满诗意的睡前问答展开，揭示了自然循环、四季变迁的规律。可作为哲学思考的启蒙读物，对于充满好奇、处于探索求证阶段的儿童具有较好的启示作用，帮助孩子慢慢体会大自然万物守恒的定律。

《不要哭得太伤心》

（日）内田麟太郎 / 文，（日）高巢和美 / 图，彭懿 / 译，贵州人民出版社，2016 年，ISBN：9787221126429

这是一本以爷爷的口吻写给小孙子的暖心告别书，可作为生命教育主题作品专题推荐，帮助孩子理解生命循环的自然规律。

《黄木偶和粉木偶》

（美）威廉·史塔克 / 文、图，杨玲玲、彭懿 / 译，二十一世纪出版社，2015 年，ISBN：9787556812608

作者通过导演一部木偶戏，探讨了两个最基本的哲学问题：我是谁？我从哪里来？作品展现了两种不同的世界观，传递了人们从自我认知到认识世界的探寻过程。这一哲学问题的探讨有助于儿童构建自我意识和人生观、世界观。

《妈妈不见了》

（英）丽贝卡·科布 / 文、图，绿云 / 译，汕头大学出版社，2015 年，ISBN：9787565819667

这是一本以生命教育为主题的绘本。以孩子的视角，展现出了小男孩失去妈妈后的心路历程，可以引导孩子正视死亡和离别。

《石狮子》

（澳）玛格丽特·维尔德 / 文，（澳）里特娃·伍迪拉 / 图，予晗 / 译，电子工业出版社，2015 年，ISBN：9787121269042

这是一个寓意深刻、撼动心灵的温暖故事。作者将对生命价值和意义的探讨融入石狮子的故事中娓娓道来。本书作为讨论生命的价值、善良感恩的主题绘本，在儿童性格塑造与培养方面具有较好的辅助作用。

《鹿啊，你是我兄弟》

（日）神泽利子/文，（俄）G. D. 帕乌利辛/图，唐亚明/译，二十一世纪出版社，2012年，ISBN：9787539167046

本书还原了生活在西伯利亚的俄罗斯乌德盖族人民的生活情景，描绘了人与动物之间的相互依存，传达出敬畏生命这一原始朴素的理念，引导读者重新审视人与动物、人与自然之间的共生关系。

《小鲁的池塘》

（美）伊夫·邦廷/文，（美）罗纳德·希姆勒/图，刘清彦/译，河北教育出版社，2010年，ISBN：9787543473645

这是一部讲述朋友生离死别的作品，可以与其他引导孩子学习面对死亡的绘本一起进行主题推荐，帮助家长向孩子们开展健康积极的情感教育与生命教育。

《喂，小蚂蚁》

（美）菲利普·胡斯、（美）汉娜·胡斯/文，（美）黛比·蒂莉/图，漪然/译，湖南少年儿童出版社，2012年，ISBN：9787535885302

小男孩和小蚂蚁进行了一场对话，探讨了大与小、平等与权力等深奥的话题。可以促进孩子思考大孩子与小孩子之间的关系、人与自然万物间的关系，甚至进一步拓展到权力的边界、生而平等的人权理念等。

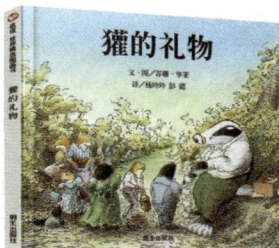

《獾的礼物》

（英）苏珊·华莱/文、图，杨玲玲、彭懿/译，明天出版社，2008年，ISBN：9787533257798

以一种平和婉转的方式告诉读者什么是死亡、如何面对死亡，引导孩子理解生命循环的意义，抚慰孩子的情绪，并帮助孩子正确面对生活中终将面对的离别与伤痛。